ネットは社会を分断しない

田中辰雄　浜屋 敏

角川新書

まえがき

インターネットの草創期、ネットは政治を良くするだろうと期待されていた。ネットは多様な人々が時間と空間を超えてコミュニケーションし、相互理解を進めることができる。争いごとは無知と誤解から生じることが多いから、ネットを通じて多様な人々の相互理解が広がれば争いごとは減っていくのではないか。ネット草創期の人々は素朴にそのような期待を持っていた。

しかし、実際に生じたのは、荒れ果てた世界である。ネット上では極端な意見ばかりが目立ち、彼らは際限なく罵倒《ばとう》と中傷を繰り返す。多様な人々の相互理解を目指すような落ち着いた議論はほとんど見られず、「ネトウヨ」あるいは「パヨク」と呼ばれる極端な人々が、両端の陣営に分かれて敵を攻撃し合う。「ネットが作り出したのは、争いばかりの分断された世界ではないか」「ネットによって社会は分断されていくのではあるまいか」——最近のネットを論じる論調にはこのような悲観論が見てとれる。

本書はこの悲観論が事実かどうか、すなわちネットによって社会が分断されるかどうかを調べたものである。そのために10万人規模のアンケート調査を行った。そこで得られた結果は予想に反し、悲観論を否定するものであった。すなわち、ネットは社会を分断しない。むしろ相互理解を進めている可能性すらある。罵倒と中傷が飛び交うだけのネットが社会を分断しないとはどういうことか、疑問に思う方もおられよう。この結論に納得するかどうかは本書を読んで確かめてもらうほかない。本書の知見によればネット草創期の期待は死んではおらず、ネットが社会を良くする可能性はまだ十分残っている。

本書の構成は次のとおりである。第1章では分断についての議論の概観を説明し、第2章では「分断がネットのせいで起きた」というネット原因説を紹介する。そのうえで第3章・第4章・第5章で、このネット原因説をひっくり返す。この3つの章は本書の核心部分であり、アンケート調査の結果がフルに使われる。第6章はネットの議論が荒れている理由について仮説的な答えを用意する。

本書でのアンケート調査は複数回行っている。1回目は2017年8月実施の10万人の調査、2回目は2018年2月実施の5万人の調査、3回目は2019年5月実施の2万人の調査である（数字はいずれも概数）。2回目の調査は1回目と同じ対象者に送った追跡調査であり、3回目は補足のための調査である。いずれもウェブモニターベースの調査である。

最後に謝辞を述べたい。本書は（株）富士通総研の委託調査があって実現できたものである。同社ではデジタル・トランスフォーメーション（デジタル技術を活用した事業変革）のコンサルティングなどを行っているが、今回の調査のように企業のビジネスとは直接関係のない社会と技術の関係についても研究している。また、本書執筆までの間に多くの方の議論・コメントによって助けられた。特に東京経済大学の黒田敏史氏には原稿を読んだ上での丁寧なコメントをいただいた。この場を借りて御礼を申し上げる。なお、本書の間違いを含む全責任が筆者にあるのは言うまでもないことである。

本書で取り上げたテーマは、本来は政治学・社会学の領域である。しかし、ネットについての分析はまだ始まったばかりで分からないことが多く、問題の重要性を受けてか、工学者・心理学者・経済学者など様々の分野からアプローチが行われている。門外漢である我々の分析には不十分な点があるやもしれないが、このような多方面からのアプローチの一つとして受け入れていただければ幸いである。

田中辰雄・浜屋敏

2019年8月

目次

第2章　分断のネット原因説
――選択的接触とパーソナルメディア化　47

第5章 選択的接触の真実
——賢明なネット世代 141

第1章　ネットへの期待と幻滅
――認識され始めた「分断」

「ネットは社会を良くする」

現在、ネットを使う人でネットが社会を良くすると素朴に思っている人はあまりいないだろう。物心ついた時からネットがあった人にとっては、ネットは便利な道具であり、すでに生活の一部である。いまさらネットが社会を良くするかと問われても、「はてな、どうだろうな」と考え込む人の方が多いのではないか。

しかし、ネット草創期の人々の間には、ネットは社会を良くするという期待があった。なぜなら、ネットを通じれば時間空間の制約なく、世界全体で情報交換ができるからである。多くの人の情報が交換されれば、相互理解が深まり、うまくすれば問題解決への糸口が生まれるだろう。政治的な偏見や争いは誤解や無知に基づくものが多い。ならば広範な情報交換で相互理解が深まり、誤解と無知がなくなっていけば、世界から偏見と争いは減っていくだろう。ネット草創期の人は本気でそう期待していた。ネット草創期である1990年代の著作にはそのような期待を読みとることができる。

たとえば、ハワード・ラインゴールドの『バーチャル・コミュニティ』はその代表的な著作である。西海岸で早くからコンピュータネットワークを通じたコミュニケーションに親しんでいたラインゴールドはネットを通じて知り合った人と協力して作業をしたり、実際に会ったりしてネットの可能性を熱心に論じた。その書からは、異なる見解の人が交流することの政治的な意義を見出《みいだ》すことができる。ネットの問題点を指摘しながらも、ネットは政治を良くするという期待が彼の基本論調である(1)。

「ＣＭＣ［引用者注：Computer Mediated Communication の略で、ネットを表す当時の用語］のもつ政治的な意義は、強力なマスメディア上に乗っかっている既成の政治勢力の独占に挑戦し、それによっておそらく市民に基盤を置いた民主主義を再び活性化させることができる能力にある」

ネットは民主主義を活性化させると思われていたのである。草創期の人々が期待したのは、意見の異なる人からの情報に接することで、相互理解が進むことであった。議論の結果、合意が生まれればむろん望ましいが、生まれなくてもかまわない。合意はしなくても相手がなぜ自分と異なる意見を持つのかをわかることはできる。これが相互理解であり、相互理解が進むことだけで十分に大きな成果である。なぜなら、自分と異なる意見を理解することは、彼らと共存するための第一歩だからだ。相手の言うことが理解不能だと思う時、人は相手に敵意と不安をいだき、共存は困難になる。理解できない相手との議論は無用であり、拒否するか攻撃して打ち倒すしかないと思い始める。それは社会分断への道といえよう。ネットは多くの人に情報交換の機会を与えることで、分断を避けて相互理解を促すはずだ——ネット草創期の論者はそのように期待していたと考えられる。

現在のネットに漂う絶望感

しかし、ネットが一般に普及するにつれ、状況は変わりはじめる。ネットは相互理解の場ではなく、誹謗《ひぼう》と中傷が跋扈《ばっこ》する荒れた世界になった。ネット上では「ネトウヨ」・「パヨク」と呼ばれる極端な主張を行う人ばかりが目立ち、相互理解のための議論はほとんど見られない。社会は二つの相反する意見のグループにはっきりと分断され、相互理解を拒否してただ不毛な言い争いばかりが続いているように見える。

具体例はさまざまに挙げられる。たとえば、2015年には日本で安保法制が国会に提案され論議のまとになった。この時ネット上でも議論が起こりはしたが、相互に攻撃が激化するばかりで理解が深まったようには見られない。安保法制反対派は、安保法制は戦争に巻き込まれる戦争法案だとして批判し、一方賛成派は戦争を抑止し平和を保つための法案だと主張する。両者は平和を実現するための方法論が異なっており、その背景には国際情勢についての認識の違い、さらには基本的な世界観、人生観の違いのようなものが横たわっている。そこまで議論が深まり、相互に理解が及ぶなら民主社会にとって望ましいことである。しかし、実際にネット上で行われたのは、相互を罵倒《ばとう》する極端な主張ばかりである。安保法制反対派は、安保法制は戦争をしたい人たちが作った恐怖の法案であり、推進者を戦前のファシストになぞらえる。賛成派は安保法制に反対する人は頭の中がお花畑状態のおかしな人であり、果ては売国奴と非難する。ここには平和のための方法論や国際情勢認識あるいは世界観についての落ち着いた議論はほとんど見られない。

個別の問題でも同じように極端な意見ばかりになる例は多々見られる。たとえば福島原発事故後の放射能の影響については大きく意見が分かれた。ほとんど影響は無いという派と影響はあるという派があり、鋭く対立したままである。子宮頸《けい》がんワクチンの評価も同様で、重篤な副作用が生じる危険なワクチンと言う人もいれば、世界中で使われている安全なワクチンで多くの命を救っていると言う人もいる。これらの問題は純粋な科学的見地からも、また社会心理学的あるいは政治的経済的観点からも議論できる。しかし、ここでもネットではさまざまの観点からの議論が行われず、極端な議論だけになってしまう。ネットで聞こえてくるのは、人命よりも金を優先するのかと相手を糾弾する声と、客観的評価ができない情緒的な人を非難する声である。両者をつなぎ理解を深める議論は見られない。

念のために述べておくと、意見が分かれるのは当然であり、議論したところで非難しあう人の意見が一致することはないであろう。それは当たり前である。重要なのは彼らの意見の一致ではなく、第三者を含めた〝理解〟の広がりである。さまざまの側面について落ち着いて議論ができれば、ある側面ではAの側に理があり、別の側面ではBに理があるなどの判断を第三者がすることができる。その結果、社会全体として多数派が形成されれば最もよい。が、仮にできなくてもかまわない。それぞれの言い分を理解することができれば、妥協案を考えたり、当面の暫定的な対策を考えたりすることができる。なにより、大多数を形成する第三者が7：3でこちらを支持できる、4：6であちらの方がもっともらしい等の判断を下すことができる。このような国民的な判断は民主的意思決定の基盤になるものであり、それこそが実りある議論というものであろう。現状ではそうはならず、極端な意見が攻撃しあうだけで議論は深まらず、第三者は茫然《ぼうぜん》と立ちすくむのみである。

図1　ネットで実りある議論をするのは難しいと思うか

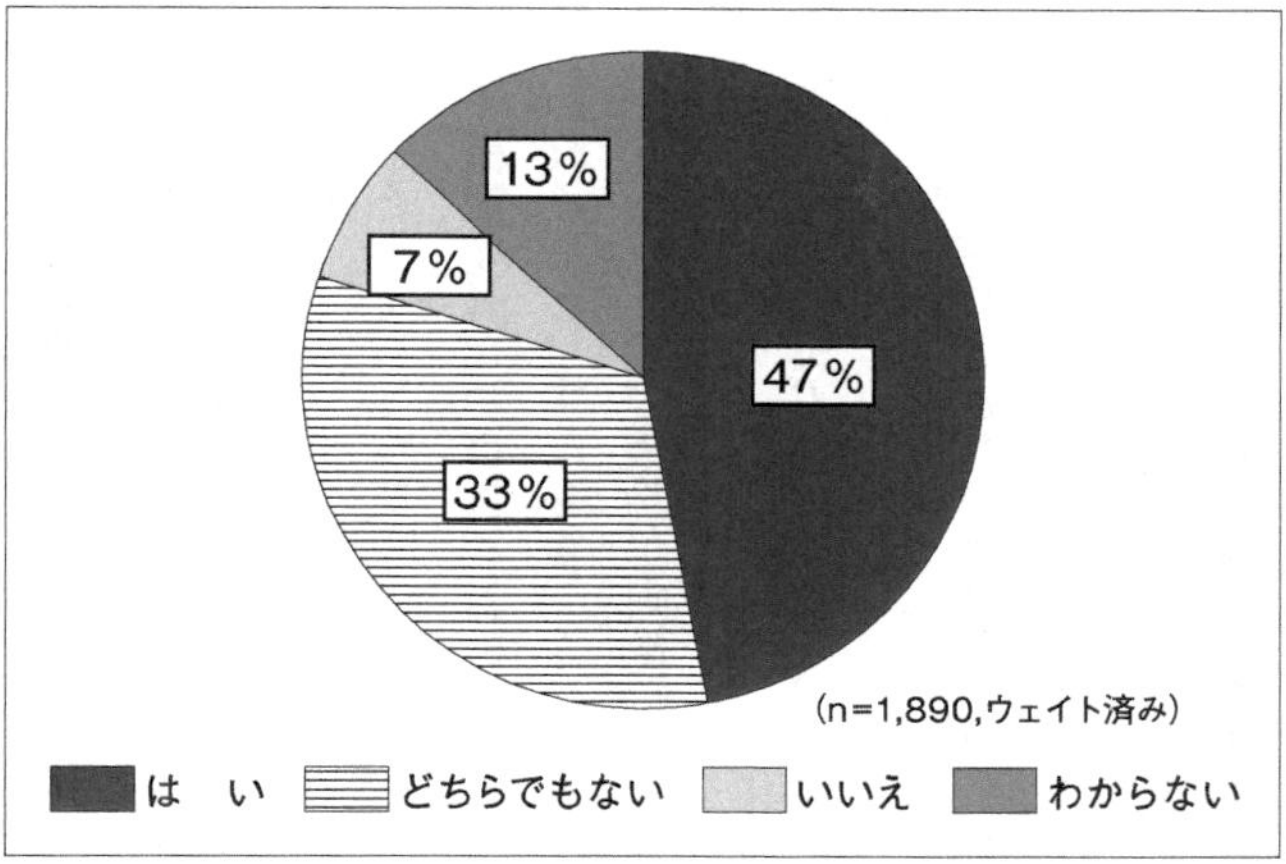

図1は、我々が行ったアンケート調査で、「ネットで実りある議論をするのは難しいと思うか」を尋ねた結果である。調査は2017年8月に実施し、サンプルはウェブモニター調査会社のモニター1890人である。(2) 「ネットで実りある議論をするのは難しいと思う」という人が、47%と半分に達している。難しいと思わない人はわずか7%にとどまっており、圧倒的多数派がネットの議論は不毛と考えていることになる。ネットでの議論が相互理解に向かわず、不毛な言い争いばかりが続いているというのは、いまや人々のほぼ共通認識であろう。

ネットへの期待が失われたことは、人々の論調の変遷からも確認できる。たとえば、アメリカの政治学者キャス・サンスティーンは、ネットでは同じ意見の人同士だけで交流が深まる傾向があるとし、これを「サイバーカスケード」と呼んで問題視した。(3) カスケードとは岩肌を流れる水がつくる小さな滝のことで、いったん滝ができるとそこばかり水が流れるようになる。これと同じように、ネットでは同じ意見の人ばかりが集まる傾向があり、その様子を表すため彼はこれをサイバーカスケードと名付けた。彼によれば民主主義がうまく機能するためには、自分と異なる意見と出会うことが大切であり、それがネットでは失われること、すなわち、人々が分断されがちなことを危惧《きぐ》したのである。

日本でもネットでの議論が両極端になりがちで、相互理解を促すものではないことは陰に陽に人々に意識されるようになった。たとえば哲学者の東浩紀《あずまひろき》は、ネットはこれまでの議員を通じた間接民主制ではなく、国民による直接民主制の可能性を開くと論じたが、論じる際にこれを現実の政策提案ではなく、自身の夢として語らざるをえなかった。彼が直接民主制の萌芽《ほうが》の例として挙げたニコニコ動画のコメント欄は、極端な意見があふれた誹謗と中傷の巣になってしまっている。梅田《うめだ》望夫《もちお》は、ベストセラー『ウェブ進化論』(4) を書いてネット社会の明るい未来展望を語ったが、書籍出版の3年後に日本のウェブは残念な結果になったと述べて評論活動から撤退した。(5) ジャーナリストの津田《つだ》大介《だいすけ》は「ウェブで政治を動かす」と述べ、ネットを通じた政治活動に取り組んできたが、その彼も最新刊で取り上げているのはフェイクニュースやヘイトスピーチなどネット上の極端な言説への対策である(6)。極端な言説の具体例とその非生産的なありさまの顚末《てんまつ》は、中川淳一郎《なかがわじゅんいちろう》の一連の著作に詳しい。彼の本の書名『ウェブはバカと暇人のもの』は、ネット上の議論のむなしさを端的に表した文学表現である(7)。

これらの論者たちの主張にはむろん相違もあり一様ではない。が、共通するのはネット草創期にあった、ネットが相互理解を進めて社会を良くするという素朴な期待が弱まっていることである。ネットにあふれるのは相互理解を求めるより、ひたすら自分を主張し、相手を攻撃したいだけの極端な人たちであり、彼らが際限なく言い争いをしているだけではないのか。そのような薄い絶望感のようなものが透けて見える。これを乾いた学術用語で一言で言い表したのが社会の分断という言葉である。

分極化（polarization）とは何か

分断とは社会が二つのグループに分かれてしまうことである。分断はいろいろなレベルで起こりうるが、本書が対象にするのは意見、それも主として政治的意見のレベルでの分断である。

政治的意見が二つに分かれてくる現象は、学問的には分断という言葉は使われず、分極化（ポラリゼーション、polarization）と呼ばれる。磁石のN極とS極に砂鉄がひきつけられて分かれるように、人々の意見が左右の極端二方向に分かれてしまうことをさす。図2はこれを表した概念図である。横軸は政治上の意見の相違を表し、左へ行くほどリベラル的、右へ行くほど保守的とする。念のために補足しておくとリベラルとは人類普遍の理想を掲げて社会変革を志す立場で現在の野党勢力に近い考え方である。これに対し、保守とは歴史的経験を重んじ、現実的で漸進的な政策をとる立場で自民党に近い考え方である。縦軸はその意見の人がどれくらいいるかで、グラフは人々の意見の分布を表している。

傾向としては中庸で穏健な人が多いため、図2(a)のように意見分布は中央付近が盛り上がった山型になる。分極化とは、中央の中庸な人すなわち穏健な人が減り、両端の過激な人が増えることである。図に即して言えば、点線のように山がつぶれて両端のすそ野の厚みが増すこと、これが分極化である。

同じことを次のように言い換えてもよい。人々を保守政党支持者とリベラル政党支持者に分ける。日本なら保守政党は自民党、リベラル政党とは立憲民主党・共産党などの野党

図2　分極化(polarization)のイメージ図

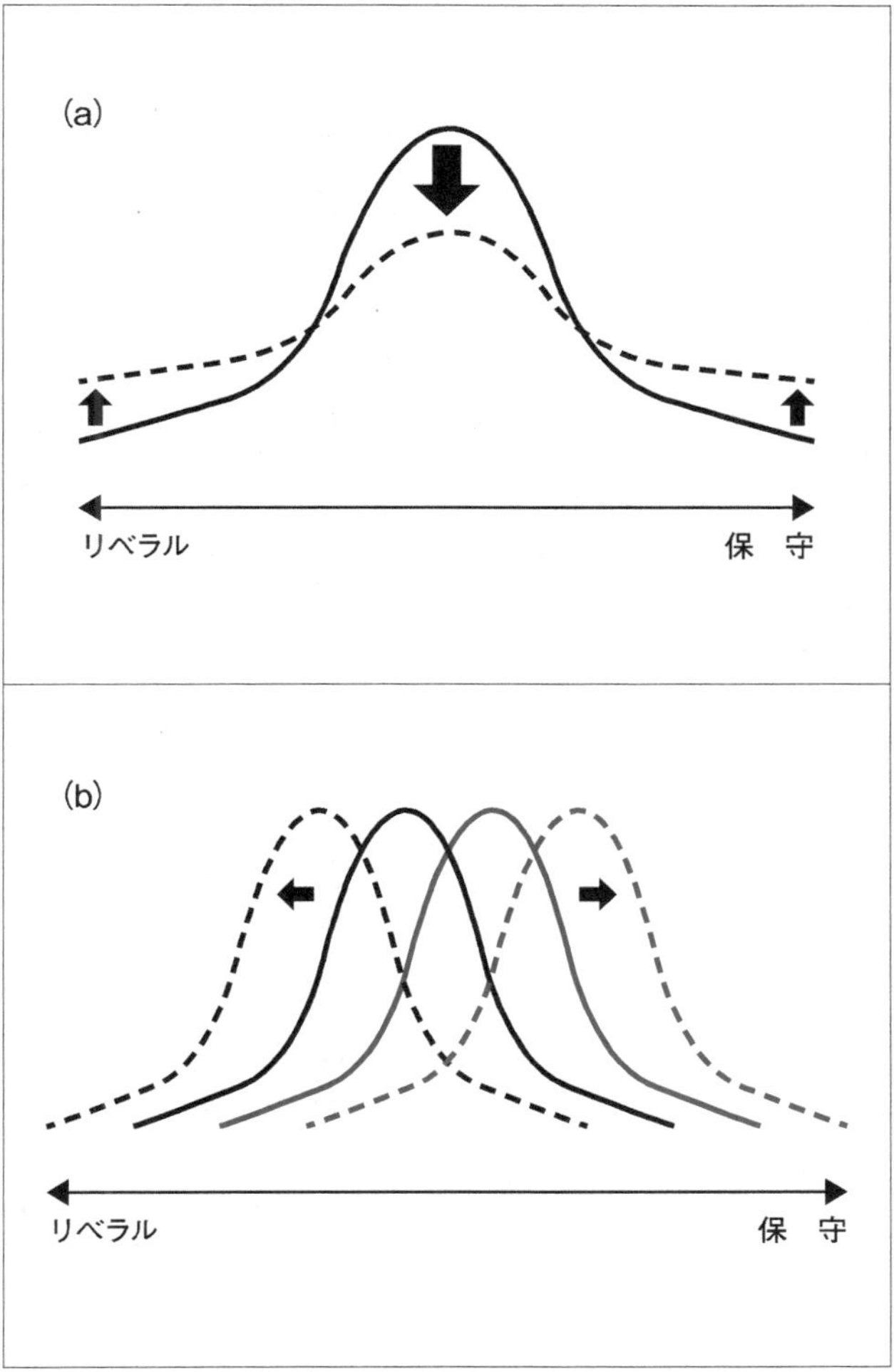

である。二つの政党の支持者の意見分布は当然異なり、リベラル政党支持者の意見は左寄りに、保守政党支持者の意見は右寄りに分布する。図2(b)の実線がこれを表す。この違いが図の点線のようにさらに大きくなることが分極化である。

なお、分極化と分断は似た内容の言葉であるが、若干ニュアンスが異なる。分極化は学問用語なので定義がはっきりしているが、分断はどちらかといえば日常用語なので意味がぼんやりしており、その代わり適用範囲が広い。また、分極化は程度問題で、ある程度の分極化は社会として許容範囲であって分極化自体に良い悪いはないが、分断という言葉にはマイナスのイメージが付きまとう。社会の分断と言えば悪いことと受け取られる。ただ、本書に関するかぎりは、分極化と分断はほとんど同じ意味で用いる。以下、実証分析で乾いた用語を使いたい時は分極化を使い、社会にとっての悪影響まで意識した場合は分断を用いる。ただし、内容的にはほぼ同じ意味だと受け取っていただきたい。

分極化すると極端な意見が多くなるので相互理解は困難となり、罵倒し合う事例が増えてくる。ネットによって時間空間を超えて多くの人と情報交換ができるようになれば、相互理解が進むだろうというのがネット草創期の期待であった。しかし、分極化が進んでいるとすれば、社会は分断されてしまったのであり、期待は裏切られたことになる。

実証研究——アメリカの場合

実際に分極化は生じているのだろうか。分極化についての実証研究はアメリカが豊富なのでまずはアメリカの状況を見てみよう。

分極化を最もきれいに実証したのはピューリサーチセンターのレポートである。(8) ピューリサーチセンターはアメリカの調査専門企業で、全く同じ設問を用いて長期間にわたって人々の政治傾向を調査している。設問は、銃規制に反対か、妊娠中絶を是認するか、不法移民対策を強めるべきかなど、保守とリベラルが対立しそうな複数の設問で、その賛否から回答者を保守・リベラルの度合いで点数化する。１９９４年、２００４年、２０１４年の意見分布を描いたのが図３である。

図３(a)は全国民の意見の分布の推移で、これを見ると１９９４年から２００４年にかけては分布はそれほど変化していない。しかし、２００４年から２０１４年にかけては中央の部分の山の高さが低くなり、両端のすそ野の厚みが増している。明らかに中央部分の穏健な人が減り、両端の過激な意見の持ち主が増えており、分極化が進行していることがわかる。

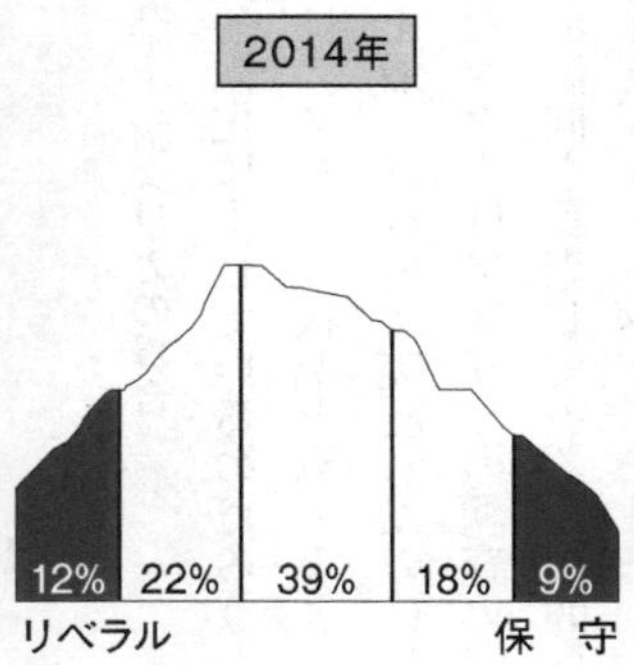

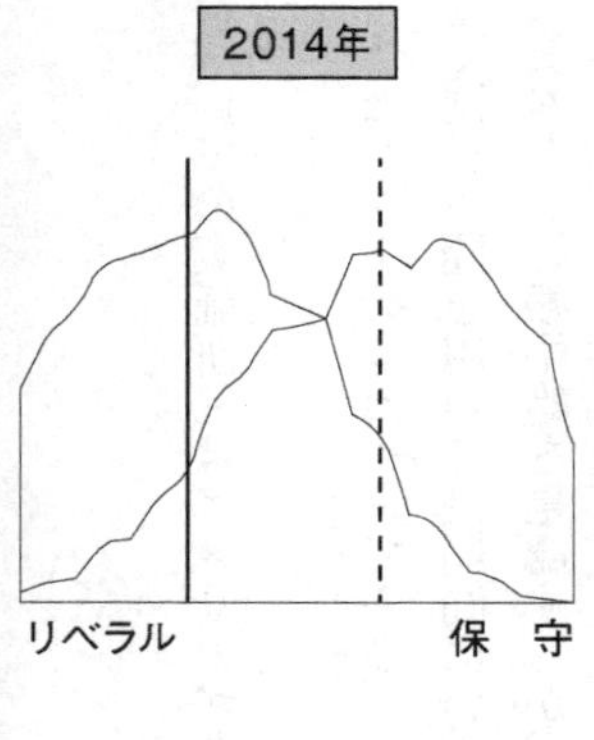

図3(b)は支持政党別の意見分布である。アメリカは二大政党制で、リベラル側が民主党、保守側が共和党である。両政党の支持者の意見分布は1994年と2004年ではあまり差がないが、2014年には左は左へ、右は右へシフトして、いずれも過激化した。二つの政党支持者の意見の相違は大きくなっており分極化が進行したことがわかる。

アメリカではトランプ大統領の登場で社会の分断が進んだとされる。確かにトランプ大統領は分断を煽《あお》っている面があるが、この調査によれば分断はトランプ大統領の登場以前

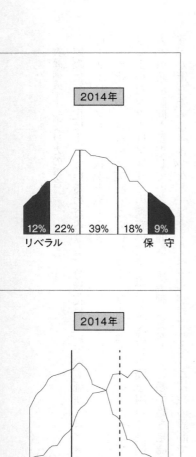

図3　アメリカにおける分極化の状況

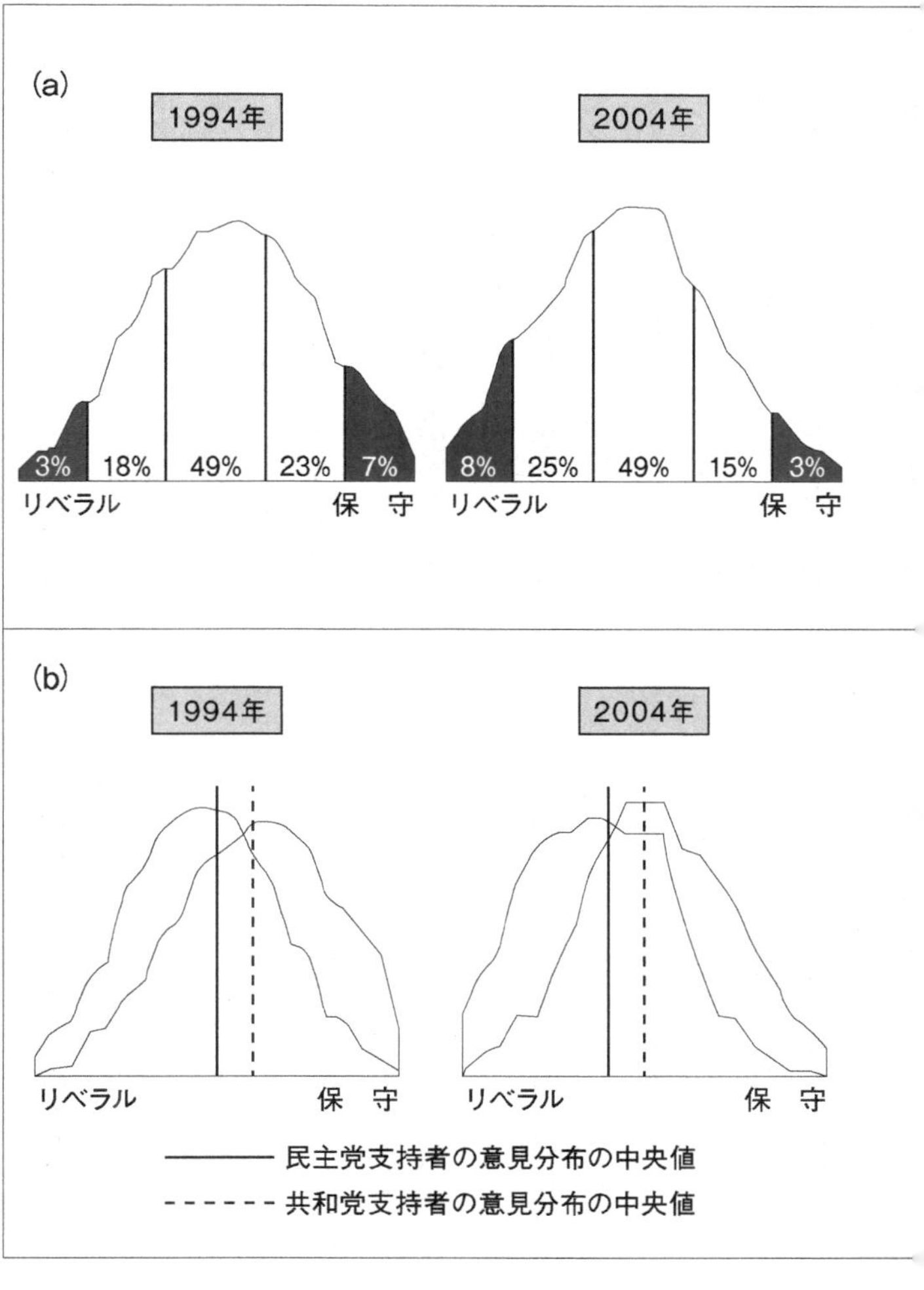

からすでに進んでいた。トランプ大統領の登場はむしろその結果である。なお分断は保守側だけがつくりだしているわけではない。リベラル側を見ても、2016年の大統領選で民主党の指名を最後まで争ったサンダースは（民主）社会主義者を自称しており、その主張は富裕層への極端な増税など過激である。そもそもアメリカという社会主義との冷戦を戦い抜いた国で、社会主義者を自称する人が大統領候補として最後まで残るということ自体が驚くべきことである。要するに保守側もリベラル側も従来の常識から考えられないような過激な人が支持を集めており、ここからも分極化が進行していることがわかる。

これ以外にもアメリカで分極化を示す調査は多い。三つほど挙げてみよう。議会選挙と大統領選で同じ党派に投票する人の比率は1972年には71％だったのが、2012年には90％に増えたという調査結果がある。(9) 同時期に行われる複数の選挙で異なる党派に投票する人は、党ではなく人で選んでいることになり、党派性が薄い。逆に一貫して特定政党に投票するのは党派性が強く、そういう人が増えるということも分極化を示す材料である。

また、毛色の変わった調査としては、政治家の演説原稿をAI（人工知能）に読ませてその政治家が共和党か民主党かを当てさせたという調査がある。(10) それによれば、近年になるほど、当てるまでに読む必要のある原稿が短くて済むようになったという。これは政治家の言葉づかいが類型化し二つのグループに分かれてきたということで、これも分極化のひとつの事例と見なせる。日本で言えば、市民運動という言葉を使う政治家はたいていリベラルであり、国民運動という言葉を使う時は保守政治家も含まれる。このＡＩ調査はこのような言葉づかいレベルにおける相違が、近年になるほど大きくなっていることを意味しており、いわば語彙《ごい》や言い回しのレベルで政治家が二つのグループに分かれていることになる。

最後に、日常レベルでの分極化の例を挙げよう。自分の子供が自分の支持政党と逆の政党支持者と結婚したらどう思うかという調査がある。日本でいえば自分が自民党支持者として子供が立憲民主党支持者・共産党支持者と結婚する、あるいは自分が立憲民主党か共産党支持者で子供の結婚相手が自民党支持者だったというようなケースである。アメリカは二大政党制なので民主党と共和党を念頭に問いをたてる。これに対し“unhappy”と答えた人は、１９６０年代は5％程度しかいなかった。それが、２０１０年になると共和党支持者では50％の親が、民主党支持者でも30％の親が“unhappy”と答えるようになったという。(11) これは人々の意識のレベルで二つのグループができており、互いに相手に拒否的になっていると解釈できる。これも分極化の表れと見ることができる。

このようにアメリカでは分極化の兆候があちこちに見て取れる。トランプ大統領登場後は、それが露《あら》わに意識されるようになり、分断されたアメリカとして専門外のコラムニストやビジネスマンも取り上げるようになった。

日本の場合はどうなっているか

日本はどうだろうか。日本の場合、アメリカのピューリサーチセンターのように同じ設問票で長期にわたり調べている調査機関が無いので、確実なことはよくわからない。日本での似た調査としては、選挙行動の調査の一環として、有権者に自分が保守的か革新的かを5段階で選んでもらう調査があるが、２００９年までの調査を見る限り分極化が起きているかどうかははっきりしない(12)。しかし、日本でも分極化が起きているのではないかと思わせる材料はある。二つほどを示そう。

第一に、少なくとも人々の認識のレベルでは分極化が起きている。図4は、我々の行ったアンケート調査で、「世の中の言論は中庸がなくなり右寄りか左寄りかに極端になってきていると思うか」という問いへの答えである。グラフを見ると、そう思うと答えた人が28%、思わないと答えた人が7%で、そう思うと答えた人の方が圧倒的に多い。この問い

図4　世の中の言論は中庸がなくなり
右寄りか左寄りかに極端になってきていると思うか

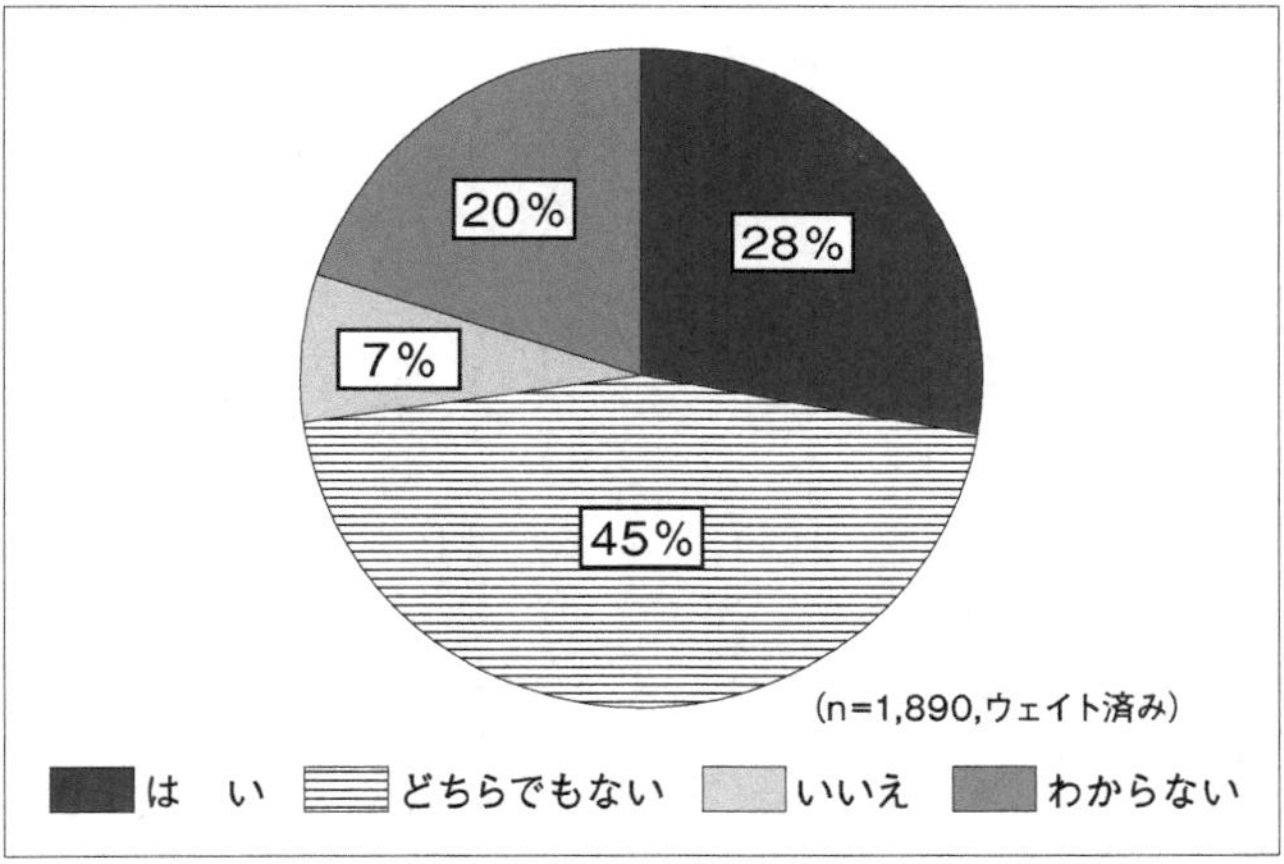

は、中庸・右寄り・左寄りという一般の人にはわかりにくい言葉を使っているので、答えをぼかす、あるいは答えられない人が増えるのはやむをえない。その中にあって、28％もの人が、このわかりにくい、やや専門家趣味の問いに対して「はい」と答えた事実は注目に値する。日本でも分極化が起きていると認識している人が一定程度いると言ってよいだろう。

分極化を示唆するもう一つの材料は、2012年に始まる安倍《あべ》政権の支持率が、多くの批判にもかかわらずなかなか落ちないことである。安倍政権を批判する側の攻撃はこれまでになく強い。「アベ政治を許さない」という標語が示すように批判は安倍首相個人に向かっている。これまでも政権批判は多数あったが、金権政治や大企業優遇、派閥政治など問題点を指摘する場合が多く、個人名を冠してまで攻撃が行われることはあまりなかった。今回は安倍氏個人の名を挙げての批判が中心であり、それほどまでに安倍首相への拒否反応は強い。モリカケ事件（森友《もりとも》・加計《かけ》学園）の時は、テレビと新聞はほぼ安倍批判一色になった。安倍晋三《しんぞう》は日本を戦争をする国にしようとするファシストだという評さえある。しかし、それにもかかわらず安倍政権の支持率は一時的に下がることがあってもすぐに持ち直し、40％程度を安定して推移している。かつてリクルート事件の時にはテレビ・新聞は批判一色となり、政権支持率が急低下して、内閣は退陣した。それが起こらない。

その説明はいろいろ考えられるが、一つの有力な説明は国民が二つのグループに分かれてしまっているという説明である。テレビ・新聞の批判に同調して強く批判している人も確かにいる。しかし同時に全くそれらに動じない人――おそらくテレビ・新聞をあまり見ていない人――も存在する。ちょうどアメリカでトランプ大統領がテレビ・新聞にどんなに批判されても、一定の堅い支持層があって支持率が4割を切らないのと同様の構造である。国民が二つのグループに分かれていて、批判がその片方にしか届かないなら、どんな

図5　政権に打撃を与える事件があった時の影響

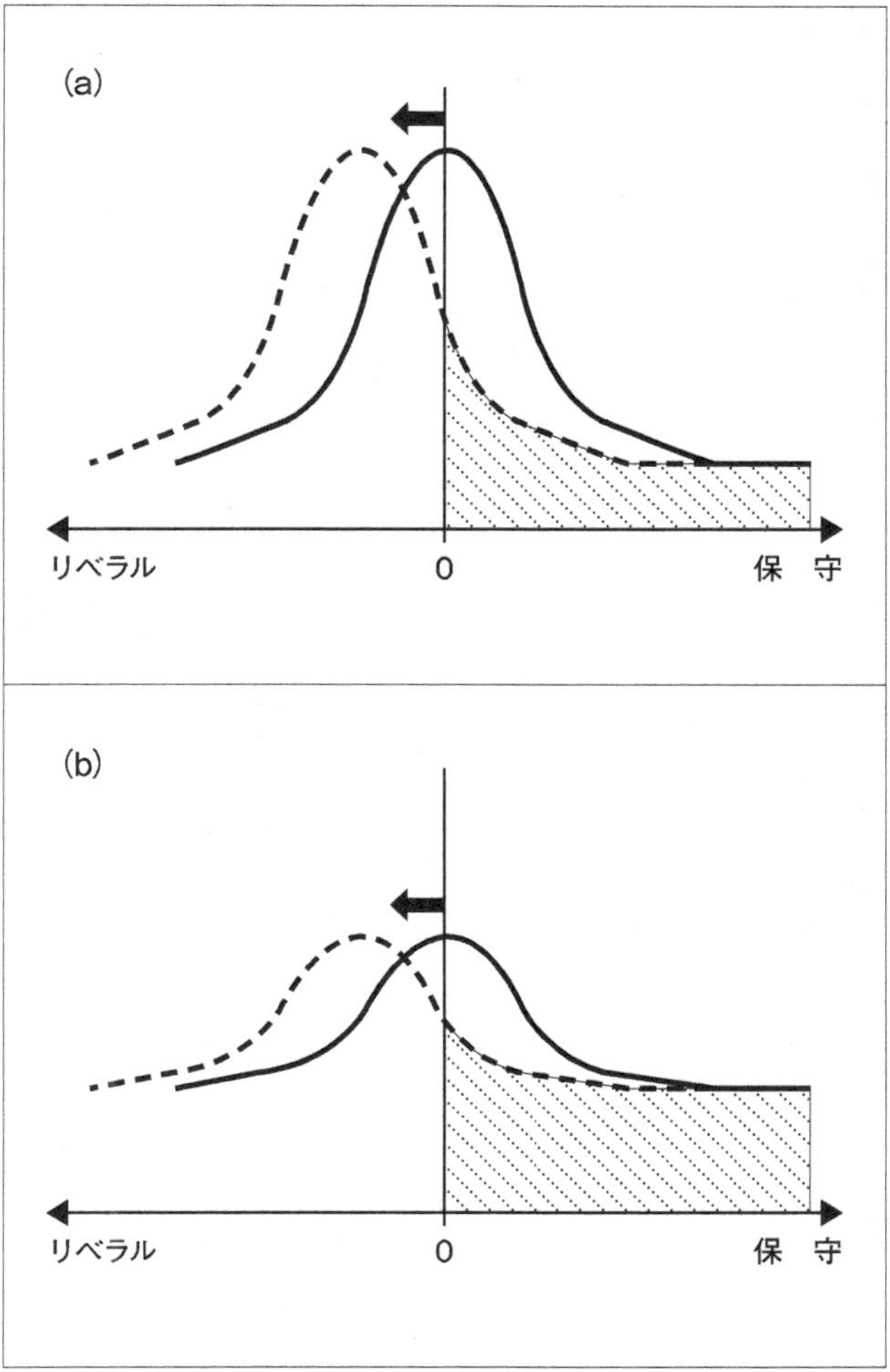

に批判されても支持率は一定水準以下には下がらない。

図5はこれを図示したものである。横軸は政治傾向の度合いで0点より右側の人が政権を支持するとする。人々の意見分布が最初は実線であり、政権に打撃を与える事件があって左側にシフトして点線のように変化したとしよう。分断が進行していない図5(a)の場合、事件後には政権支持者は図の斜線部分だけとなり、大きく減少する。しかし、分極化が進行した図5(b)では、少しくらいシフトがあっても、政権支持者はあまり減らない。すなわち、分断が進行していると、少々の打撃があっても政権はゆるがないのである。ゆえに、テレビ・新聞の批判の嵐の中で、安倍内閣の支持率が下がらないという点も、日本で国民が分極化していることのひとつの証左と見ることができる。

分極化の問題点とは何か

分極化のどこが問題なのだろうか。分極化すなわち分断であり、社会の〝分断〟と言えば、分断という言葉のマイナスイメージからいかにも問題のように聞こえる。しかし、考えてみれば人々の意見が分かれるのは当たり前である。その相違が拡大したからといって何が問題なのか。我々の目指す社会が多様な意見を許す自由社会だとすれば、意見の相違が広がることはありうることであり、これを問題視するのはおかしいのではないか。

この疑問には一理ある。特に個人レベルで言えば、意見が明確化し、特定の政治的意見を持つことには問題などあろうはずもない。自分の労働環境がなぜ悪いかを考えるうちに資本主義の問題点に気づきリベラル的思想を持つ、あるいは海外に出て改めて日本の歴史・伝統の良さに気づいて保守思想に目覚める、などのことは起こって当然であり、それ自体何の問題もない。一般に知識が不足しているうちは意見は定まらないが、知識が増えてくると人は明確な意見を持てるようになる。知識が増加すれば結果として分極化したことになるが、それはその人にとっては人としての成長であり良いことである。実際、教育水準との関係を見ると教育水準が上がるほど分極化が進むという関係が見出せる[13]。これは教育水準が上がると知識が増えて、いろいろなことに意見を持てるようになるからであり、このこと自体は良いことである。個人レベルで見た場合、分極化が即悪いことであるとは言えない。

しかし、個人レベルではなく、社会全体として見た時、分極化が進み過ぎ**る**ことは民主主義にとって問題を生む。このことは識者がさまざまな形で語っているが、ここでは2点に要約して述べてみよう。

第一に、分極化が進んで意見の相違が大きくなると、議論して知恵を出し政策案を改善していくという努力が放棄されてくる。民主主義の良いところは議論の過程で気づかなかったことがわかり、最初の案が改善されていくことである。どんな案も最初から完全ということは無く、反対意見から問題点を指摘されてそれに気づき、対処することで改善されていく。しかし、意見の相違が大きくなると、そのような討議を通じた気づきと改善の努力が放棄され、極端な案のまま硬直して、攻撃と罵倒を繰り返すだけになりやすい。メキシコ国境との壁の建設を進めるアメリカのトランプ政権にはその兆候がある。また、この場合、ともに硬直的なので、政権交代があると、政策が大きくぶれてしまう。たとえば仮にアメリカの次の大統領選で社会主義者のサンダースが大統領になると、政策は180度変わることになる。このような極端な政策のブレが続くことは社会にとって望ましいことではない。

第二に、意見の相違があまりに大きくなり、相手の言うことが理解できなくなると、人は民主的意思決定自体に疑念を持ちはじめる。民主政治は選挙で勝った方が政策を実施するが、この時選挙で負けた側も、勝った側の言うことを最低限「理解」できる必要がある。自分とは異なるがそれなりの考えを持った理解可能な相手と思えば、選挙で負けても今回はお手並み拝見として彼らの政策に従うことができる。もし彼らが失敗すれば次は自分たちの番と思って待機する。しかし、相手が理解できないほど異質な存在だと思うと、負けた側は相手に従おうとしなくなる。トランプ大統領が当選した時、彼は我々の大統領ではないと発言する人が出たり、カリフォルニア州は独立すべきと口走る人が出たのがその表れである。

特に異質な二つのグループのうちの片方が少数派に陥ると、多数決では常に負けるため、少数派は民主的意思決定自体を受け入れない。代わって何らかの実力行使あるいは最終的には分離・独立を求め始める。民族運動の多くはこの経路をたどる。日本で言えば沖縄県知事が基地問題で法的に見てかなりきわどい強硬策をとり、その支持者がしばしば沖縄独立論を口にすることがあるのがその実例である。どんなに言っても自分のことを理解してもらえず、相手の言うことも理解できないと思う時、そして自分たちは永遠に少数派だと思う時、人は多数決による民主的意思決定自体に背を向けて独自行動を始める。これは民主政治にとって失敗である。民主政治が安定するためには、行き過ぎた分極化はできれば避けたい事態である。

分極化が進み過ぎると最悪の場合、民主主義自体が崩壊して独裁に移行することがある。

『民主主義の死に方――二極化する政治が招く独裁への道』は、分極化（二極化）の果てに民主主義が独裁政治に変貌《へんぼう》する過程を描いた本である。(14) 著者は政治学者で、民主制度をとっておきながら、最終的に独裁体制に移行した事例を多数集め、その過程を描いて見せた。著者らによれば民主主義は軍事クーデターなどの暴力で死ぬのではなく、選挙を通じて死ぬ。すなわち分極化の果てに人々が相互理解を拒否し始め、あるいは果てしない攻撃的議論の応酬に疲れた人々が強いリーダーを求め始める時、独裁者が登場する。行き過ぎた分極化は民主主義にとって脅威である。

「集合知」の弱体化

分断が引き起こす別の問題として、ネットが持っていた知識共有の機能すら低下する可能性もある。ネットは元々多くの人が情報を交換し、知識を共有していくことで、社会全体の知識レベルをあげる機能を持っていた。それを端的に表したのが、「集合知」という考え方である。アメリカのジャーナリストであるジェームズ・スロウィッキーが2004年にアメリカで発行してベストセラーになった著書『The Wisdom of Crowds（集団の知恵）』が、2006年に『「みんなの意見」は案外正しい』というタイトルで日本でも出版され、話題になった。この本で、スロウィッキーは、数多くの例を示しながら、少数の専門家の知恵（「専門知」）よりも多くの素人の知恵を集めた方がよい結果を導き出せると主張している。たとえば、20世紀はじめに英国の家畜見本市で開かれた雄牛の体重を当てるコンテストで、最も正解に近かったのは、専門家の答えではなく、参加者全員（７８７人）の答えの平均値だったという。

ネットの登場で、「みんなの意見」を集めることは、これまでになく容易になった。そのため、ネットを活用して素人の「集合知」を作ることができれば、専門家よりも正しい答えを出すことができるという考え方が広がった。実際、集合知の例とされるネット上の百科事典であるウィキペディアは世界中に広がり、専門家が執筆する従来の百科事典の存在意義は大きく低下してしまった。

しかし、ウィキペディアの内容が常に正しいとは限らないように、集合知は常に専門知よりも優れているわけではない。質の高い集合知が作られるためには、必要な条件がある。スロウィッキーが指摘したのは、①意見の多様性（独自の私的情報を持っていること）、②独立性（他者の考えに左右されないこと）、③分散性（身近な分野に特化して判断すること）、④集約性（意見を集約させる仕組みがあること）、という４つの条件である。

分断が進むと、この条件を満たすことは難しくなってくる。特に、意見の多様性と集約性は失われやすい。左右の極端な意見だけになった状態は多様とは言い難く、互いに攻撃を繰り返すだけでは意見の集約はままならないからである。ウィキペディアでも保守とリベラルが激しく対立する話題では、互いに記事の削除と修正をかけ続ける「編集合戦」が行われ、収拾がつかなくなることがある。むろん、今でも集合知は、雄牛の体重や珍しい食材の調理の仕方のように、政治とは無縁かつ正解がある話題では有用であり、ヤフー知恵袋などの〃教えてください系〃サイトである程度実現もされている。しかし、〃教えてくださ い系〃サイトで扱うのは主として生活の知恵的な話題であり、政治や社会問題に関わる重要な話題ではない。これらの政治的・社会的話題では保守とリベラルが激しく対立し、意見の分断が著しいためと考えられる。ネット草創期の人々が期待したのは、これらの重要な話題でこそ情報が共有され、社会全体の知識レベルが高まることであっただろう。しかし、実際には分断の進行により知識の共有自体が妨げられ、集合知の形成が難しくなりつつある。

「ネット原因説」の登場

ネット草創期の人々は、ネットを使って広い範囲で意見交換ができれば相互理解が深まり、社会は良い方向に向かうだろうと考えていた。しかし、実際には相互理解は進まず、社会は分断が深まった。ネットの普及にもかかわらず分断が進行したことになる。

なぜ分断が進んだのだろうか。すなわち、なぜ分極化が進行したのだろうか。これについてはいろいろ説が考えられる。グローバル化が進んだため、貧富の格差の拡大のため、あるいは欧米なら単に移民が増えたためと言うかもしれない。

そのような中で、ネットが原因だという説が出てきた。いま、ネットの普及にもかかわらず分断が進行したと述べたがそうではなく、ネットが**普及したからこそ**分断が生じたという説である。

もう一度アメリカのピューリサーチセンターの図3を見てみよう。意見分布は1994年〜2004年の間にはあまり変化していない。分極化が進んだのは2004年以降である。そして2000年代とは、ネット上でのソーシャルメディアが一般に普及し世論形成の主役になった時期に重なる。タイミングだけで見るとソーシャルメディアの普及と社会の分断は同時に起きている。

90年代までのネットはまだ教育水準や所得水準の高い限られた層のものであり、またネット上での情報交換の場はＵｓｅｎｅｔのような掲示板、あるいはメーリングリストであり、一般のユーザが利用するものではなかった。一般ユーザが大量にネット上で情報交換を行い、世論形成を行うようになったのは、ウェブメディアのブログやニュースサイトが登場し、フェイスブックやツイッター等ソーシャルメディアが本格的に普及した２０００年以降のことである。そして、分極化の進行もこの時期に始まっている。そうだとすればネットの普及が分極化を生みだしているのではないか。

実際、これを裏づける理論や調査報告も現れた。それは何か。第２章ではこのネット原因説について述べよう。

（１）ハワード・ラインゴールド『バーチャル・コミュニティ――コンピューター・ネットワークが創る新しい社会』（三田出版会）、１９９５年、34頁。

（２）ウェブ調査なのでモニターはネットのヘビーユーザに偏るバイアスがある。このバイアスはウェイトを付けて補正してある。

（３）キャス・サンスティーン『インターネットは民主主義の敵か』（毎日新聞出版）、２００３年。

（４）梅田望夫『ウェブ進化論』（ちくま新書）、２００６年。
（５）「日本の Web は「残念」　梅田望夫さんに聞く」（2009/06/01 公開）、https://www.itmedia.co.jp/news/articles/0906/01/news045.html（2019/07/20 最終確認）。
（６）津田大介『ウェブで政治を動かす！』（朝日新書）、２０１２年。ならびに、津田大介『情報戦争を生き抜く』（朝日新書）、２０１８年。
（７）中川淳一郎『ウェブはバカと暇人のもの――現場からのネット敗北宣言』（光文社新書）、２００９年。
（８）Pew Research Center, 2014, "Political Polarization in the American Public", http://assets.pewresearch.org/wp-content/uploads/sites/5/2014/06/6-12-2014-Political-Polarization-Release.pdf（2019/07/20 最終確認）.
（９）American National Election Studies, 2015, "The ANES Guide to Public Opinion and Electoral Behavior", Table9B.2. Split Ticket Voting Presidential/Congressional, http://electionstudies.org/resources/anes-guide/（2019/07/20 最終確認）.
（10）M. Gentzkow, J. M. Shapiro and M. Taddy, 2016, "Measuring Group Differences in High-Dimensional Choices: Method and Application to Congressional Speech", NBER Working Paper, No. 22423.
（11）S. Iyengar, G. Sood and Y. Lelkes, 2012, "Affect, not Ideology: A Social Identity Perspective on Polarization", The Public Opinion Quarterly, Vol. 76, No. 3, Fall 2012, pp. 405-431.
（12）蒲島郁夫・竹中佳彦『現代政治学叢書８　イデオロギー』（東京大学出版会）、２０１２年、図４―１、１４４頁。

（13）田中辰雄・浜屋敏、２０１７年、「結びつくことの予期せざる罠——ネットは世論を分断するのか？」、富士通総研『研究レポート』、No. 448、図表９、https://www.fujitsu.com/jp/group/fri/report/research/2017/report-448.html（2019/07/20 最終確認）。

（14）スティーブン・レビツキー、ダニエル・ジブラット他、２０１８年、『民主主義の死に方——二極化する政治が招く独裁への道』（新潮社）。

第2章　分断のネット原因説

――選択的接触とパーソナルメディア化

選択的接触とエコーチェンバー

分断のネット原因説は、さまざまの論者によりいろいろな形で表明されている。ここではそれらの議論を、選択的接触とパーソナルメディア化の2要因で整理する。選択的接触はニュースの需要側の要因、パーソナルメディア化はニュースの供給側の要因である。

選択的接触（セレクティブ・エクスポージャー、selective exposure）とは、人が情報に接する時、すでに持っている自分の考えに合う情報を選ぶことを指す。たとえば、政治的にリベラルな人は、新聞を選ぶ時リベラル系の新聞——たとえば朝日新聞——を選ぶだろうし、保守的な人は保守系の新聞——たとえば産経新聞——を選ぶだろう。原発に批判的な人は放射能の危険性を伝えるニュースには敏感に反応するが、エネルギー安定供給の話題にはあまり関心を示さないだろう。逆に原発容認的な人はエネルギー安定供給のニュースは見ても放射能のニュースは見ないかもしれない。ここでは自分があらかじめ持っている判断に合うような情報を選んで接しており、これが選択的接触である。

選択的接触は社会心理学で1950年代からある言葉で、元々はアメリカの大統領選の時、メディアのキャンペーンの効果が限定的であることの理由として使われた。人々が自分の支持候補を応援するメディアあるいは番組を選んで見ている場合、いくらキャンペーンをやってもすでに支持している人に訴えるだけなので、支持率は変化しない。すなわちメディアの効果は限定的であることの説明として使われたのである。

その後この言葉は拡張されてさまざまな分野で使われるようになった。たとえばマーケティングの分野では、消費者が選択的に広告を見ることに使われる。恋人ができた男が町を歩くと花屋のディスプレイが目についてしまう、あるいは親に介護が必要になった人が通勤途上にこれまでずっとあったのに気づかなかったデイケアセンターの広告に気づく、などの現象である。当人は意識してはいないかもしれないが、自分にとって意味のある情報を選択的に見ていることになる。

選択的接触はある程度は誰にでも起こりうる。ただ、選択的接触があまり極端になると情報の偏りが生じ、その人の判断が偏り始める。政治的立場や社会問題について選択的接触が強くなると、片方の情報ばかりに接するので見解が過激になりやすい。その際だったケースは**エコーチェンバー**現象と呼ばれる。エコーチェンバーは残響部屋のことで、そこに入ると自分の声が反響して大きく聞こえる。それと同じように聞こえてくるのは自分の意見を強化する意見ばかりになることがエコーチェンバー現象で、そうなると確信の度合いが一方的に増していくことになる。

エコーチェンバーの実例としてわかりやすいのは、何らかの政治的・社会的な運動体に参加した場合であろう。特に他の情報源へのアクセスを禁じるカルト的な運動体であるとその可能性は高まる。また、特定集団内ではなく、マスコミの報道がひとつの方向に偏ってしまい、社会全体としてエコーチェンバー的な状況が起こるケースもある。アメリカで80年代に起きた保育園の幼児虐待事件では、当初は全米が非難の嵐となり、煽《あお》りを受けて多くの無関係の保育園が閉鎖されるまでになった。しかし、6年を経た裁判で全くの冤罪《えんざい》だったことが明らかとなっている。この場合、事件発生当初の保育園への非難一色の報道と人々の憤りはエコーチェンバー的状況だったと考えられている。ここでは特に例を挙げないが、日本でも似たような事件は指摘できるだろう。エコーチェンバーが起こると人々の意見は特定方向に強められ、過激化していく。

選択の自由の拡大が招いた閉鎖性

選択的接触は従来のマスメディア環境でもあったことで新しいことではない。しかし、ネットと従来型マスメディアでは大きな違いがある。それはネットでは自由に情報源の取捨選択が可能なので、従来よりはるかに選択的接触が強まり、エコーチェンバー現象が起こりやすくなると考えられる点である。

テレビ・新聞・ラジオなどのこれまでのマスメディアでは、情報はワンセットで提供される。テレビのニュース番組では、ある政治問題を取り上げる際、賛成意見も批判意見も紹介するので、両者の意見を知ることができる。ニュースは時間の中で流れるので、流れている最中に賛成意見だけ、あるいは反対意見だけを取り出して聞くことは困難である。新聞には一覧性があり、広げるとさまざまな記事が一覧でき、めくっていけば少なくとも見出しは目に入ってくる。したがって、ある問題についてさまざまな角度からの見解、たとえば政治面、経済面、文化面からの見解を知ることができる。

たとえば日本と韓国の間で紛争事案があり、日韓関係がもめたとする。テレビニュースでは急進派と慎重派の見解が識者の意見として紹介され、両方の意見を知ることになる。新聞なら、紙面をめくっていけば政治的な対立面だけでなく、経済面での日韓の相互依存、日韓の文化面での交流なども同時に知ることができる。このように従来型のマスコミは、半ば強制的に情報を見せることで、選択的接触を抑制する働きをしていた。

しかし、ネットでは異なる。ネットでこのように半ば強制的に情報を見せることはできない。その逆で自由に自分の見たい情報を選ぶことができる。たとえば、自分の政治傾向と似たブログをいくつか選び、そこからリンクが張られたニュースだけを見るようにすれば、自分の意見にあった情報ばかりに接することができる。あるいはツイッターでフォローする相手を自分と似た意見の持ち主にすると、自分の意見を補強する話ばかりが聞こえてくるようになる。画面上に政治問題だけが見えるようにすることも可能で、すると経済面、文化面など他の側面は見なくなる。これは従来のマスメディアではありえなかった事態であり、選択的接触がかつてないほど大規模に起こりうることを示している。結果として人々は意見の似通った小さな集団に分断され、エコーチェンバーが起こりやすくなる。その結果、意見が過激化し、分極化が進行することになる。

このようなネットでの選択的接触は古くから予見されていた。たとえばインターネットの初期に当時ＭＩＴのメディアラボの所長だったネグロポンテは、「デイリーミー」という概念を提唱したことがある。デイリーミーとは「デイリー○○」のもじりで、○○には地域名が入る。これはある地域のための新聞という意味でローカル新聞によくある名称である。したがってデイリーミーとは私のための新聞という意味で、私が興味あるものだけを配信してくれる新聞のことをさす。ネグロポンテがこの概念を提唱した時は人々の利便性に資する良い概念であったかもしれない。現在、スマホ上のニュースアプリはカスタマイズができてニュースを選べるので、デイリーミーはニュースアプリという形である程度実現した。[1] しかし、その結果、選択的接触が行き過ぎて社会の分断を招いたとすれば、皮肉な事態である。

デジタルマーケティングと選択的接触

選択的接触は本人の意図ではなく、企業側のマーケティングのひとつとして行われることもある。たとえば、デジタルマーケティングの分野では、企業は消費者に選択的接触をさせるためにさまざまな手法を開発してきた。デジタルマーケティングとは、ＡＩやビッグデータ分析といったデジタル技術を活用したマーケティング活動のことである。たとえば、インターネットで旅行について調べたあとでヤフージャパンなどのホームページを見ると、調べていた旅館やホテルに関連する広告が出ているような経験をした方も少なくないのではないだろうか。これは、デジタルマーケティングの代表的な手法で、「行動ターゲティング」と呼ばれる手法に基づいた広告である。興味のあるホームページを見るというユーザのインターネット上の「行動」を分析し、それに合った広告を出せば、ユーザが広告をクリックする比率も高まるからである。

　また、アマゾンなどのインターネット通販のサイトを見ると、「あなたへのおすすめ」として商品がいくつか並んでいるだろう。これは、レコメンデーション（推薦）と呼ばれる手法を活用したもので、電子商取引では広く利用されている。物理的なお店でも、たとえば、ある特定の商品（たとえばスカートなど）を買おうとしている顧客に対して、店員が「そのスカートにはこのジャケットが合いますよ」という「おすすめ」をすることはよくある。また、優秀な店員であれば、年齢や外見などから顧客に合った商品を選び、それをすすめることもできる。顔なじみの得意客であれば、一人ひとりの好みもわかっているため、顧客が何も言わなくてもその顧客に合った商品を推薦することもできるだろう。商品に関する知識や顧客の好みに関する知識が豊富な店員であれば、店頭で顧客と対話しながら、顧客に合った商品を探すこともできる。しかし、電子商取引では店員が顧客と会話することはない。

　電子商取引でレコメンデーションができるのは、「協調フィルタリング」という手法を活用しているからである。これは、簡単に言えば、「あなたと同じ商品を買っている人は、ほかにこういう商品を買っています。あなたはその商品をまだ買っていませんが、きっとあなたのお気に召すでしょう」ということである。電子商取引の購買行動は、個人別に詳細なデータがすべてデータベースに蓄積されている。そのデータを分析すれば、ＡさんとＢさんという人と同じ商品をよく買うＢさんという人を探すことも簡単である。ＡさんとＢさんは好みがよく似ていると推測でき、そして、Ｂさんが購入した商品の中でＡさんがまだ買っていないものを推薦すれば、Ａさんがその商品を気に入って購入する確率も高い。Ａさんがまだサイト上で見たこともない商品、「買い物かご」には入っているもののまだ購入していない商品など、購入前のユーザの行動も含めたデータを、さらに高度なアルゴリズムで分析すれば、レコメンデーションの精度はどんどん高まっていく。

行動ターゲティングも協調フィルタリングも、分析できるデータの量が増えれば増えるほど精度は高くなる。最近では、ソーシャルメディアやＩｏＴ（Internet of Things、モノのインターネット）の普及で、人と人の関係に関するデータも、モノを通じた人の行動（たとえばスマホ所有者の位置情報や交通ＩＣカードでの移動情報など）もインターネットにつながるようになっており、蓄積されるデータの量は、これまでとはけた違いに大きくなりビッグデータと呼ばれる。そして、そのデータを活用したレコメンデーションは、ユーザにおすすめの商品を提示して売上を増やそうとする電子商取引の事業者だけでなく、自分のサイトになるべく多くのユーザを導きたいメディアでももちろん積極的に活用されている。その結果、私たちは、自分が意識しなくても選択的接触を行っていることになる。

検索エンジンについてこのフィルタリングの影響を指摘した「フィルターバブル」という言葉も知られている。(2) 検索履歴（あるいは購買履歴、閲覧履歴）などからその人に一番合っているコンテンツが表示されるようになると、人は自分に心地よい小さい部屋（バブル）の中に住んでいるかのような状態となる。著者のパリサーは、ネットは本来は多様な人や見解に出会えるところなのに、実際には人々が小さな限られた部屋に閉じ込められてしまうとして警告を発した。フィルターバブルは意識的に選択しているわけではなく、機械が自動的に選択している点が異なるが、結果として選択的接触が強まる点は同じである。

実証研究の紹介――アメリカ・日本の事例

選択的接触が実際に起きていることを示す実証研究も行われている。たとえば、インターネットのニュースポータルサイトに並ぶニュース見出しの下にそれがどの新聞社からのニュースかを明示し、ユーザがどのニュースを選ぶかを調べた研究がある。(3) アメリカでの調査では、共和党支持者の場合、保守的なFOXからのニュースだとそれを見る確率が25

図6　政治ブログの相互リンク(2004年アメリカ大統領選挙)

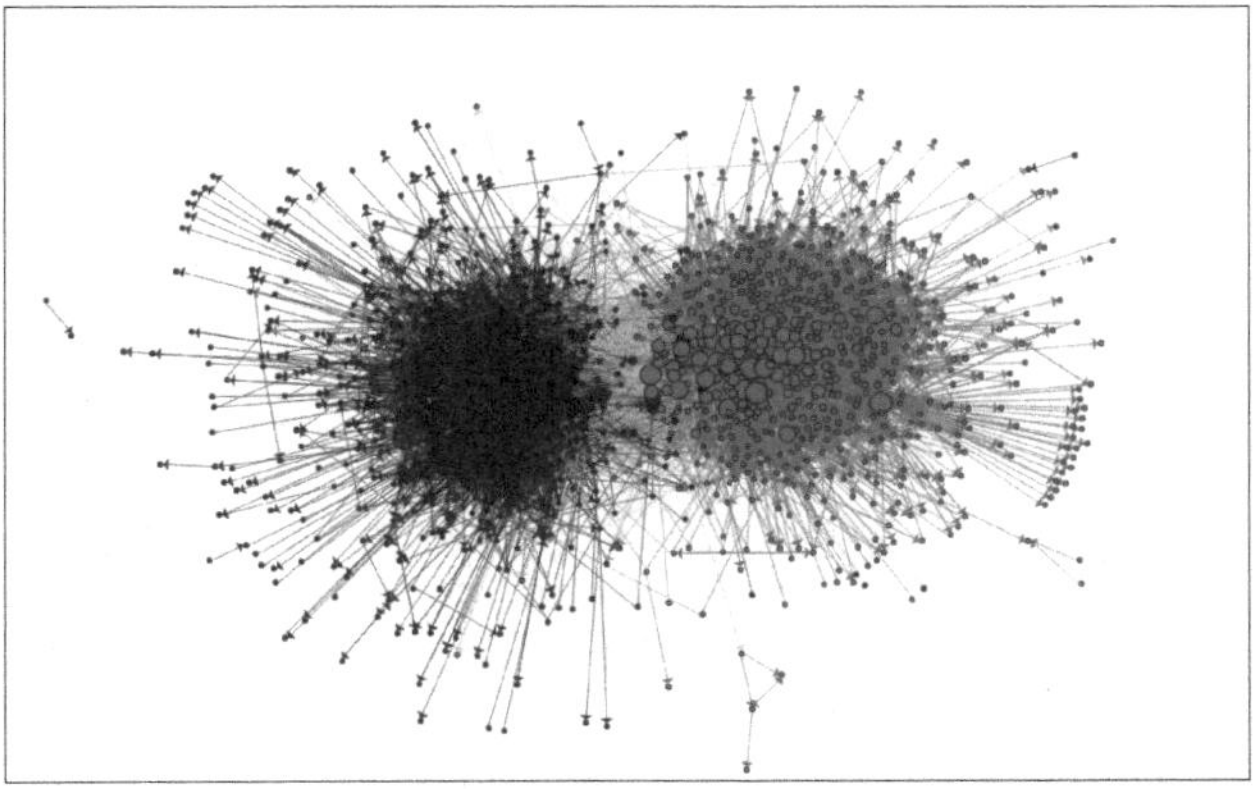

出典:Adamic and Glance, 2005

%ポイントも上昇し、逆にリベラル寄りのCNNからのニュースだとすると10%ポイント低下した。日本で言えば、保守的な人は、産経新聞へのリンクならクリックするが、朝日新聞へのリンクならクリックしないということである。自分の政治傾向に近い記事を選んでいるので、選択的接触と見なせる。

日本での調査としては、ネットを利用すると、元来娯楽志向の人がさらに娯楽ばかり見るようになって時事問題から遠ざかるという調査がある。(4) 夜9時にどんなテレビ番組を見たいですかと尋ねてその人の娯楽志向を測っておく。たとえばドラマや歌番組を見たいと答えた人は娯楽志向が高く、ニュース番組や時事問題特集を見たいと答えた人は娯楽志向が低いと考えられる。同時に、同じ人に時事問題の知識を尋ねて時事問題についてどれだけ知っているかも調べる。両者の関係を見ると、娯楽志向の高い人ほど時事問題には詳しくない。これは当然の結果である。しかし、ネット利用者ではその傾向がさらに加速する。すなわち、〝娯楽志向であると時事問題を知らない〟のはネット利用者も非利用者も同じであるが、その知らない「度合い」は、ネット利用者の方が甚だしくなる。

これはネットでは時事問題を完全に無視して娯楽関係のニュースだけにアクセス可能だからと考えられる。テレビのニュース番組やバラエティショーでスポーツ芸能ニュースを見ようとすると、その前後の時間で時事問題のニュースも見てしまう。紙のスポーツ新聞には時事問題も載っており、購入して手に取ると少なくとも見出しは目に入ってしまう。これに対し、ネットでは完全にスポーツ・芸能ニュースだけに限定して見ることができる。それゆえにネットで娯楽情報を得る人は、時事問題に触れることが全く無くなったと考えられる。すなわちネット利用により、選択的接触がさらに強まったことになる。

選択的接触の例として、ネット上の政治ブログ間のリンクの研究もよく知られている。2004年のアメリカの大統領選の時、政治に関わるブログのリンク構造を調べた結果が図6である。(5) 色がついていないのでわかりにくいが、左側の塊がリベラル系ブログ、右側の塊が保守系ブログである。明らかに自分と似た政治傾向のところとリンクを結びあっており、対立するブログへのリンクは極めて稀《まれ》であることがわかる。読者がリンクをたどりながらブログを読むとすれば、同じ意見のブログばかり読むことになる。これと同じような図は選挙時のツイッターのツイートとリツイートについても描くことができる。同じ意見の人ばかりが集まっていれば、エコーチェンバー現象が起こり、意見が過激化するのは自然であり、かくして分極化が進むことになる。これがネット原因説の需要側、すなわちユーザ側の原因である。

意見の穏健化を説明する「ホテリングのモデル」

ネット原因説の第二の要因は、ニュースの作り手側、すなわち供給側の要因である。それはメディアの設立費用が劇的に下がり、個人でもメディアたりうる状態が生まれたことである。

マスメディアの場合、テレビでも新聞でも新規参入は膨大な資本と時間を要する作業で簡単ではなかった。テレビ局の開設には電波基地局をはじめとして巨大な資本が必要であり、新聞は配送網と顧客ベースを構築するのに多大な時間がかかる。いずれも新規参入は簡単ではなく、テレビ局も新聞社も同一地域に存在可能な数が限られる。

これに対し、ネットメディアは新規参入のハードルが非常に低い。ブログを立ち上げれば論理的には世界中の人に配信が可能であるし、ＹｏｕＴｕｂｅでの配信、あるいはツイッターでつぶやいても世界に届く。新規参入が簡単で個人でも世界に発信できるようになったというこの変化をどう呼ぶかははっきり定まっていないので、ここでは「パーソナルメディア化」あるいは「メディアのパーソナル化」と呼んでおく。個人でもメディアがつくれるというほどの意味である。

そして、メディアのパーソナル化の帰結は、新規参入メディアが増え、その結果政治的に極端な主張を行うメディアがたくさん現れたことである。

そもそもメディアの数が少ない時、メディアの政治傾向は似てくる傾向がある。いま、仮に二つしかメディアが存在しないとしよう。テレビ局が二つだけあると考えればよい。図7は例によって保守リベラルの政治傾向での人々の分布を表した図である。二つのテレビ局は自身の政治傾向をどこに置こうとするだろうか。仮に二つのテレビ局が、図7(a)のA点とB点に自分の政治傾向を決めたとする。視聴者は自分と政治傾向が似た方のテレビ局を選ぶだろう。するとAとBの中間点Eを切れ目として左側の人はテレビ局Aを、右側

図7　ホテリングのモデル

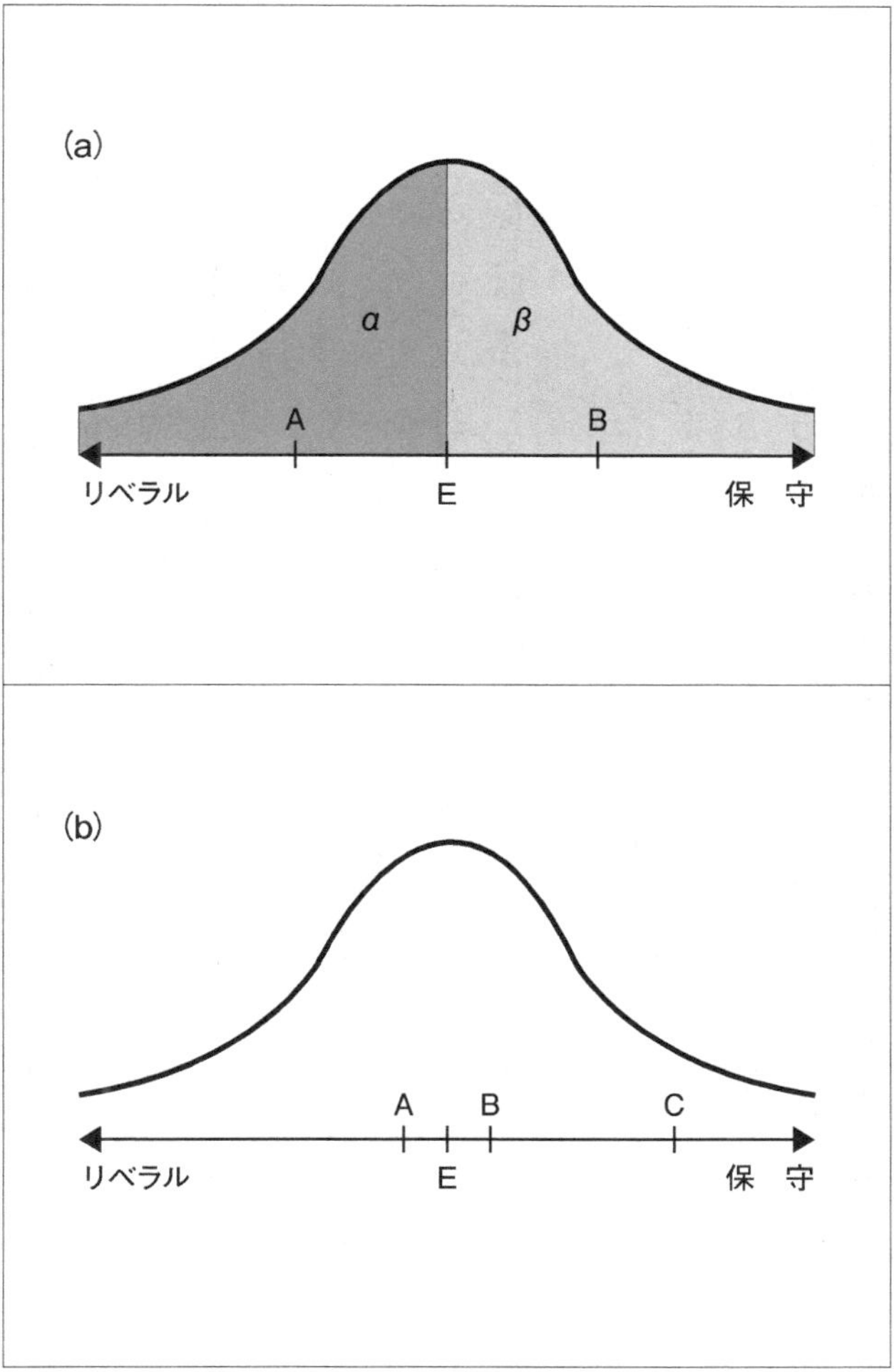

の人はテレビ局Bを視聴する。すなわち図のαの部分の人はテレビ局Aを、βの部分の人はテレビ局Bを見ることになる。

ここでテレビ局Aが政治傾向をやや保守寄りに変えたとする。すなわち点Aが右に移動したとする。すると中間点E点も右側に少し移動するので、テレビ局Aの視聴者数は増え、テレビ局Bの視聴者数は減る。テレビ局Bが対抗するには、こちらは左の方へすなわちリベラル寄りに動けばよい。かくして二つのテレビ局が視聴者獲得競争をすると、中間のどこかの同じ点に限りなく近づいていくことになり、行きつく均衡点は図7(b)のように二つのテレビ局が極めて似た政治傾向をとった時である。すなわち、二つのテレビ局の政治傾向はともに穏健化し似てきてしまう。これは「ホテリングの理論」と呼ばれる古くからある理論である。

なお、このモデルには大きな前提がある。それはテレビ局が二つしかないという前提であり、もし3つめのテレビ局があると事態は変わってくる。図7(b)で新たにかなり保守色の強いテレビ局Cが参入してきたとする。テレビ局Cは自分のいる付近より右側の視聴者を得ることができ、テレビ局の政治傾向はひとつには収れんしない。ただ、実際には（日本では）テレビ局の参入はあまり起こらなかった。これは電波が希少でチャンネル数が限られるという事情があったからであるが、それに加えて分布の端にいくにつれて分布のすそ野の方になるため、視聴者数が少なくなるという事情があったためである。テレビ局の開設には大きなコストがかかるのであるから、そのような少ない視聴者ではビジネスとして引き合わない。かくしてメディアの参入は起こらず、メディアの数は少ないままであった。そして少ない数のメディアは極端に振れることなく、どこも比較的似た穏健な政治傾向をとってきた。これがこれまでのマスメディアの姿である。

メディアの多様性の拡大が引き起こした分極化

しかしながら、インターネットが状況を一変させた。なぜならネットでは新規参入コストが極めて安いからである。ブログ開設のコスト、ツイッターでつぶやくコスト、ＹｏｕＴｕｂｅで配信するコストは驚くほど安い。発信のコストが少ないのであるから、少数の読者・視聴者を獲得するだけで十分やっていける。かくして新規参入者は政治思想の分布の軸の端の領域まで含む広範な領域に広がることになった。

図８はこれを示した概念図である。政治傾向の左右の軸の中で新聞・テレビなどの大手メディアＡ・Ｂは、多くの読者を獲得する必要があるため真ん中あたりに位置する。これ

に対して、ネットメディアは少ない読者で十分に引き合うので、真ん中を狙う必要が無い。むしろ大手がいない裾《すそ》の部分の方が読者を得やすい。したがって、図のXあるいはYのようなところに参入してくるだろう。メディアのパーソナル化により、従来よりはるかに広いばらつきを持ったメディアが登場することになる。

実際にこれが起きたかどうかを簡単に調べてみよう。そのためには各メディアの政治傾向を測定する必要がある。新聞やテレビの政治傾向を測るのは本来難しい作業であるが、ここではそれぞれのメディアの視聴者の政治傾向の平均値で測ることにしよう。測りかたの詳細は第3章ならびに第5章で述べるのでここではごく簡単に概略を述べる。

まず、それぞれのメディアの視聴者に対して、憲法9条改正に賛成か反対か、夫婦別姓に賛成か反対かなどの政治イシューの賛否を尋ね、保守・リベラルの政治傾向の度合いを点数化する。そのうえで各メディアの視聴者の政治傾向の平均値を求める。視聴者の政治傾向は、選択的接触が働いているなら、メディアの政治傾向と近いだろう。そこで視聴者の政治傾向の平均値をもってそのメディアの政治傾向と見なすことにする。たとえば、朝日新聞の読者の政治傾向の平均値をもって朝日新聞の政治傾向の代理変数と見なす。調査時点は2017年である。

図8　メディアのパーソナル化

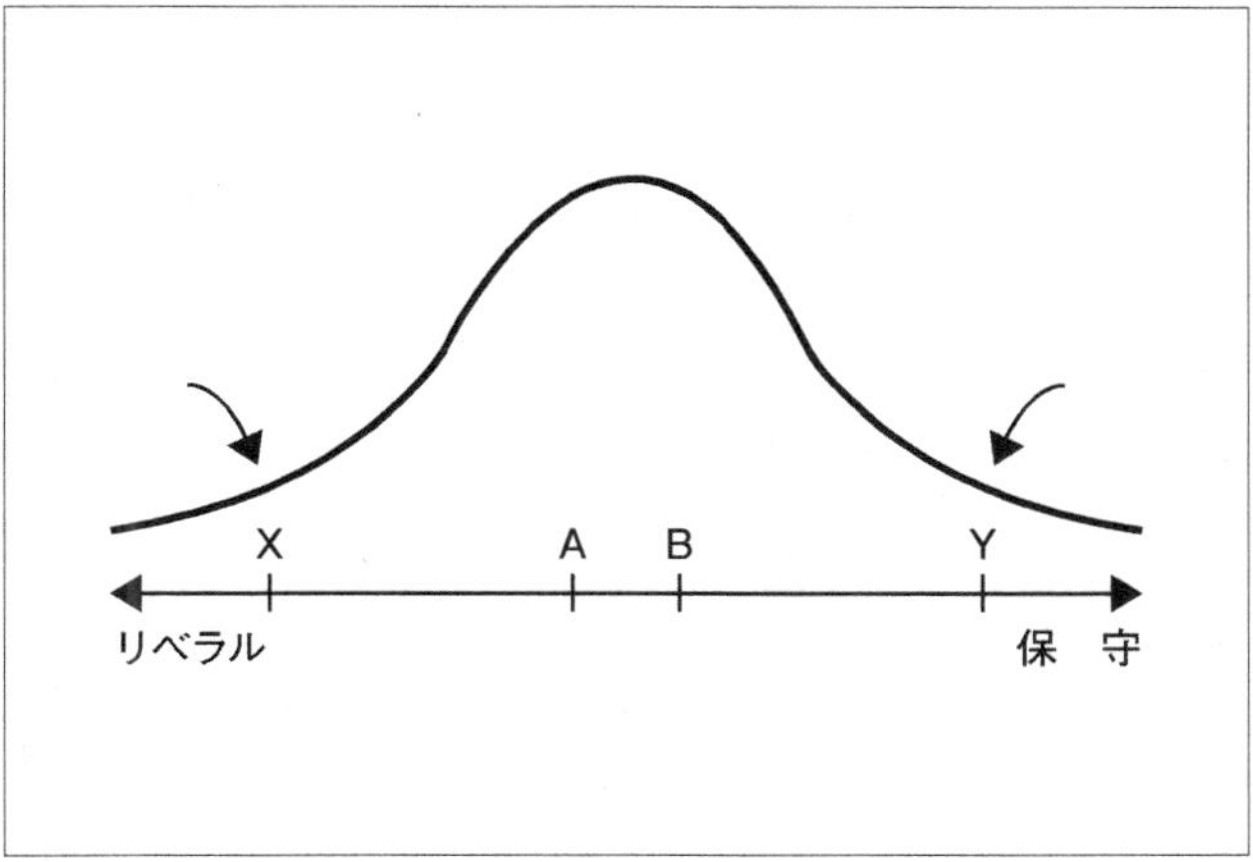

こうして求めた大手メディアの政治傾向が図9(a)である。横軸は政治傾向の指数でマイナスであればあるほどリベラル色が強く、プラスであればあるほど保守色が強くなる。朝日新聞が最もリベラル寄りで、産経新聞が保守寄り、読売新聞が中間よりやや保守寄りにくる。テレビ番組では報道ステーションがリベラル寄りであり、そこまで言って委員会NPは保守寄りで、ニュースゼロがほぼ真ん中にくる。いま述べたように、正確に言えばこれは番組・記事自体の中身の政治傾向ではなくて購読者・視聴者の政治傾向である。しかし、この配置をこれらのメディアの政治傾向と見なしても、直感的に違和感はないだろう。違和感がな

いのは人々がなかば無意識的に選択的接触を行い、自分たちの政治傾向に近い番組を選んでいるからである。

メディアのパーソナル化の影響を見るため、ネット上のニュースサイトについて同じことをやってみよう。その結果が図9(b)である。取り上げたのはリテラ、ハフィントンポスト、チャンネル桜、保守速報である。図からわかるようにチャンネル桜と保守速報は保守色が極めて強く、たとえば今も活動しているチャンネル桜の保守度合い（1・16）は産経新聞（0・54）をはるかに上回る。リベラル側でもリテラの指数マイナス0・39は朝日新聞の指数マイナス0・33を（絶対値で）上回っており、リテラは朝日新聞よりリベラル色が強い（より正確に言えばリテラの読者は朝日新聞の読者よりもリベラル色が強い）。全体として、ネットメディアは大手マスコミよりも、保守・リベラルどちらの方向でも主張が強いことがわかる。

図9(c)はこれをさらに個人について行ったものである。測り方は同じで、それぞれの個人をツイッターでフォローしている人々の政治傾向の平均値である。再三注意するように、ここでの政治傾向とはここで挙げた個人の政治傾向ではなく（それは直接本人に聞かない限りは測りようがない）、その個人をフォローし意見を聞いている人の政治傾向である。

図9(a)　読者・視聴者の政治傾向
(大手新聞社とテレビニュース番組)

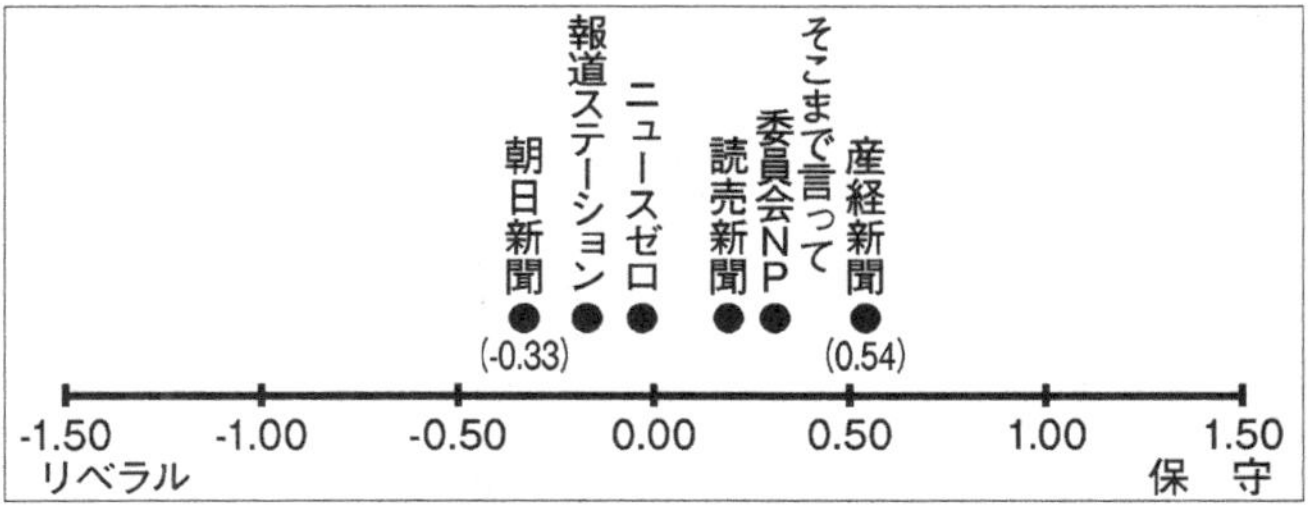

図9(b)　読者・視聴者の政治傾向
(ネットニュースサイト)

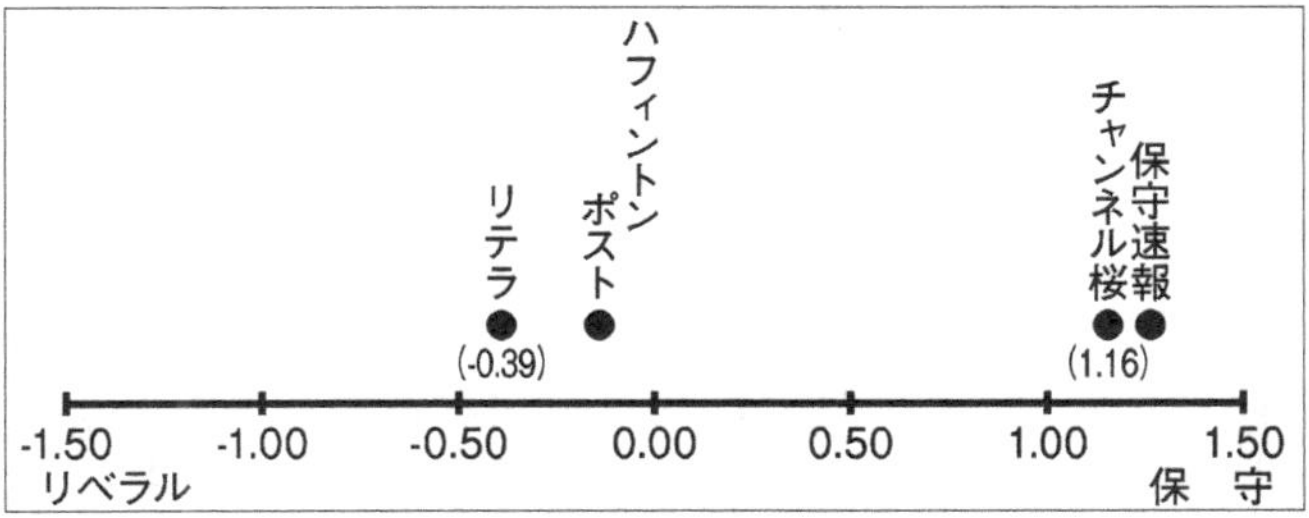

図9(c)　読者・視聴者の政治傾向
(個　人)

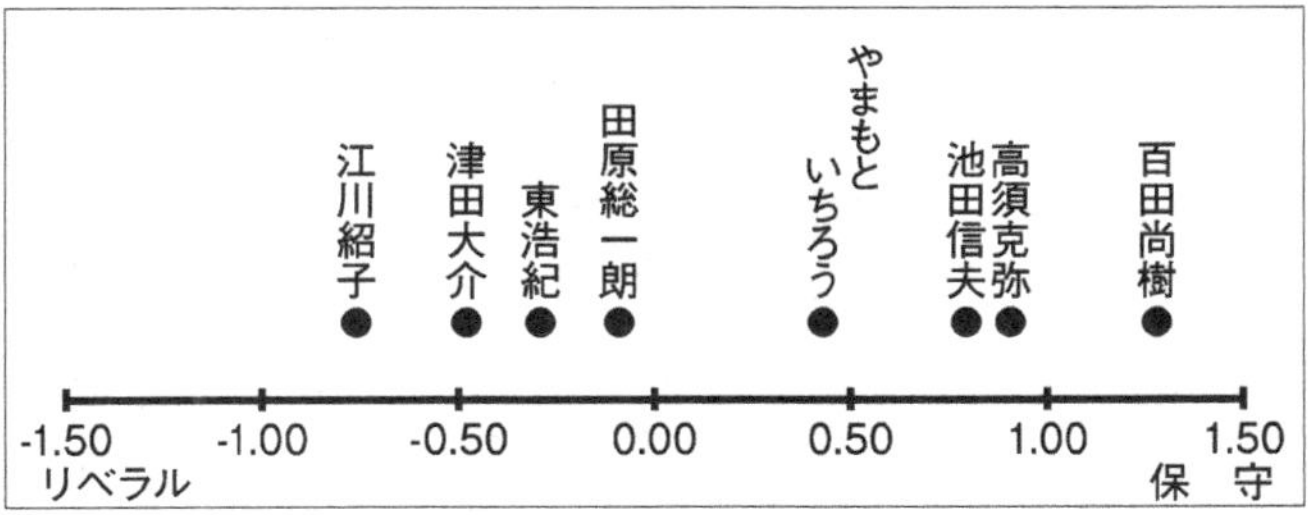

個人の政治傾向とそのフォロワーの政治傾向にはずれがありうるが、選択的接触が働くならフォロワーの政治傾向がその個人と大きく離れることは考えにくいだろう。この図を見ると、ばらつきはやはり既存の大手マスメディアより大きくなっている。

このようにネットメディアでは、パーソナル化が進んだため、従来の大手マスコミよりもばらつきが大きくなり、政治的に強い主張が行われやすい。この事実は選択的接触の影響力を高めるだろう。同じ選択的接触をするとしても、接触相手が強い主張をしている方が影響が大きいと考えられるからである。すなわち、朝日新聞だけ読むよりリテラだけ読む方が、産経新聞だけを読むより保守速報だけ読む方が、主張が強い分、影響が強くなるだろう。こうしてネット上では、政治的に強い主張をするメディアが増え、人々がこれに選択的に接触するなら、保守・リベラルどちらの方向へも意見が強まり、意見の分極化が起こる。すなわち社会は分断されることになる。

ネットメディアを利用する人の方が過激

ここまでニュースの需要面と供給面からネット上では選択的接触が強まり、分極化が進むと述べてきた。これは本当だろうか。もしこれが実際に起きているとすれば、ネットを利用する人の方が分極化が進むので、政治的により過激な意見を持っているはずである。この実証もいくつか行われており、確かにその通りの結果が得られている。すなわちネットの利用度合いと政治的な過激さ（分極化）には正の相関がある。

これについては我々の行った調査結果を示そう。2017年に日本居住者10万人に対して、政治意識とネットメディア利用の関係を尋ねた。政治意識を調べるために、保守とリベラルで意見の分かれそうな見解をいくつか挙げ、それへの賛否を尋ねることにする。ここでは例として4つの見解の事例を示す。4つの見解とは「憲法9条を改正するべきだ」「夫婦別姓を選べるようにするべきだ」「学校では子供に愛国心を教えるべきだ」「現政権は日本を戦前の暗い時代に戻そうとしている」の4つである。回答者にはこれら4つの見解に対しどう思うかを、「強く反対」「反対」「やや反対」「どちらでもない」「やや賛成」「賛成」「強く賛成」の7段階から選んでもらう。分極化とは意見分布のすそ野が厚くなることなので、分極化が進めば強い反対・強い賛成が増える。したがって、全体に占める「強く賛成」あるいは「強く反対」の人の比率で、分極度を測ることができる。

ネットメディアとしてはフェイスブック、ツイッター、ブログあるいは個人のニュースサイトの3つを取り上げる。選択的接触が起こりやすく、かつ利用者が多いのはこの3つのネットメディアと考えられるからである。このアンケート調査はインターネットを通じて行うので、そもそもすべての回答者は何らかの形でネットを利用しておりネット利用の有無は調べられない。ただ、ショッピングや旅行、レストラン等の情報収集、インスタグラムやメールなどをやっているだけの場合、ここで問題とするような政治問題についての選択的接触は起こりにくい。選択的接触が起こりやすいのはフェイスブック、ツイッター、ブログといった政治的・社会的話題にも触れるネットメディアを利用した時なので、その利用の有無でネットの影響を測ることにする。

図10は、これらのネットメディアを利用していない人と毎日利用する人で分けた時、強く賛成・強く反対の人がどれくらいいるかを示している。図10(a)は憲法9条改正の賛否についての結果である。最初の二つの棒グラフはフェイスブックの場合で、9条改正に強く賛成あるいは強く反対する人は、フェイスブックを利用しない人では21・7%であるが、利用する人では25・5%に増えることを意味している。つまりフェイスブック利用者では賛成、あるいは反対の意見がより強まっており、分極化が起きていることになる。ツイッターでも、ブログでも利用者の意見は強い賛成・反対が増えており、分極化していることがわかる。わずかの差に見えるかもしれないが、統計的にはすべて有意な差である。

続く図10(b)は夫婦別姓への賛否、(c)は学校で愛国心を教えることの是非、(d)は現政権が戦前の暗い時代に戻そうとしていると思うかどうかである。いずれもネットメディアを毎日使う人の方が、強い賛成と強い反対が多い。すなわち、9条改正と同じ結果であり、分極化が起きている。特に夫婦別姓と愛国心ではネットメディアを使わない人と使う人の差が際立っており、分極化が進行していることがわかる。なお、煩雑なのでここでは示さないが、意見の過激化は保守側だけあるいはリベラル側だけで起きているのではなく、両方向で起きている。すなわち全体としての右傾化、あるいは左傾化が起きているのではなく、右傾化と左傾化が同時に進行しており、文字通りの分極化が進んでいる状態である。

この分極化はネットメディアの特性と言えるのであろうか。もし他の大手メディアの利用者でも同じような現象が観察できるならメディア全般の特徴であり、ネットメディアの特徴ではない。これを確かめるため、従来のマスメディアの利用者と比べてみよう。アンケートの回答者に、ネットの大手ニュース・テレビニュース・新聞を見るかも尋ね、毎日見る人に分極化傾向があるかどうかを見た。ネットメディアで分極化傾向がはっきり出ていた夫婦別姓と愛国心のケースについて結果を示したのが図11である。大手ネットニュース・テレビニュース・新聞、いずれのメディアでも、毎日それを見ている人の意見が強く

図10(a)　「憲法9条を改正するべきだ」に強く賛成・強く反対する割合

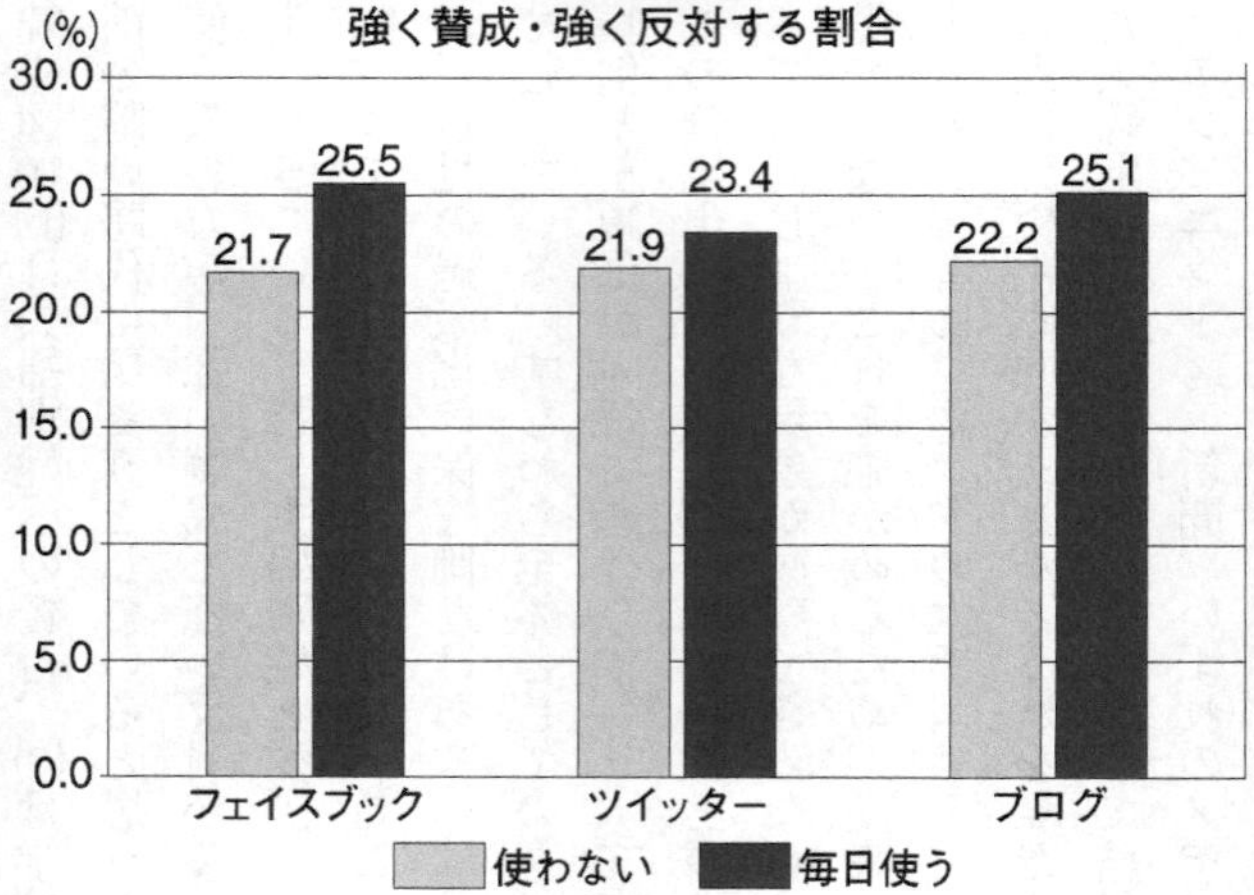

図10(b)　「夫婦別姓を選べるようにするべきだ」に強く賛成・強く反対する割合

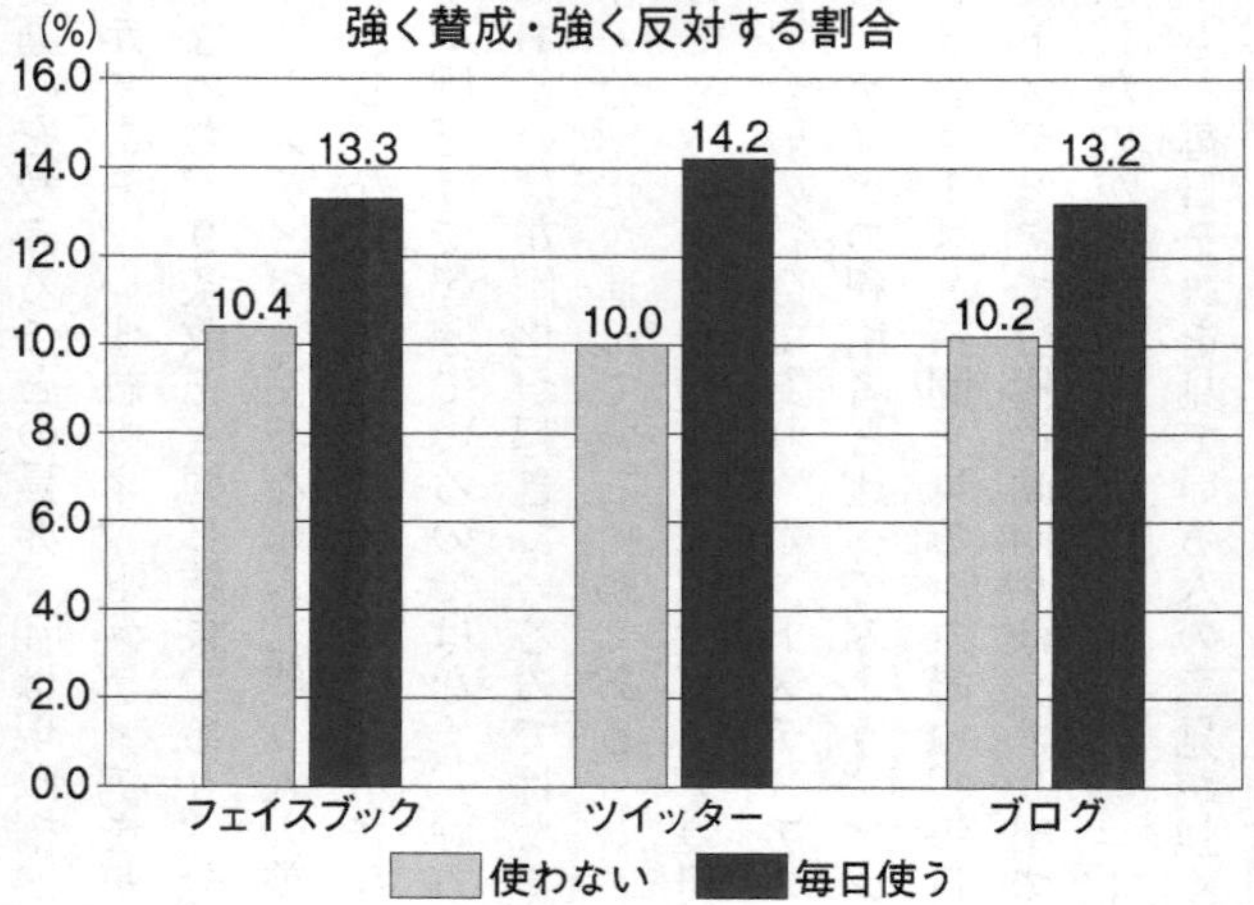

図10(c)　「学校では子供に愛国心を教えるべきだ」に強く賛成・強く反対する割合

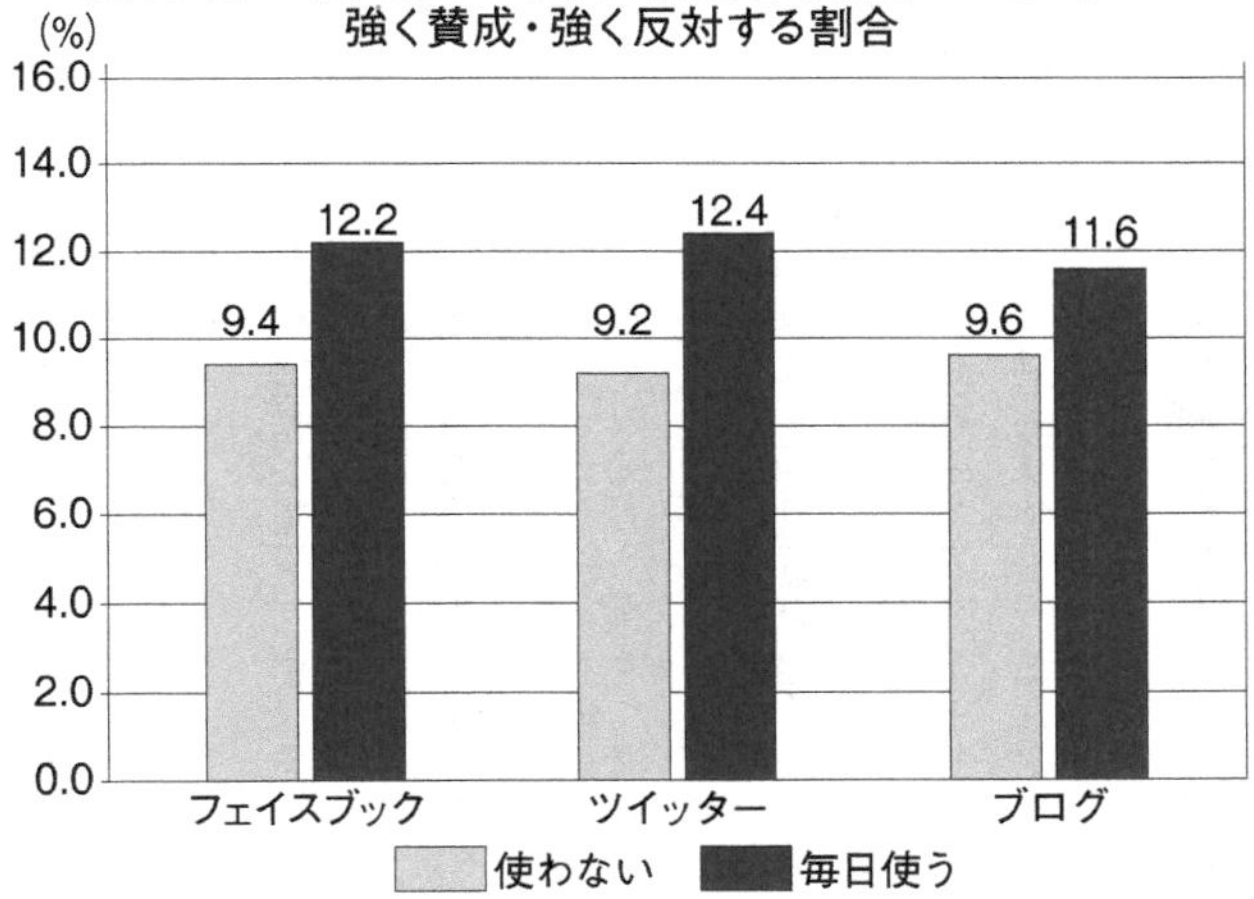

図10(d)「現政権は日本を戦前の暗い時代に戻そうとしている」に強く賛成・強く反対する割合

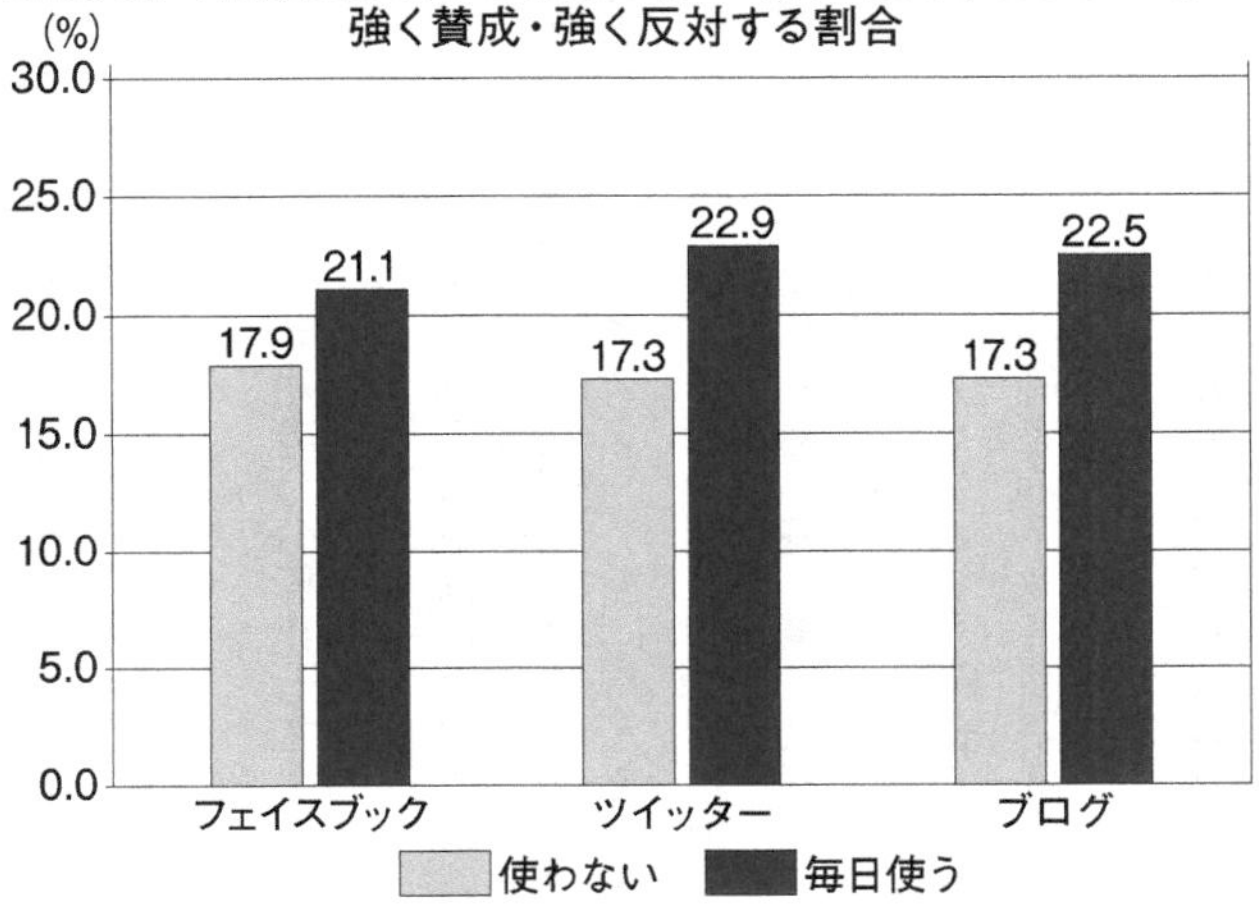

賛成あるいは強く反対に偏る傾向は見られない。すなわちこれら大手メディアを見ている人は分極化していない。テレビニュースの場合は、逆に値が下がっており、分極化ではなくむしろ穏健化している。

同じネット利用と言っても、ヤフーなど大手ネットニュース利用者は分極化しておらず、分断されていないことに注意されたい。分極化が起こっているのはフェイスブック、ツイッター、ブログといったネットメディアの場合であって、大手ニュースではない。これは大手のネットニュースサイトのニュース配信方法は従来のマスコミと大差はなく、選択的接触の余地が乏しいからだと解釈できる。これに対して、フェイスブックでは友人を、ツイッターではフォロー相手を、ブログでは周回するブログを選ぶことで選択的に情報源を選べる。それゆえに分極化が起きたと解釈すれば、この二つの図の違いを一貫して理解できる。

ネットメディアを利用する人ほど分極化しているという事実はアメリカでも確認できる。第1章で挙げたピューリサーチセンターは分極化の調査の際、回答者のネット利用度合いも調べ、ネットを利用する人ほど分極化が進んでいることを見出《みいだ》した。アメリカではFOXニュースに絡んだ調査が多く、そこでも同じ傾向が見られる。たとえばFOXニュース

図11(a)　「夫婦別姓を選べるようにするべきだ」に強く賛成・強く反対する割合

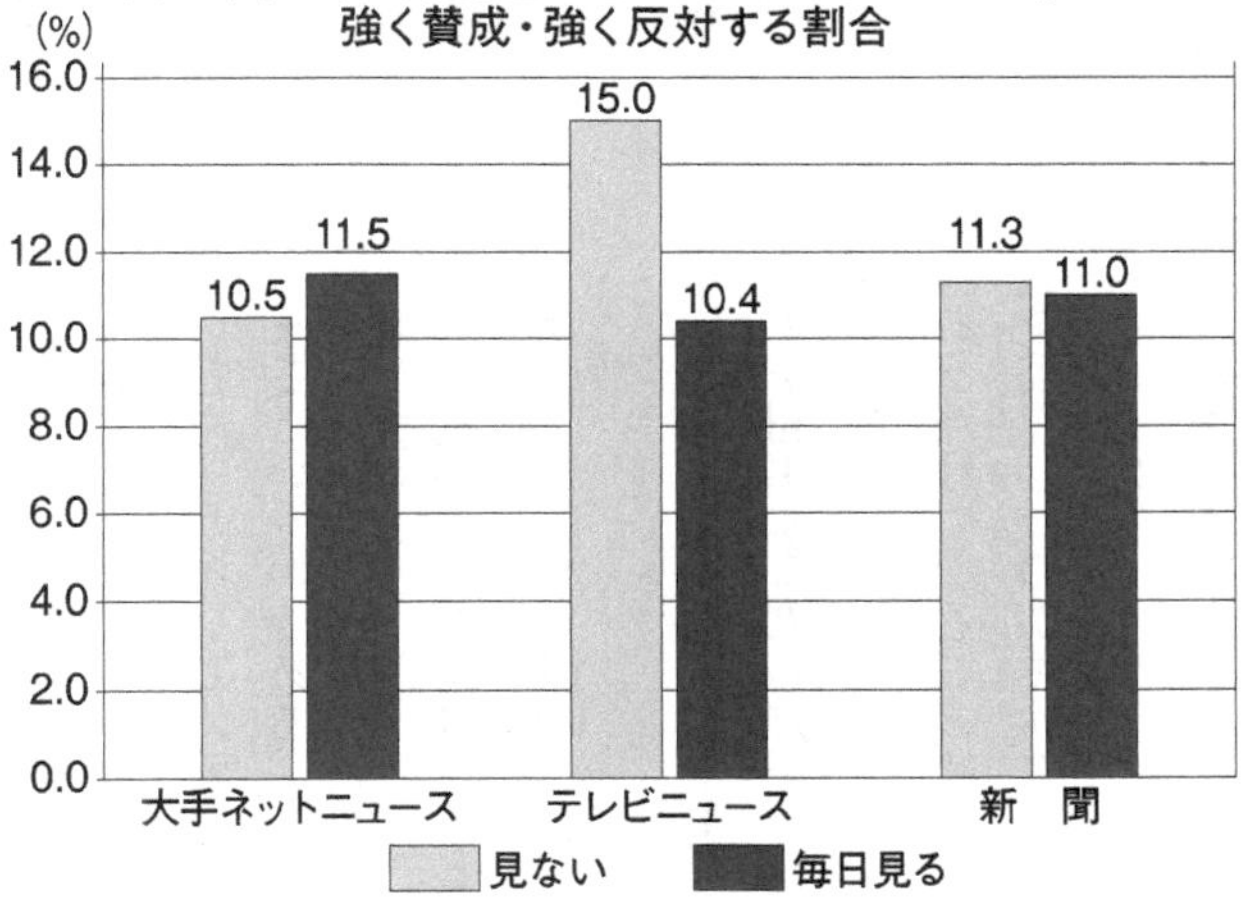

図11(b)　「学校では子供に愛国心を教えるべきだ」に強く賛成・強く反対する割合

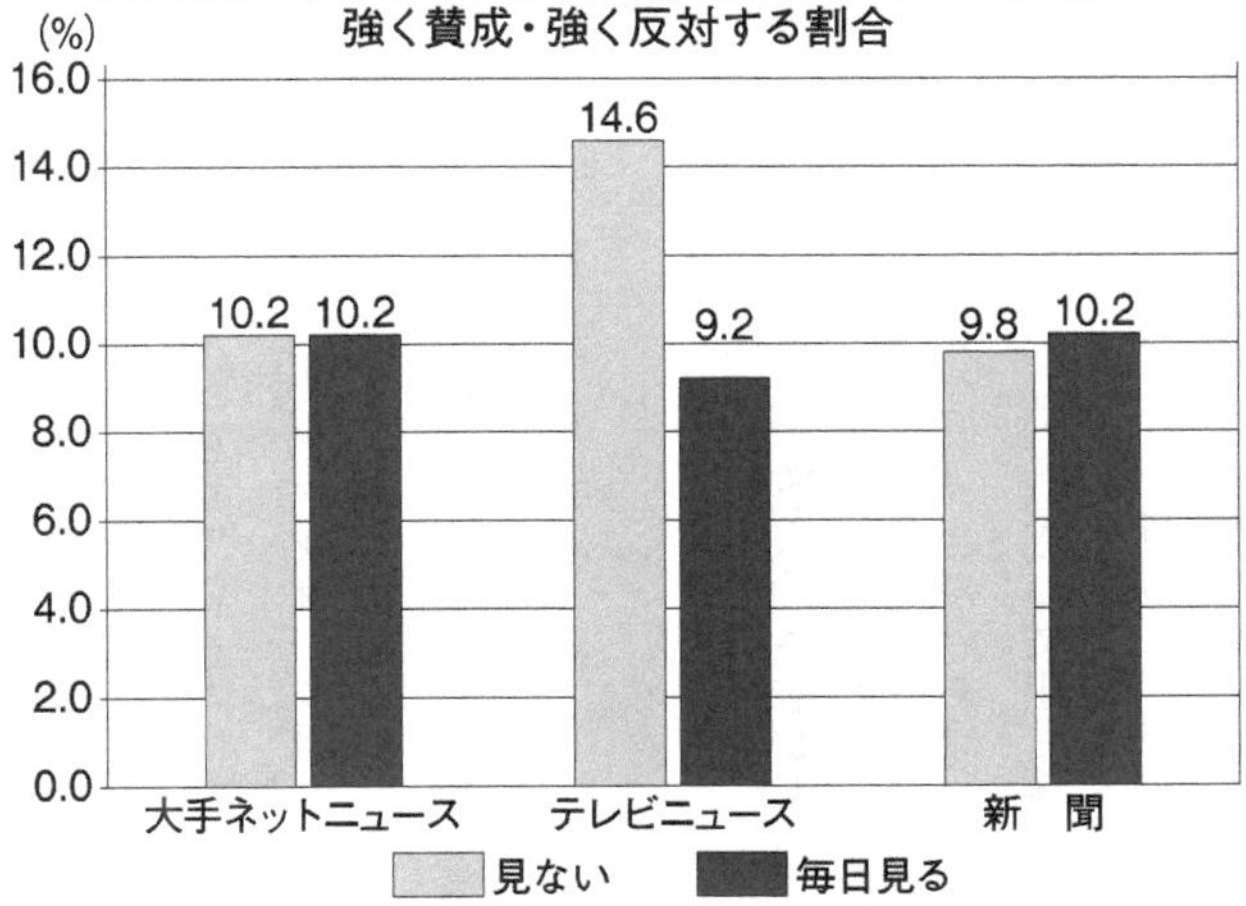

だけを見る人とFOXニュースとネットを両方見る人では、後者の方が政治的に過激だったという報告がある。(6)FOXニュースはアメリカの保守論調のテレビ番組であり、視聴者には保守的意見の持ち主が多いが、FOXニュースに加えてネットを見ている人はさらに保守的意見が強まるというのである。これはネットでは選択的接触が行われるので、元々の政治姿勢が強化されるという説と合致している。他にもいくつかの調査があるが、すべてネットメディアの利用者の方が分極化しているという結果が得られている。すなわちネット利用者の方が非利用者より分極化しているのはほぼ間違いない事実である。

サイバーカスケード、そして自由と民主主義

ネットメディアを利用する人の方が分極化しているということは、選択的接触が働いて人々が分断されていることを暗示する。人々が自分と似た意見の人とばかり交流して、互いの意見を強めあうだけになることは民主主義にとって望ましくない。この点を最も初期に指摘し、警鐘を鳴らしたのがキャス・サンスティーンである。2001年に出た彼の著書『republic.com』(邦題『インターネットは民主主義の敵か』)は、この問題点を的確に指摘し、多くの人に読まれた。

サンスティーンによれば民主主義が良く機能するためには、自分と異なる多様な意見との交流が必要である。

「民主制度は、広範な共通体験と多様な話題や考え方への思いがけない接触を必要とする。この主張に賛同する人たちからすれば、各自が前もって見たいもの、見たくないものを決めるシステムは民主主義を危うくするものにみえるだろう。考え方の似たもの同士がもっぱら隔離された場所で交流しているだけでは、社会分裂と相互の誤解が起こりやすくなる」(同書、8頁。傍点は原文)

ここでは選択的接触という言葉は使っていないが、人が見たいものだけを見ることとの危険性とは選択的接触の問題にほかならない。考え方の似たもの同士だけが交流し続けると、次第に意見は強化され、社会は分裂していく。これを表したのが彼のサイバーカスケードという言葉である。彼が挙げているサイバーカスケードの例は、銃規制反対派、中絶反対派、未組織民兵集団、白人至上主義者などで、いずれもサイトをつくって同じ意見の人が集まっている。日本で目につくのは在特会であるが、それ以外でも、そこまで極端で無ければ似たようなサイトや交流グループを挙げることはできるだろう。選択的接触が進み、このようにサイバーカスケードが起こると社会は分断され、民主主義は機能不全に陥る。

ではどうすればよいのだろうか。すぐに思いつくのは何らかの規制である。しかし、ここで注意すべきなのは、選択的接触もサイバーカスケードも人々の自由な言論活動の結果だということである。選択的接触は自分と近い意見に関心を持つことで、ごく自然なことである。ワンセットの情報ではなく、見たい情報だけ取り出して見たいと思うのも自然な欲求である。メディアの参入費用が下がり、パーソナル化して多数のメディアが出現したことは、より多様な情報発信を自由にできるようになったことを意味するものであり、本来は喜ばしい事態のはずである。要するに視聴者も発信者も、言論の自由を十分に行使しているだけであり、特に何の落ち度があるわけでもない。しかし、その結果として分断が生じる。したがってもし規制を行うとすると言論の自由に何らかの規制を課すことになってしまう。

たとえば、サンスティーンは、政治上の人気サイトには自分と反対意見のサイトにリンクを張ることを義務付けてはどうかと提案したことがある（同書、172頁）。これなどはささやかな規制であろう（ささやか過ぎて効果があるかどうかは疑わしいが）。しかしより強い規制を求めると自由の侵害が甚だしくなる。たとえば、２０１８年４月、中国政府は主要なニュースアプリの配信を停止した。ニュースアプリは「あなたの関心がある情報だけ」を届けることを宣伝文句にしていたが、当局がこれを危険視したのである。その理由は、ニュースアプリを使って人々が自分の興味あるニュースだけ見るようになると、共産党の公式見解のニュースを見なくなると考えたからと思われる。停止されたアプリの創業者の反省の弁は「自分たちは『技術は社会主義の基本的価値観に導かれるべきもの』ということを理解していなかった」だったと伝えられている(7)。これが本当なら、自由な言論が共産党の価値観に従属することになり、自由主義は失われる。日本ですべてのニュースアプリは官房長官の政府公式見解を載せなければならないという規制をかけたら猛烈な反対が起こるだろう。どんな規制案を考えてもある程度は言論の自由を制限することになる。たとえば、政治的議論をするサイトはその議論を外部に公開しなければならないとか、公共的な中立フォーラムをつくってそこで二つの陣営に公開討論させることを義務付けるなどの案を考えることができるが、いずれにせよ強権的になり、言論の自由への制限になることは避けられない。

この問題が深刻なのは、自由と民主主義が矛盾する構図になっていることである。ネット上で自由な言論活動を許せば、社会の分断が起こり民主主義が機能不全を起こす。では自由を制限するのか？　しかし、言論の自由と民主主義は本来は互いに強めあうものだったはずである。自由な言論あってこそ民主主義であり、民主主義は自由を励ますものだった。その自由と民主主義が矛盾するとすればどうすればよいのか。たとえ社会が分断され、民主主義が機能不全に陥っても言論の自由を維持するべきなのか。人々が極端な政治思想のグループに分かれて罵倒《ばとう》と中傷を繰り返すだけになっても、それは自由のコストとして受け入れるべきなのか。それとも、社会の分断を防いで民主主義を機能させるため、言論の自由を制限するのもやむをえないのか。それは結局は中国の言論統制と大同小異になりはしないのか。これはつらい問いであり、答えることは大きな決意とストレスを伴う。

ネットと民主主義の関係について論じる論者がどこか神経質な物言いになるのは、このことを陰に陽に感じているためと考えられる。たとえばサンスティーンは、前掲書の本文中でサイバーカスケードと分断の危険性を繰り返し述べておきながら、日本語版への序文では、唐突にネットが民主主義に害をもたらすとは思わないと断言している。このように議論が行きつ戻りつのジグザグ行進をするのは、自由と民主主義という我々にとって基本的な二つの価値が互いに矛盾するように見えるからであろう。

本書が提示する答え

では本書はこの問題にどう答えるのか。本書の答えは極めて簡明である。それはネット、は社会を分断しない、である。したがって自由と民主主義は矛盾せず、どちらかを捨てる必要はない。

ここまで述べておいて何を言うのかと思う方もおられるだろう。選択的接触によって分極化が起こり、実際にネットメディアの利用者の方が分極化しているなど、これまでさんざんネットが分極化を引き起こすようなことを述べてきた。それなのにそれを否定するのか、と。もし、お怒りの方がおられればまことに申し訳ないが、まさにそのとおり、否定することが本書の趣旨である。すなわち、この第2章で述べてきたことは、実は仔細《しさい》にデータを検討すると事実ではない。ネットは社会を分断しない。以下、第3章、第4章、第5章はすべてこの第2章での論議をひっくり返すことに費やされる。ネットは社会を分断しない。むしろ逆に穏健化する。それが本書の主張である。

(1) M. A. Beam, 2014, "Automating the News: How Personalized News Recommender System Design Choices Impact News Reception", Communication Research, Vol. 41, Issue 8, pp. 1019-1041.
(2) イーライ・パリサー『フィルターバブル――インターネットが隠していること』（早川書房）、２０１６年。
(3) S. Iyengar and K. S. Hahn, 2009, "Red media, Blue media: Evidence of Ideological Selectivity in Media Use", Journal of Communication, Vol. 59, Issue 1, pp. 19-39, Figure 1.
(4) 稲増一憲・三浦麻子、２０１６年、「『自由』なメディアの陥穽――有権者の選好に基づくもうひとつの選択的接触」『社会心理学研究』、第31巻、第3号、pp172-183。
(5) L. Adamic and N. Glance, 2005, "The Political Blogosphere and the 2004 U.S. Election: Divided They Blog", pp. 36-43, http://www.ramb.ethz.ch/CDstore/www2005-ws/workshop/wf10/AdamicGlanceBlogWWW.pdf（2019/07/20 最終確認）.
(6) N. H. Nie, D. W. Miller III, S. Golde, D. M. Butler and K. Winneg, 2010. "The World Wide Web and the U.S. Political News Market", American Journal of Political Science Vol. 54, No. 2, pp. 428-439.
(7) "China wages war on apps offering news and jokes: For the Communist Party, this could be a risk", The Economist, Apr 19th 2018, https://www.economist.com/china/2018/04/19/china-wages-war-on-apps-offering-news-and-jokes（2019/07/20 最終確認）.

第3章　本当にネットが原因なのか？　その1

——分断が起きているのはネットを使わない中高年

第2章ではネットが社会を分断するという説について説明した。しかし、実はこの説と大きく矛盾する事実がある。

それは分断が進んでいるのは、年齢別に見ると中高年だという事実である。ネットのせいで分断が進むならネットをよく使う若年層ほど分極化し、分断されているはずである。それなのに、事実は全くの逆であり、分極化しているのはネットを使う若年層ではなく、ネットを使わない中高年である。これはネット原因説に疑問を投げかける。本章ではこの年齢の効果について述べよう。

分極化をどのように測るか

若年層と中高年のどちらが分極化しているかを見るためには、そもそも分極化の度合いを測る指標が必要である。すでに第2章でも「強く反対・強く賛成」の比率という形で分極化を測ったが、本章ではより包括的な指標をつくろう。そのために、ピューリサーチセンターが行った方法にならい、アンケート調査の回答者に複数の政治的争点についての賛否を尋ねる。具体的には次の10個の争点を用意し、これらの争点への賛成と反対を、強く賛成から強く反対までの7段階で答えてもらった。これら10争点は、いずれも保守とリベラルで意見の分かれそうな争点である。

1【憲法9条を改正する】
2【社会保障支出をもっと増やすべきだ】
3【夫婦別姓を選べるようにする】
4【経済成長と環境保護では環境保護を優先したい】
5【原発は直ちに廃止する】
6【国民全体の利益と個人の利益では個人の利益の方を優先すべきだ】
7【政府が職と収入をある程度保障すべきだ】
8【学校では子供に愛国心を教えるべきだ】
9【中国の領海侵犯は軍事力を使っても排除すべきだ】
10【現政権は日本を戦前の暗い時代に戻そうとしていると思う】

強く賛成＝−3

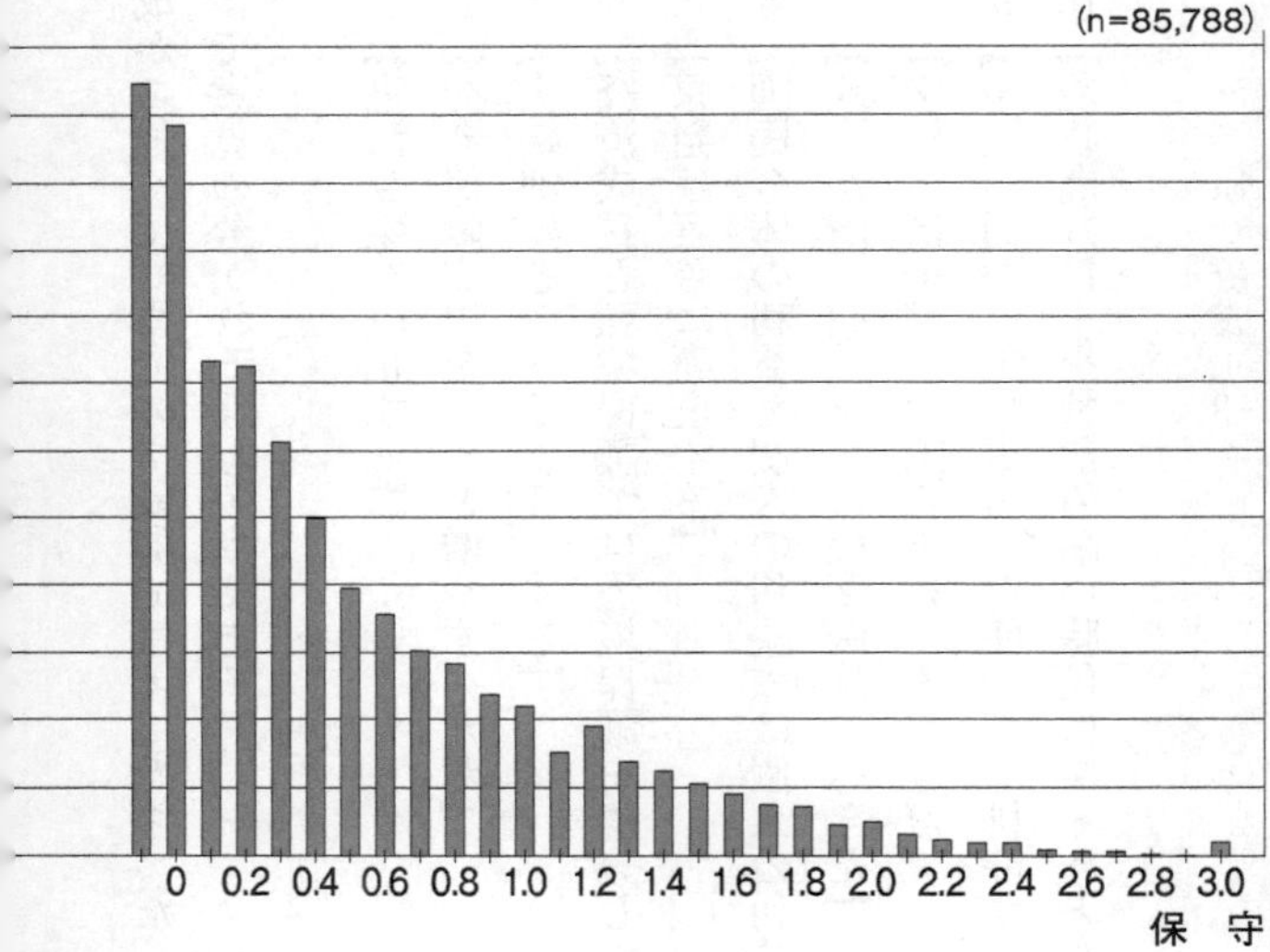

賛成　　＝−2
やや賛成＝−1
どちらともいえない＝0
やや反対＝+1
反対　　＝+2
強く反対＝+3
わからない＝除外

1と8、9は保守側が賛同しそうな問いであり、残りはリベラル側が賛同しそうな問いである。実際に政党支持と関連付けるとその傾向が確認できる。ピューリサーチセンターの調査では銃規制の是非、中絶の是非、人種問題などアメリカ特有の論

図12 政治傾向の分布

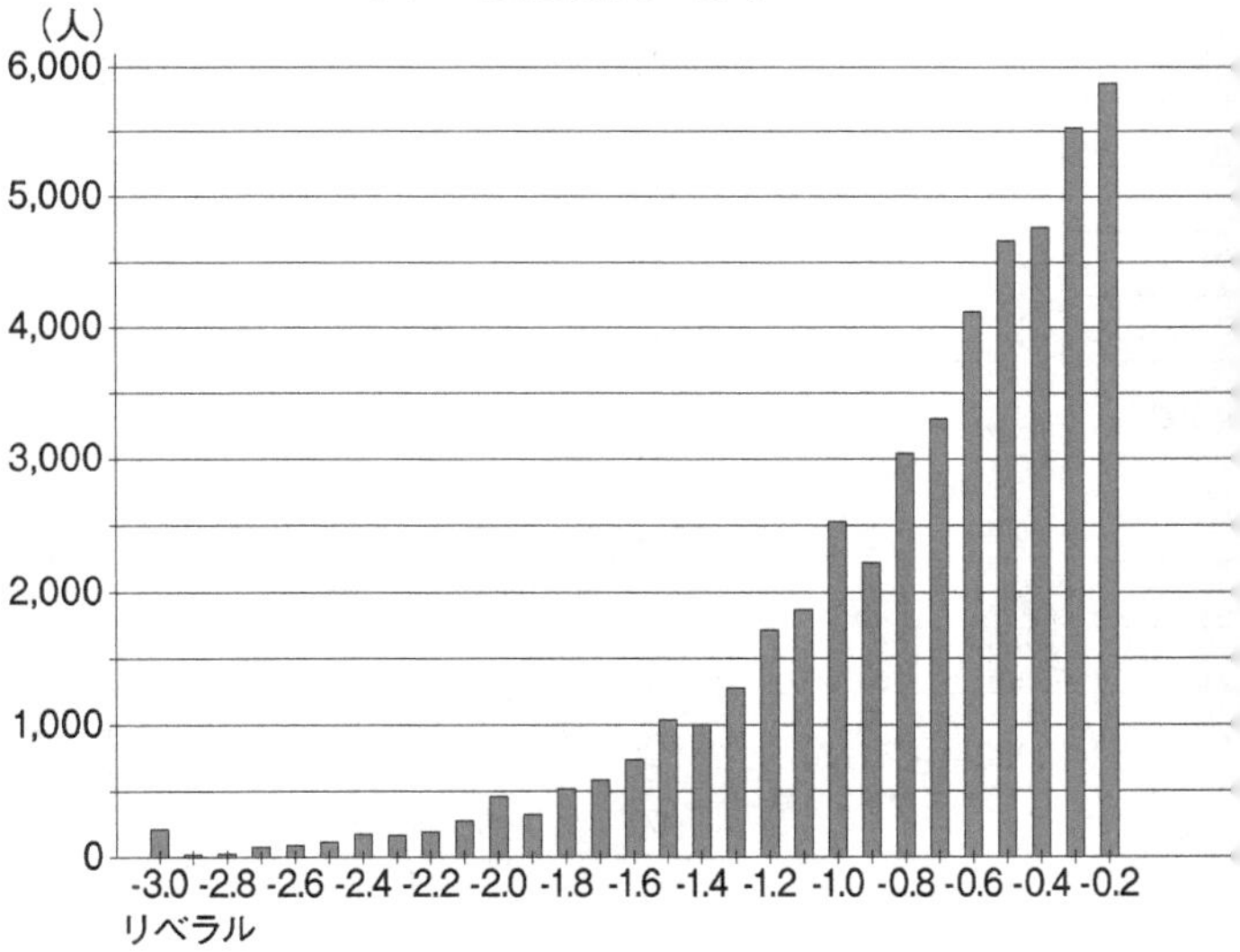

点が多く取り上げられており、そのままでは使えないので日本の政治課題に置き換えた[1]。

　指標化するために、強く賛成から強く反対まで−3点から+3点まで点数をふる。10の争点のうち、大半の争点はリベラル側が賛成し、保守側が反対する争点なので、このように点数をつけると、リベラルの人はマイナスに保守の人はプラスになる。ただし争点の1と8と9のみは逆に保守派が賛成するのでこの時だけは符号を逆転させる。わからないと答えた問いを除き、賛否を答えた問いだけで平均をとる。

この平均値はその人が保守的かリベラル的かの政治傾向を表している。この問いを10万人の回答者に対して投げかけた。調査時点は２０１７年8月で調査会社はマイボイスコム社、インターネットを通じたモニター調査である。[2] 得られた政治傾向の分布を描いたのが図12である。なお、すべての争点について「どちらともいえない」を選んだ人は政治的無関心層と考えられるのでサンプルから除いた。すべての争点に「わからない」と答えた人も除かれており、サンプル数は低下して、８５７８８人となる。この図の横軸は政治傾向であって、中心部が０で左に行くほどリベラル的になり、右に行くほど保守的になる。平均値なので、すべての問いに対してリベラル側に「強く」賛同すると-3になり、保守側に「強く」賛同すると+3になる。むろんそのような人はごく稀《まれ》であり、大半の人は中庸に位置する。世の中には中庸な意見の持ち主が多いという当たり前の事実が確認できる。

この分布は人々の政治的イデオロギーの分布と見ることもできる。ただし、イデオロギーという言葉は多義的で慎重な扱いを要するうえ、政治学者の蒲島郁夫と竹中佳

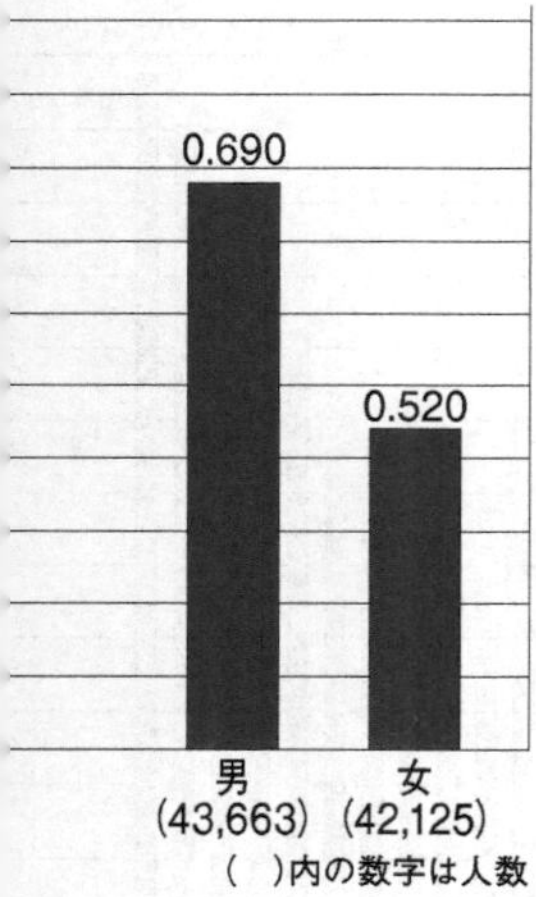

図13 年齢別・男女別の分極度

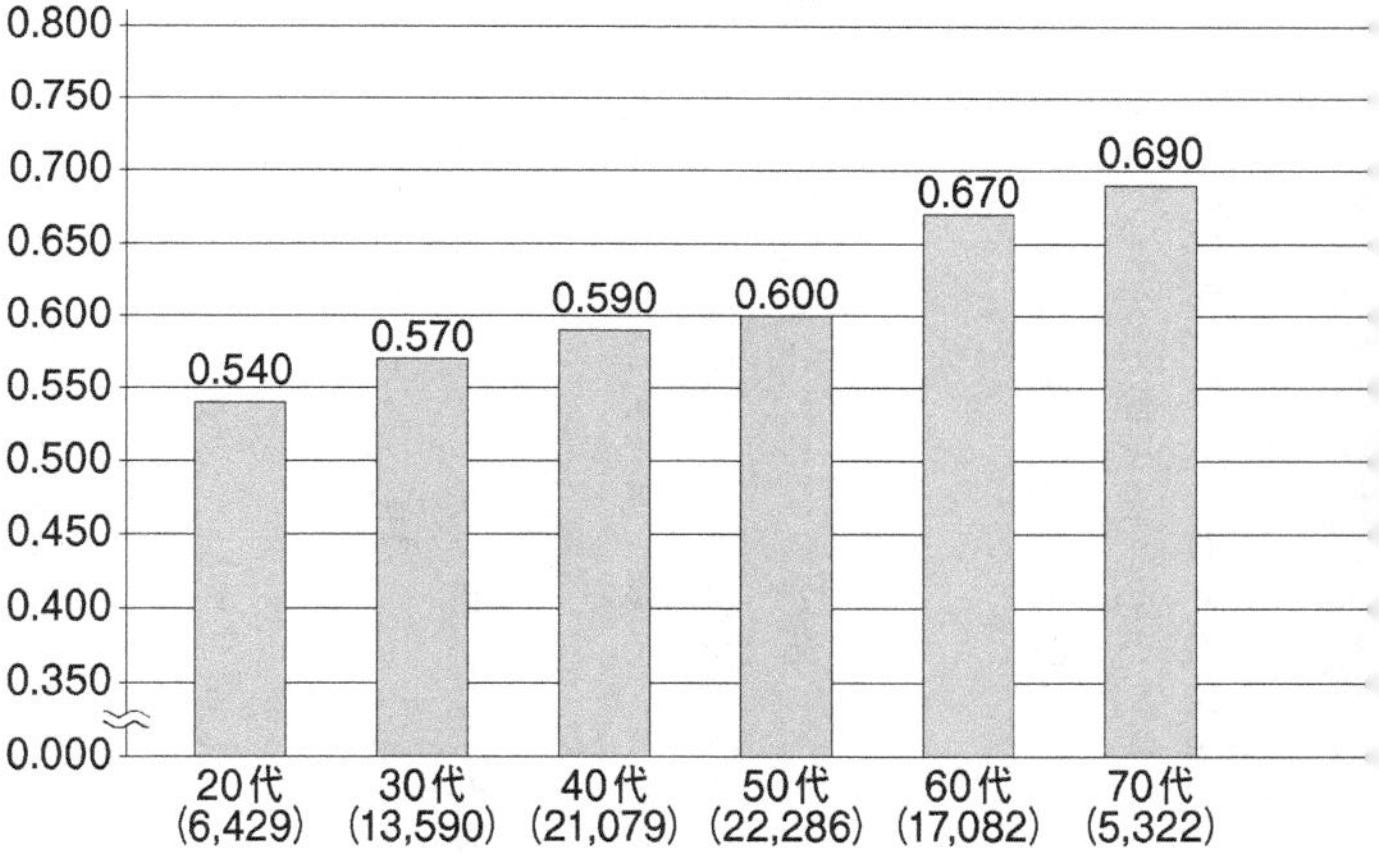

彦によれば、日本では保守と革新（リベラル）のイデオロギー対立は弱まっているとされている。[3] 本書の興味関心は人々の意見がネットの利用によって分極化するかどうかであり、政治イデオロギーの検討には立ち入らないので、本書ではイデオロギーという強い用語は使わず、単に政治傾向と呼ぶことにする。[4]

ここで分極化とは、分布の中央の中庸部分の人が減り、分布の両端が厚くなることである。そこで分極化の指標としてこの政治傾向の絶対値をとろう。これはこのグラフの真ん中を中心にして折り畳むことに相当する。ただ中央値はグラフを注意深く見るとわかるように0ではなく、マイナス

0・2なので、この点を中心に折り畳む。

分極度＝｜政治傾向－（－0.2）｜

保守の人はそのままの値で、リベラルの人のみ符号をプラスに逆転させたと思えばよい。この指標は最小値が0、最大値が3となり、値が大きいほど強い政治的意見を持っている。(5)すなわち値が大きいと保守側、リベラル側どちらかの方向に極端な主張になるので、いわば〝過激化〟の指標である。多くの人についてこの値が高くなれば社会としては分極化が進行することになるので、これを分極化の度合いの指標と見ることができる。全回答者の分極度の平均値は0・607であった。

年齢効果

本章のテーマは年齢の効果である。そこでこの指数を年齢別にとってみよう。年齢別に人を分けて、この分極度を求めた結果が図13である。グラフの横軸の数値の括弧内はその年齢層の人の人数であり、サンプル数としては十分な数である。(6)図を見ると20代の分極度

図14(a)　保守の分極度(年齢別)

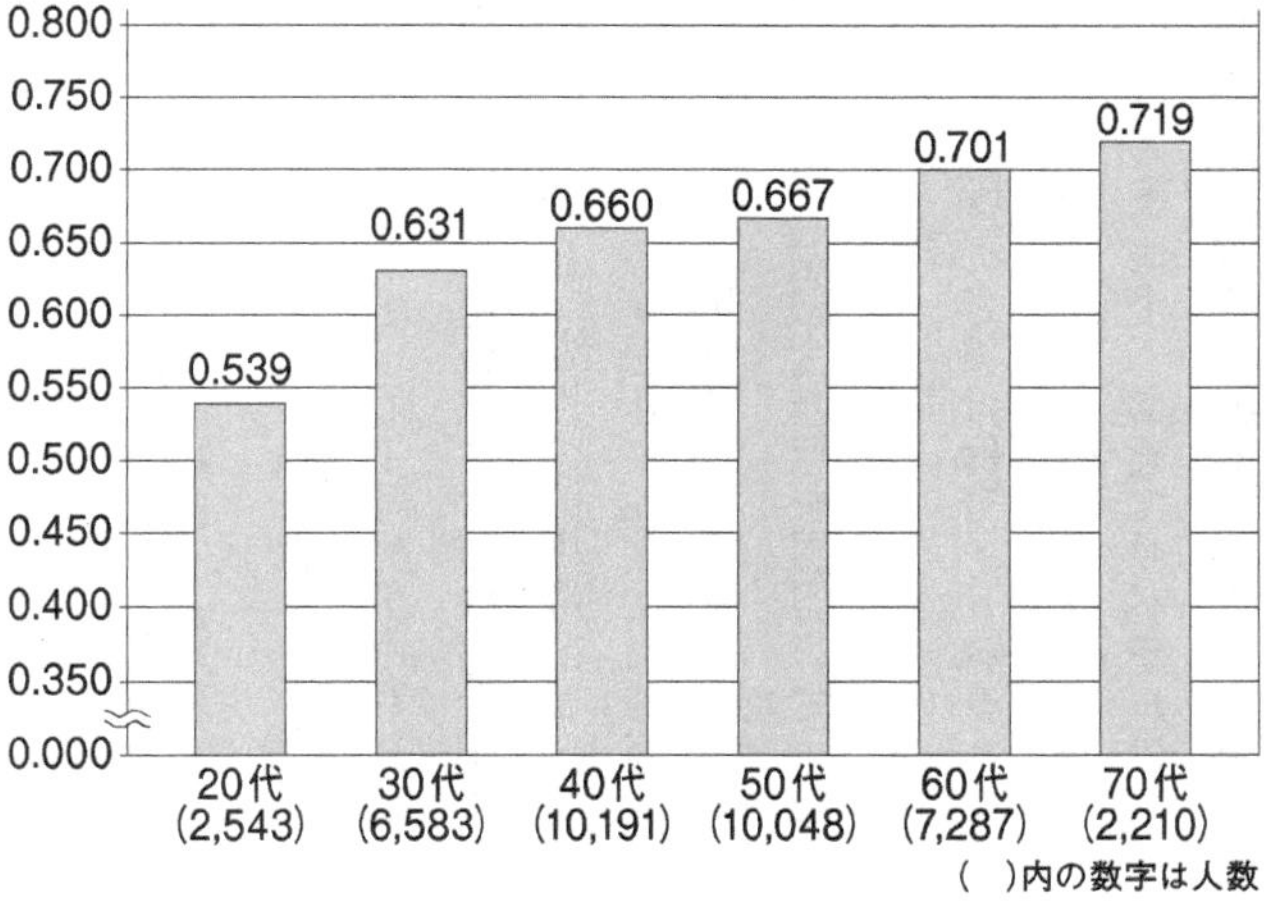

図14(b)　リベラルの分極度(年齢別)

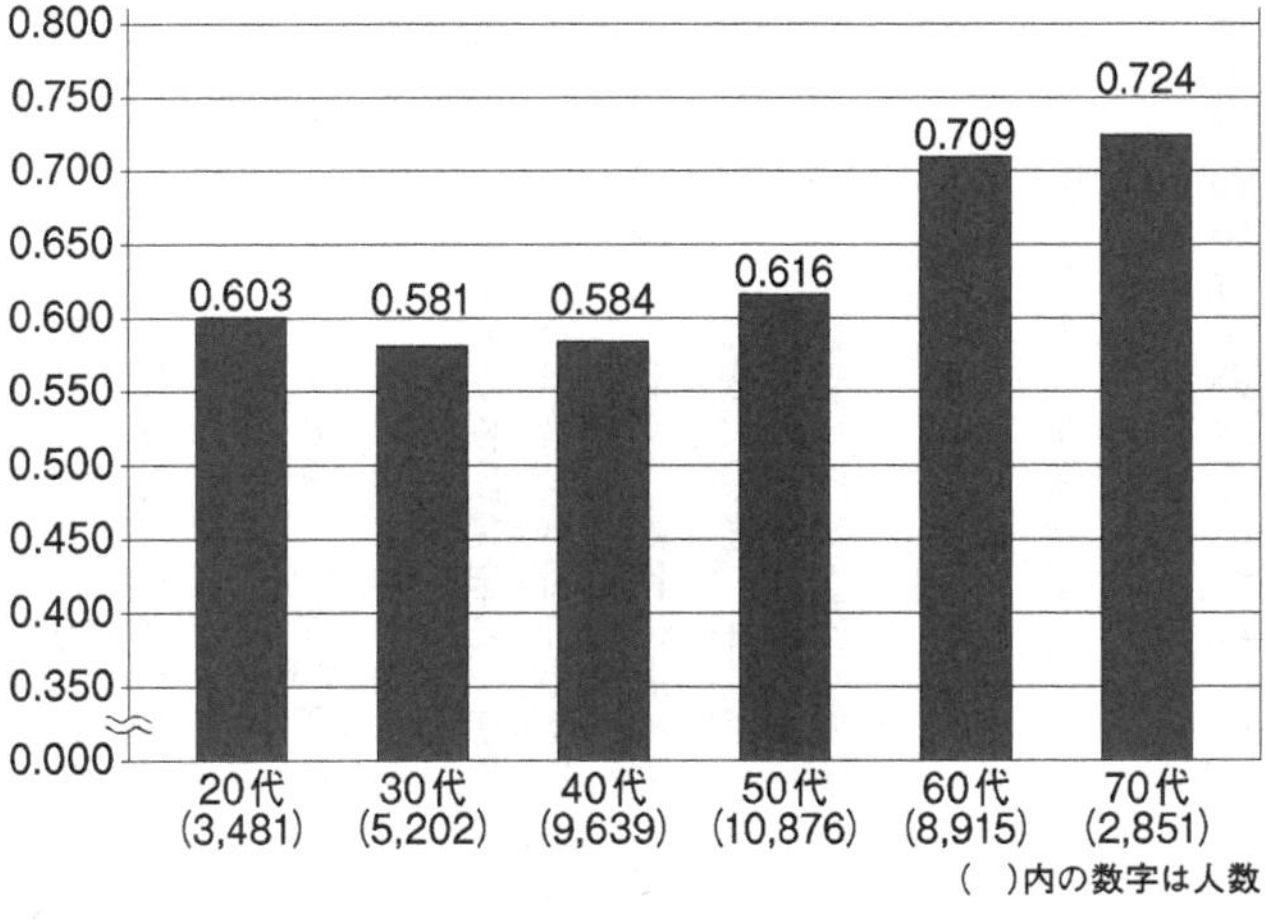

は0・54で、それ以降一貫して上昇し、60代では0・67に70代では0・69にまで増えている。中高年ほど政治的に過激な人が多く、したがって、分極化しているのは中高年である。

ここで得た年齢間の差、すなわち20代（0・54）と70代（0・69）の差がどれくらいかを見積もるために、男女別の差と比較してみよう。右側の二本の棒は男女間の相違である。政治的に過激化するのは男性が多く、この調査でも男女差が検出できる。男性の分極度は0・69、女性の分極度は0・52である。この差は左の年齢差の図で70代と20代の違い、0・69と0・54にほぼ等しい。ということは20代の若者と70代の高齢者では政治的過激度の点で、男女の平均的な差と同じ程度の差があることになる。平均的な男女の間の政治的過激度の差を想像していただきたい。それと同じ程度の差が20代と70代の間に生じているとすれば、かなりの差と言ってよいだろう。

この年齢別の効果は保守・リベラルを問わない一般的な傾向である。これを見るために保守とリベラルに分けて年齢効果を求めてみよう。分極度はその人が保守でもリベラルでも計算できるので、あえてリベラルの人のみ、保守の人のみとしても計算できる。結果は図14で、(a)が保守、(b)がリベラルである。どちらでも概ね年齢があがるにつれて値があがっており、政治的に過激化していることがわかる。ネット上では「高齢者ネトウヨ」という表現があり、高齢者の強い右翼的言動が話題になるが、高齢者が過激なのは保守側だけでなく、リベラル側も同様である。すなわち、ここで見た年齢効果は保守だけの現象ではなく、保守・リベラルに共通の一般的な傾向である。

そして、分断が進んでいるのが中高年だとすると、これはネット原因説と矛盾する。なぜならネットを最も使っているのは若年層だからである。明らかに中高年はテレビ・新聞から情報を得ており、若年層はネットから得ている。ネットでは選択的接触が起きて分極化が生じるという説が正しいのなら、主たる情報源がネットである若年層の間で分極化が進行するはずである。若年層はテレビ・新聞を見ておらず、反対意見を強制的に見せられることも無く、ネット上で好きなニュースだけを見ている。それなら若年層こそ選択的接触にさらされ、片方の意見だけに偏って過激化するはずである。しかし、そうはなっておらず、事態は真逆である。テレビ・新聞という比較的選択的接触が少ない従来型メディアから情報を得ている中高年が過激化し、分極化している。これは分断のネット原因説に疑問を投げかける。

中高年の先鋭化の事例

政治的に過激化し分断が進んでいるのは中高年であるという結果は、人によっては意外に思えるかもしれない。しかし、実はいくつかそれをうかがわせる事件がすでに起こっている。事例を二つ挙げてみよう。

2017年に起きた弁護士大量懲戒請求事件というものがある。弁護士会が出した朝鮮学校へ補助金交付を求める声明に抗議して、弁護士に懲戒請求を求める訴えが1000通単位で届けられた事件である。懲戒請求は国民誰もが出すことができる。弁護士が信用や品位を失わせる行為をした時、それを懲戒する権限を国に与えると国家権力からの独立性が脅かされるので、懲戒は弁護士会が自治として行う。そのきっかけとなる請求は誰もができるようにして国民からの規律を受けるというのが本来の趣旨であり、政治的な意図を持った大量請求は想定外であった。1000通を超える請求で、事務処理を含めて大きな業務上の障害が発生した弁護士側が、逆に請求者に損害賠償を求めて訴えるにいたったのがこの事件である。

事件の趣旨からして請求者は保守側の人間である。通常はこのような事件で彼らの年齢が明らかになることはない。しかし、今回は相手を損害賠償請求で訴えたために、相手の年齢がわかることになった。そこで意外な事実が判明する。平均年齢は55歳、若年層はほとんどおらず、中高年ばかりだったという。(7) 訴えられたある弁護士の感想を見てみよう。(8)

「懲戒請求した人の年齢で、今分かってるのは、1番若くて43歳。40代後半から50代が層が厚く、60代、70代もおられる。今までネトウヨ諸君と呼びかけていたけど、年齢的に上の人が多そうなので、失礼だったかな？」

損害賠償で反撃した時、相手として若い攻撃的なネトウヨ青年を想定していたところ、実際には自分より年上であり、ほとんど父親に近い年齢層の人までいることがわかって、戸惑っている様子が見て取れる。

リベラル側の事例も挙げておこう。安保法制あるいはモリカケ事件の時、国会前に安倍退陣を求めて多くの人が集まって継続的にデモを続けた。この時集まった人は政治的に活動的な人だったと思われるが、彼らには中高年が多かった。参加者の年齢の統計は取られていないが、デモの写真から参加者の年齢がおおよそ推定できる。ネットで検索してみると、当時の記事と報道写真が数多く見つけられる。当時、若いデモ参加者としてＳＥＡＬ

Ｄｓが話題になったので、ＳＥＡＬＤｓの記事で写っているのは若年層である。しかし、それ以外の大多数の記事で写っているデモ参加者のほとんどは中高年である。すなわち、群衆シーンで見るデモ参加者のほとんどが中高年であり、デモの主体は中高年であったと言ってよい。そもそも、もし参加者の主体が若年層なら、ＳＥＡＬＤｓという無名の団体に注目する必要はない。参加者の大半が中高年であったからこそ、数少ない若年層としてメディアがシールズに注目したと考えた方が自然である。

念のために申し添えると、政治的に活性化しデモなどの行動をとることを問題視しているわけではない。強い政治的意見を持てば行動に移すのは当然である。ここで言いたいのは強い政治的意見を持っているのが保守側もリベラル側も中高年であり、若年層ではないことである。そして、そうだとすると分断のネット原因説と矛盾する。

アメリカでも先鋭化しているのは中高年

分断が進んでいるのは中高年だというのは日本だけに限った現象ではない。アメリカでも同じ現象が報告されている。スタンフォード大学のゲンコウらは、過去の世論調査のデータをさかのぼって調べ、分極化が最も進んでいるのはネットを使う若年層ではなく、ネ

図15 アメリカにおける分極化の変化(1996〜2012年)

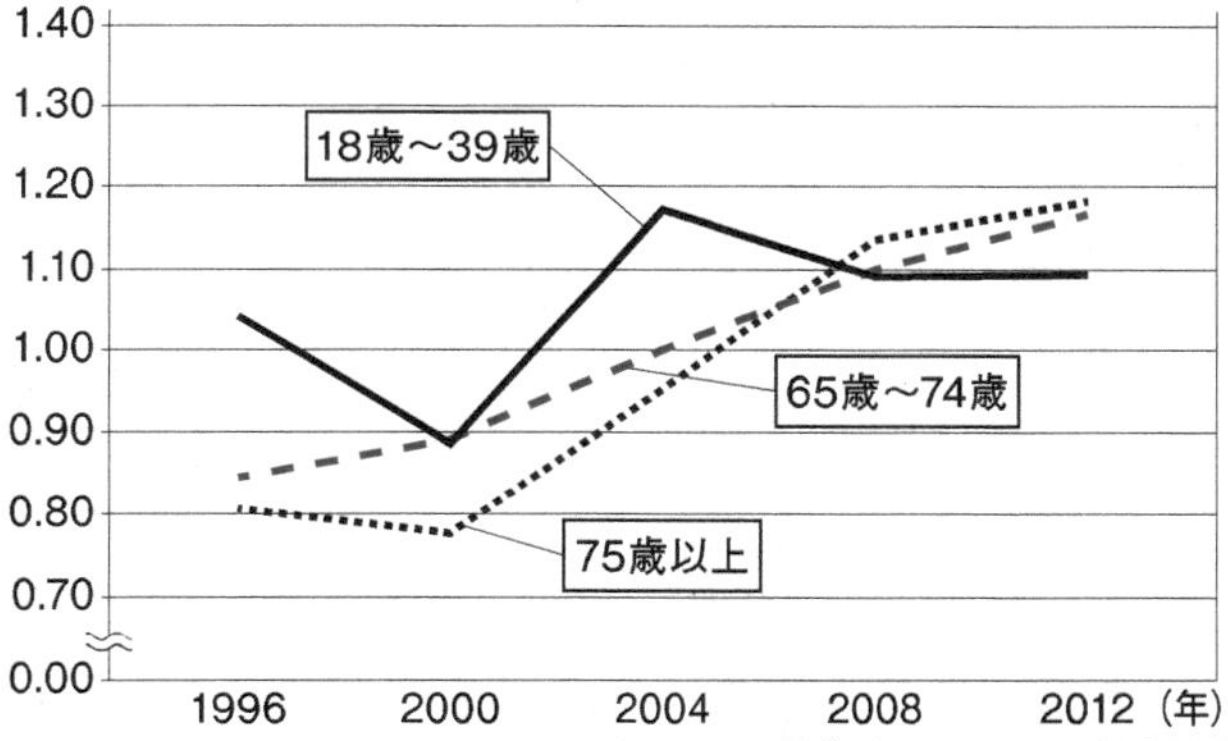

出典:Gentzkow et al., 2017

ットを使わない中高年であることを見出《みいだ》した(9)。

図15は、彼らの論文に掲載された図から作成したものである。縦軸は分極化の指標であり、横軸は年で1996年から2012年まで4年間隔での時間変化を折れ線グラフで示してある。折れ線のうち実線は18歳〜39歳の分極度、点線は65歳以上と75歳以上の高齢者の分極度である。すなわち実線はネットを使う世代の分極度、点線はネットをあまり使わない高齢世代の分極度である。これを見ると1996年には、分極度は65歳以上、75歳以上の高齢者の方が低かった。その後、趨勢《すうせい》的に上昇し、2012年には18歳〜39歳よりも高くなっている。18歳〜39歳の分極度は上下変動が激しいが、ならしてみると上昇率は高齢世代よりも低い。分極化の進行度合

いは高齢者の方が大きいことがわかるだろう。アメリカにおいても分断が大きくなったのは高齢者なのである。

このゲンコウらの研究は、16年間にわたる時間変化を見た点で、他に類例のない優れた調査である。我々の調査は一時点だけの調査であるのに対し、この調査は長期間にわたる変化を追っている点で、より直接的な証拠である。さらにゲンコウらは、分極化の指数を9通り試して結果を確認した。分極化の指数にはここで述べた以外にも取り方があり、それをできるだけ広範に調べたのである。その結果、9個の指数のうち8個の指数で同じ結果が得られたと述べている。すなわち、ほぼすべての分極化の指数で、分極化が進み分断が起きているのは主として高齢者という結果が得られている。アメリカで分断が進んだのは高齢者だ、というのは分極化の測り方にはよらない頑健な結果である。

そして、むろん、アメリカでも高齢者はインターネットをあまり利用していない。普及率でいえば75歳以上の人でインターネットを利用しているのは、18歳～39歳と比べると半分程度にとどまる。もしインターネットのせいで分極化が進むのであれば18歳～39歳の若い層でこそ分極化が起きていなければならない。しかし、事態は逆であり、分極化が進み分断が起きているのは75歳以上（あるいは65歳以上）の高齢者である。ゲンコウは、この事実を論拠にネットが分断を引き起こすとはいえないと述べている。アメリカ社会の分断の原因は、資産格差や反グローバル化、移民問題など別のところに求めるべきだというのが彼らの主張である。

「ネット原因説」との矛盾をどう解決するか

本章では分断が生じているのは中高年であって、若年層ではないことを見てきた。繰り返し述べるように、これは分断のネット原因説と相容《あいい》れない。ネットで選択的接触が行われて分断が進行するとすれば、ネットを利用する若年層こそ分極化し分断されていなければならないのに事実は逆で、分断が起きているのは中高年だからである。これをどう考えればよいのだろうか。

別の表現をすると次の二つの事実は矛盾しているように見える。

A「ネットメディアを利用する人ほど分極化している」（第２章で示した実証結果）

B「若年層ではなく中高年で分極化が起きている」（第３章で示した実証結果）

ネットメディアの主たる利用者は若年層であるから、素朴に考えるとAとBの実証結果は矛盾する。これはどう考えたらよいのだろうか。

解決の鍵《かぎ》はAの実証結果の解釈にある。Aの因果関係を逆に考えることで矛盾は解消できる。すなわちネットメディアを利用した結果として分極化するのではなく、先に分極化した人がおり、彼らが好んでネットでメディアを利用するとすれば矛盾は解消する。次の章ではこれを検討する。

(1) 10項目のうち、2番と4番、7番はピューリサーチセンターの調査項目に似た内容がある。

(2) 性別・居住地等での割り当ては行っていないが、結果としてサンプルの分布は日本人全体の分布とそれほどは違わない。違うのはサンプルがパソコンモニター中心であるため、若年層と高齢者が少なく、またインターネットのヘビーユーザが多くなることである。ただこの2点を補正しても本書で述べたことは成立する。

(3) 蒲島郁夫・竹中佳彦『現代政治学叢書8　イデオロギー』(東京大学出版会)、２０１２年。

(4) これら10の設問の間の相関係数の平均値は０・２１であり、アメリカの同種の研究に比べると低い値である。すなわち、一貫性は弱い。政治イデオロギーは一貫性があることが条件になっていることが多く、この点でもイデオロギーと呼べるかどうかは微妙である。

（５）正確に言えばマイナス０・２で折り返しているので最大値は３・２である。

（６）統計的に有意差があることを示すことができる。本書では以下、特に断らない限り、有意差が検出された結果についてのみ触れる。

（７）「なぜ起きた？ 弁護士への大量懲戒請求」（2018/10/29公開）、https://www.nhk.or.jp/gendai/articles/4200/（2019/07/20最終確認）。

（８）「弁護士に懲戒請求した〝ネトウヨ〟たちの意外な素顔とは？」（2018/05/20公開）、https://dot.asahi.com/wa/2018052000007.html（2019/07/20最終確認）。

（９）L.Boxell, M.Gentzkow and J.M.Shapiro, 2017, "Is the Internet Causing Political Polarization? Evidence from Demographics", NBER Working Paper, No. 23258.

第4章　本当にネットが原因なのか？　その2

――ネットメディア利用の影響

第2章で、フェイスブック、ツイッター、ブログというネットメディアを利用する人ほど政治的に過激であり、分極化が進んでいると述べた。つまりネット利用と分極化には正の相関関係がある。しかし、だからといってネットを利用すると分極化するとすぐには言えない。

なぜなら因果が逆の可能性があるからである。元々政治的に強い主張を持つ過激な人は一定数、世の中に存在しており、彼らは世の中に言いたいことが多いのであるからネットメディアも積極的に使おうとするだろう。その結果、ネットメディアを使う人に政治的に過激な人が増えたのかもしれない。そうだとすると因果関係としては、まず分極化が先にあってそれからネットメディア利用が起こったのであり、ネットメディアを利用したせいで分極化したわけではない。このように相関があっても因果は直ちには決まらず、因果の方向は別途調べる必要がある。

因果関係の判定は難しいが、ひとつの方法として、同じ人を二時点間で追跡して比較することが考えられる。ネットメディアの利用を開始したあと、その人の分極度が上昇していれば、ネットメディアのために分極化が進んだと見ることができるからである。本章ではこれを試みる。

最初に結論を述べておくと、ネットメディアを利用したから分極化するという傾向は見つからなかった。あったとしても一部の人に限られ、限定的である。大勢としてはむしろ逆にネットメディア利用によって人々は穏健化し、分極化は抑制されていた。すなわち、ネットは社会を分断していない。

相関と因果の違い

まず、ネットメディア利用と分極化が正の相関をすることをもう一度確認しておこう。すなわちネットメディアを利用する人ほど過激で分極化していることを再確認する。図16はネットメディアの利用頻度と分極度の関係を描いたものである。縦軸の分極度は第2章で用いたもので、10個の争点への7段階の賛否から作ったものである。値が大きいほど保守・リベラルともに過激になり、分極化が進んでいることを意味する。横軸はネットメディアの利用頻度で「使わない」から「毎日使う」までの5段階尺度である。ネットメディアはフェイスブック、ツイッター、ブログの3つを取り上げる。

図16からわかるとおり、ツイッターは明瞭《めいりょう》に右上がりであり、ブログもほぼ右上がりと

言ってよい。フェイスブックだけは途中でいったん下がっているが、大勢としては正の相関と言ってよいだろう。ネットメディアを使う人ほど分極化し、政治的にアクティブであり強い主張を持っている。特に毎日使う人は全く使わない人に比べて分極度がはっきりと高い。

第2章ではこの図の横軸を原因と見なして、ネットメディアを使うと政治的に分極化が起こると解釈した。ネットメディアは選択的接触を引き起こし、人々の意見を過激化させるという説の裏付けと見たのである。しかし、冒頭で述べたように、この図には別の解釈ができる。それは逆に縦軸を原因とし、横軸を結果と見る解釈である。元々世の中には政治的に強い意見を持つ人が一定割合で存在しており、彼らは世の中に発言したいという意欲が高いはずである。したがって人よりも好んでネットメディアを使うだろう。だとすれば、やはり右上がりの正の相関の図が描かれる。因果の方向は相関だけからはわからない。

因果を明らかにすることは簡単ではない。相関はグラフさえ描けばすぐに示せるが因果は難しい。因果分析の方法はいろいろあるが、いずれも実験的状況を作り出す必要がある。しかし、生身の人間相手に実験を行うことは、人権問題もあってなかなかに困難である。たとえばある人たちに強制的にネットメディアの利用をやめさせることができれば（ある

図16 ネットメディアの利用と分極化

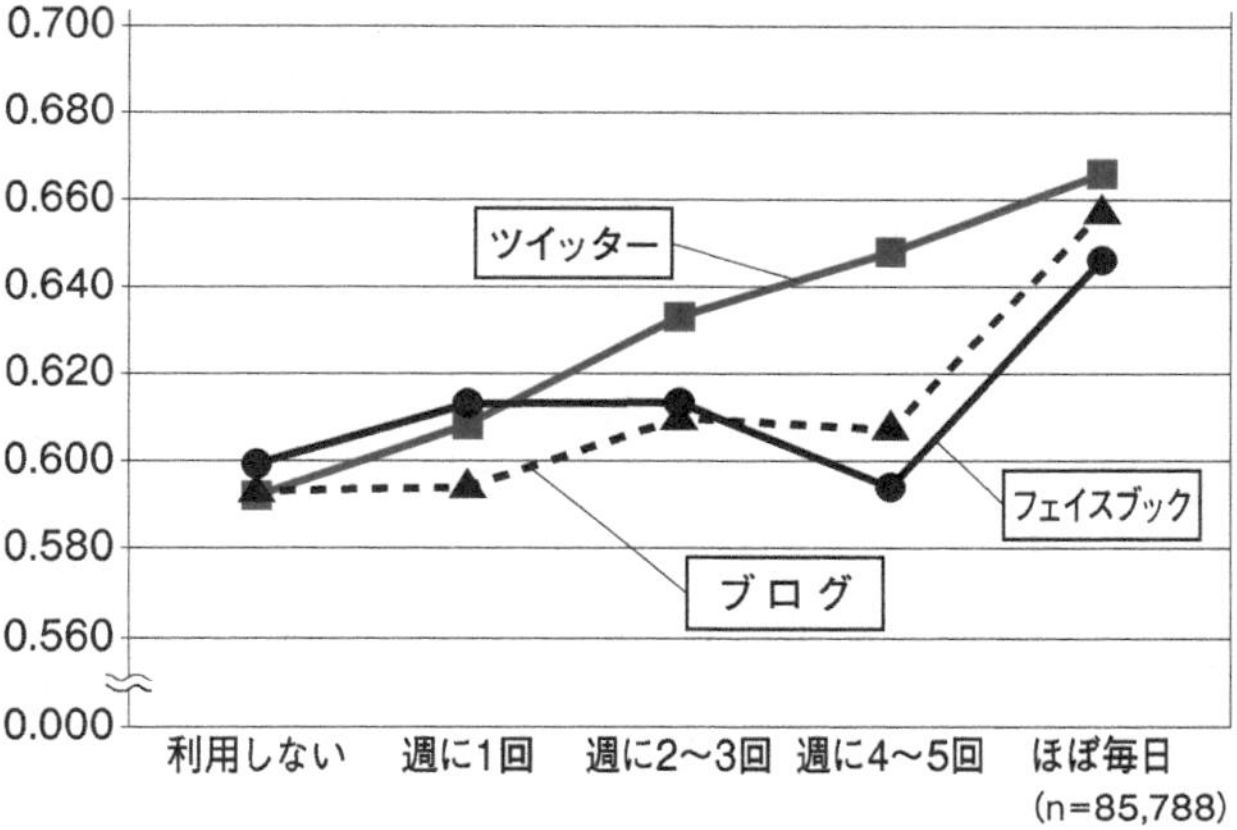

いは開始させれば）、その影響を見ることができるが、そのようなことは独裁国家による強権、あるいは通信インフラの大規模な事故や戦争の勃発《ぼっぱつ》等といった非常事態でもないと起こらない。もう少し実用的な方法としては、ネットメディアの普及速度に地域差があれば、普及した地域とそうでない地域で分極度に違いがあるかどうかで検証できる。この方法はアメリカの州、ＥＵ諸国のように普及に地域差がある時に使える方法で実際に適用例もある。しかし、日本の場合、幸か不幸かネットメディアは全国ほとんど差が無く普及しており、地域差が小さいのでこの方法も使えない。

差の差分析（difference-in-difference）

そこで、本書ではやや不十分な方法をとらざるをえない。ここでとった方法は、同じ人に2回調査を行い、その間の変化を見ることである。大勢の人を対象として時期をあけて2回調査すれば、1回目はネットメディアを使っていなかったが、2回目にはネットメディアを使っている人が多少は現れる。その人の分極度が1回目より2回目で高まっていれば、人を固定したうえでの変化であるから、ネットメディアの影響で分極化が進んだと解釈できる。

図17はこれを図示したものである。ネットメディアの利用開始者をBとし、利用していない人をAとする。利用を開始したBは、1回目のネットメディアを利用していない時の調査では分極度はb_0で、利用を開始していた2回目ではb_1であったとする。図ではb_0からb_1に分極度は上昇している。

ただし、この上昇は、この時に社会全般に一般的に生じた変化かもしれない。政治的な事件、たとえば尖閣《せんかく》諸島侵犯とか、首相の政治スキャンダルなどがあるとそれだけで社会全体として政治的意見は変化し、ゆえに分極度も変化する（多くの場合、スキャンダル的な事件があると人々の意見が強まるので、分極度は上昇する）。したがって、ネットメディアの

図17 差の差分析のイメージ図

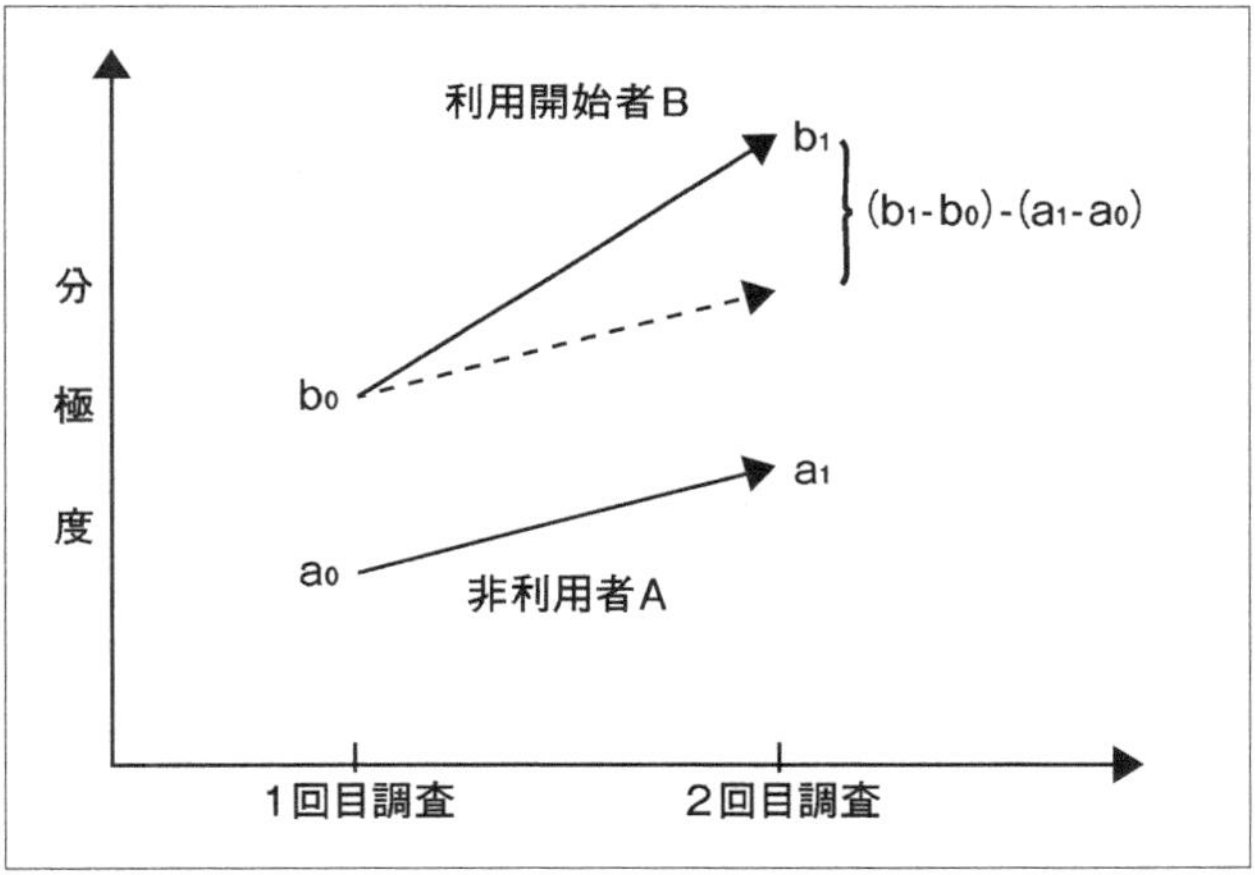

効果だけを取り出すためには、そのような社会全体で起きた一般的な変化の影響を取り除く必要がある。そのため、ネットメディアを利用していない非利用者と比較する。図で非利用者Aは1回目も2回目もネットメディアを利用していない人で、その分極度は a_0 から a_1 に変化したとする。a_0 から a_1 への変化はネットとは無関係の社会全体の変化と考えられる。そこで、利用開始者の変化幅 b_1-b_0 が、非利用者の変化幅 a_1-a_0 より大きければ、ネットメディア利用によって分極化が進んだことになるだろう。すなわち、

$$(b_1-b_0)-(a_1-a_0)$$

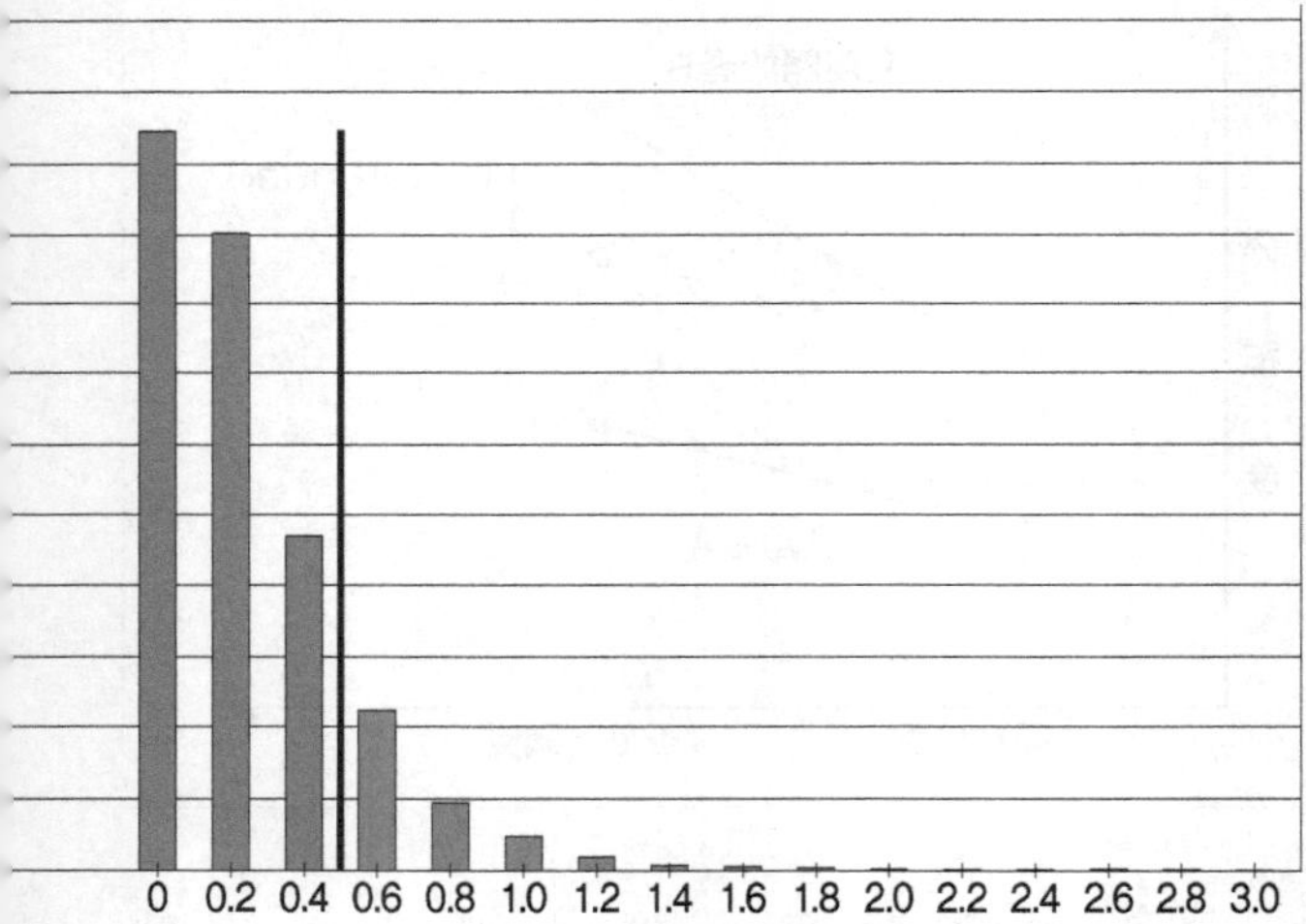

がネットメディア利用の効果となる。図で言えば、平行に描いた点線の終点とb_1との差の部分がネットメディア利用の効果である。これは差を2回とるので、差の差分析（difference-in-difference）と呼ばれる。医療の分野で新薬の効果を比べる時には、処方した患者と処方しない患者の容態の変化を測定してその差を見る。それと同じ手法である。

元々政治的に強い意見を持っている人はネットメディアの利用率も高い。このことはb_0がa_0より大きいことで表されている。この手法では、このこと

図18 分極度の変化の分布

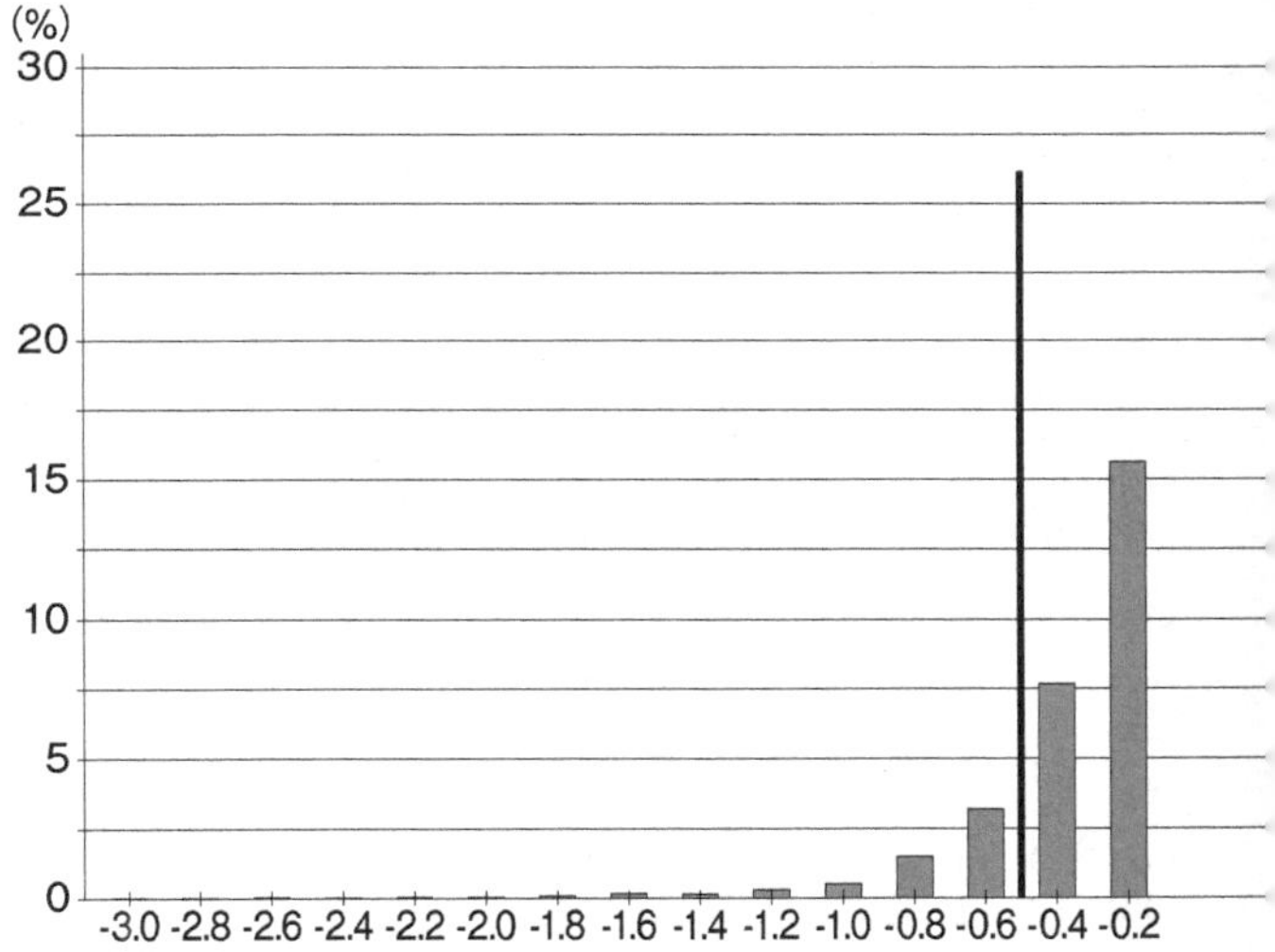

は織り込み済みで、それに加えてネットメディアを利用した場合にどれくらい分極度が上がるかを、ネットメディアを利用していない人と比較したうえで測定する。ゆえに、差の差をとることでネットメディアの効果だけを取り出せることになる。

なお、この手法には前提が必要である。それは利用を開始したBが、仮にネットメディアを利用していなければ、図の点線矢印のように動いていたという前提である。これはネットメディアを利用したBと利用していないAが、分極度の水準は違っても、それ以外の点では同じ（同質）だと仮定することを意味する。この仮定が妥当かはこの手法を使う時いつも問題になるが、この点は後に検討することにして、まずはこの手法を適用してみよう。

ネットメディアの利用は分極化に寄与するか

アンケート調査は1回目の調査のあと、半年後の2018年2月に行われた。1回目の調査の回答者10万人に再度調査票を送り、回収できたのはほぼ半数の5万473人であった。調査票の質問項目は同じである。(1)

まず、分極度がどれくらい変化したかを見てみる。半年の間に回答者の分極度がほとんど変化していなければ、そもそも測定の意味がない。アンケート調査を2回行うと記憶違いやその時の気分でも多少は回答が変わりうるので、いわば誤差のような変動も生じる。もし誤差変動なら分析する価値は無い。

図18は1回目と2回目の調査での分極度の変化、すなわち「2回目の分極度－1回目の分極度」の分布を示したものである。中心点は0で変化していない人が最も多い。0より右側のプラスの人は分極度が上昇しており、政治的に意見が過激化した。逆に0より左側の人は分極度が減少し穏健化している。この間に過激化した人も穏健化した人も同じよう

表1　フェイスブックの利用状況の変化

		2回目調査				
		利用しない	週に1回	週に2～3回	週に4～5回	ほぼ毎日
1回目調査	利用しない	33,446	1,366	219	76	173
	週に1回	1,303	3,847	595	153	154
	週に2～3回	151	815	945	274	223
	週に4～5回	71	219	400	440	343
	ほぼ毎日	185	270	324	508	3,973

非利用者（33,446）
利用開始者（468）
利用停止者（407）
継続利用者（7,430）

に存在することがわかる。なお、平均値は0・0023なので、調査期間中にごくわずかに過激化し、分極化が進んでいる。

どれくらい変化したかを直感的に評価するために、図の±0・5のところに縦棒をたてた。この指数は10個の政治傾向の平均値から作ったので、指数が0・5変化するためには10個の争点のうち5個の争点で回答が保守あるいはリベラル方向に1単位変化しなければならない。すなわち10個のうち5個の争点で賛否が賛成方向あるいは反対方向に一斉に1単位動いた時、±0・5の変化が生じる。半分の争点で意見がそろって保守方向あるいはリベラル方向に1単位変わるのはかなりの変化であり、偶然では説明がつきにくい。そのような人、つまり±0・5より大きな変化をした人が少ないながらも一定程度いることがわかる。この半年の間に個人単位で見ると分析に値するだけの政治傾向の変化、すなわち分極化の変化があったといってよいだろう。

次にネットメディアの利用度合いの変化を見よう。表1はフェイスブックの場合で、1回目と2回目の利用状況を組み合わせた人数分布である。縦方向が1回目の調査で、横方向が2回目の調査である。利用状況は週に1回からほぼ毎日利用まで4段階ある。どこまでをもって利用者と見るかが問題であるが、週に1回では頻度が少な過ぎてその人の意見形成に影響があるほどとは思えない。そこで週に2~3回以上使った人をもって、フェイスブック利用者と見なすことにする。[2] 表から、1回目も2回目もフェイスブックを利用していない人が3万3446人いた。1回目は利用しておらず、2回目は利用していた人が468人存在し、これを利用開始者と見なす。この利用開始者のうち、政治傾向の問いに答えた人が今回の分析対象である。

図19(c) ブログ利用に伴う分極度の変化

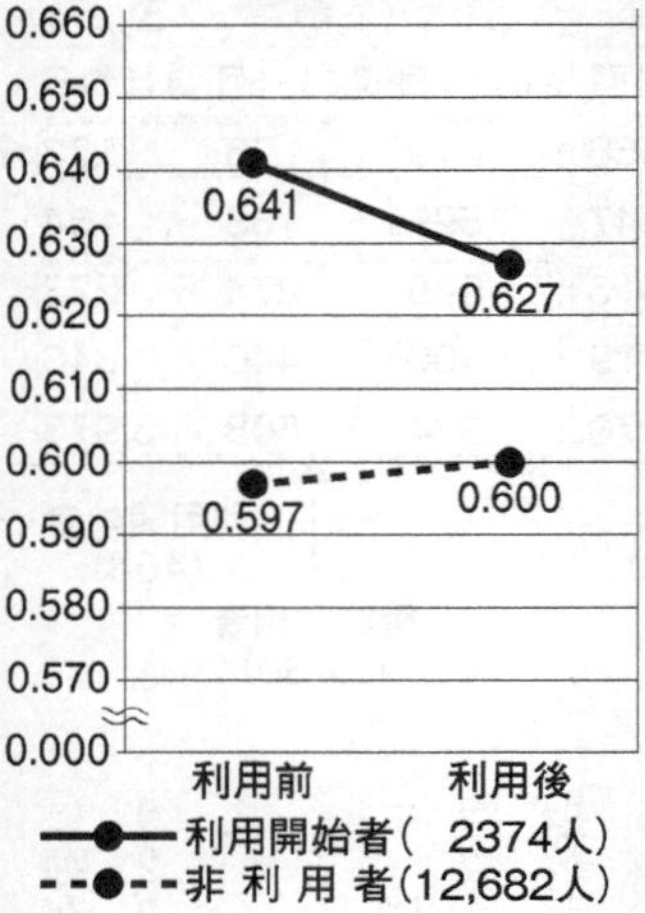

図19(a) フェイスブック利用に伴う分極度の変化

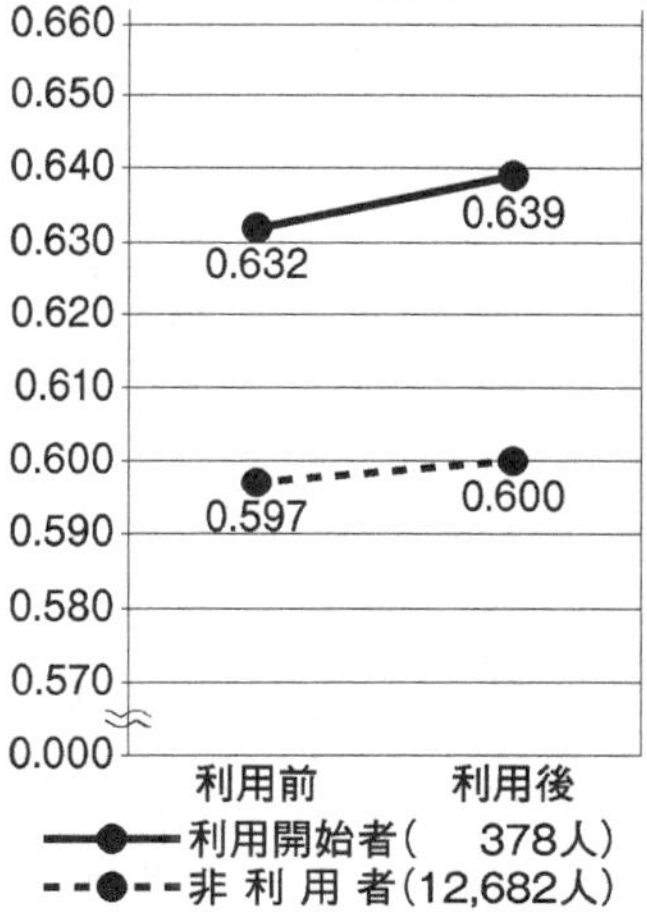

図19(b) ツイッター利用に伴う分極度の変化

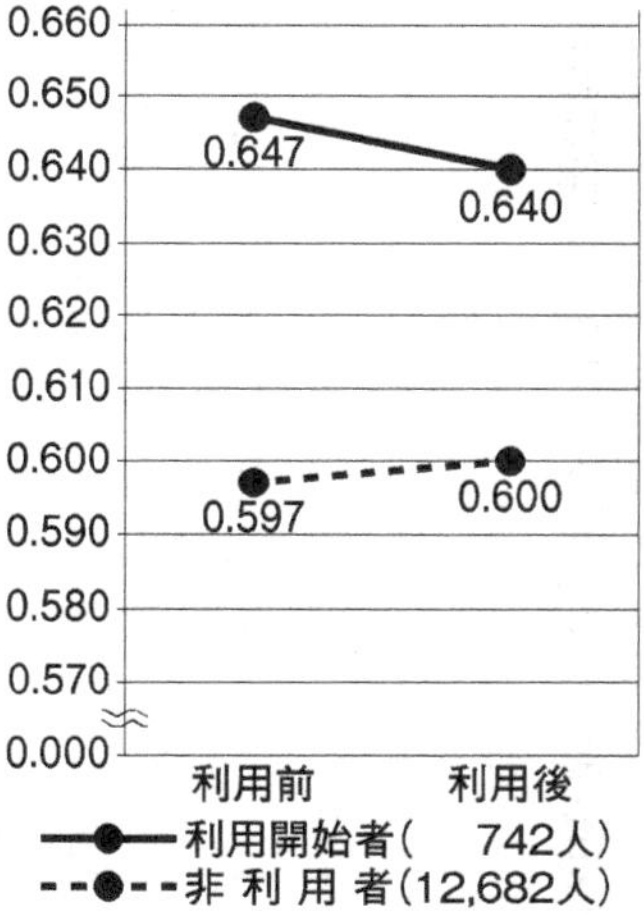

これと同じ表は、ツイッターについてもブログについてもつくることができる。これを踏まえて次の４グループを取り出した。

フェイスブック利用開始者
３７８人
ツイッター利用開始者
７４２人
ブログ利用開始者
２３７４人
どれも使っていない非利用者
１万２６８２人

フェイスブック利用開始者が表１の４

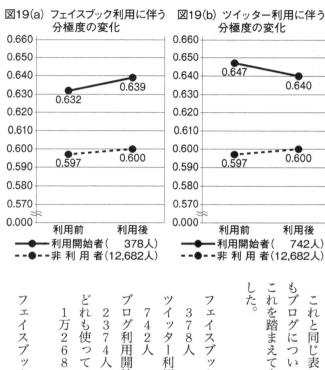

68人より少ないのは、468人の中には政治傾向の10争点の問いに、すべて「わからない」あるいは「どちらでもない」を選んだ政治的無関心層がおり、これを除いたためである。どれも使っていない人が1万2682人と表1の非利用者3万3446人より大幅に少ないのは、フェイスブック・ツイッター・ブログのどれも使っていない人だけを取り出したためである。3つのネットメディアのどれかだけを使っている人はかなりいる。差の差分析での比較のためには、どのネットメディアの影響も取り除いた状態と比較した方がよいので、どのネットメディアも使っていない人を取り出した。

ここから差の差分析に入る。ネットメディア利用開始者の分極度が非利用者に比べて変化したかどうかを見てみよう。図19はその結果を示したもので、実線が利用開始者、点線が非利用者である。まず、図19(a)のフェイスブックの場合を見てみる。フェイスブックの利用開始者の分極度は、利用開始前の0・632から開始後には0・639に上昇した。この変化幅は、非利用者の変化幅0・597→0・600より大きいので、分極化は進んだことになる。差の差をとると、0・004［=(0・639-0・632)-(0・600-0・597)］で、これがフェイスブック開始による効果である。ただし、値が正といっても値自体は極めて小さく統計的に有意でもない。つまり、0である可能性も十分に残

図20 ネットメディアの利用に伴う分極度の変化

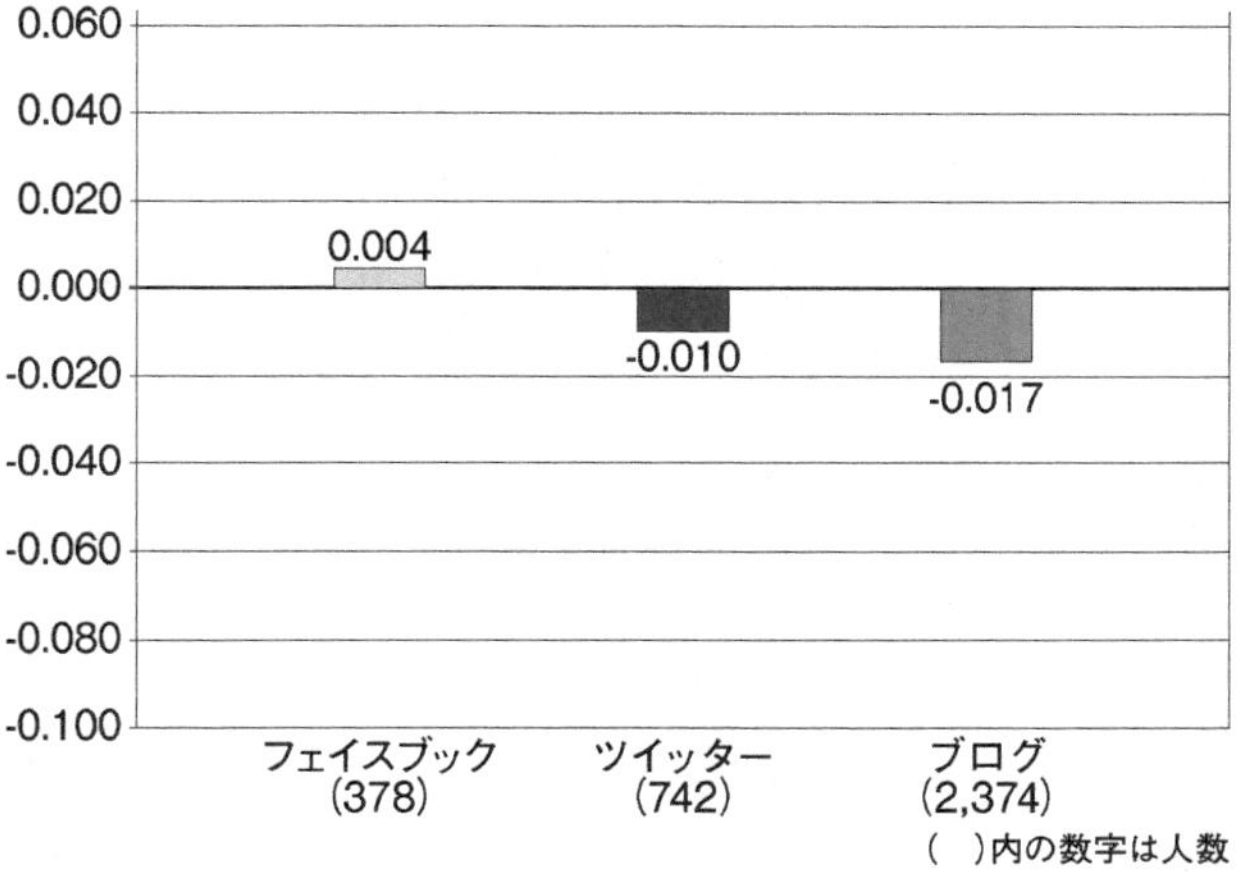

っている程度の大きさである。

図19(b)のツイッターの場合は、効果はマイナス0・010［＝（0・640－0・647）－（0・600－0・597）］で、マイナスである。図19(c)のブログになるとマイナス幅はさらに大きくなり、マイナス0・017になる。ツイッターとブログの場合、利用を開始した人の分極化は弱まっている。すなわち、ツイッターとブログの利用を始めた人はそうでない人より穏健化する。ただし、これも有意とは言えない。

比較しやすいように、差の差の値を棒グラフで表したのが図20である。ツイッターとブログの効果（の絶対値）はフェイスブックより大きく、全体としてはネットメディア利用開始により、分極化は抑制され、穏健化しているように見える。ただ、ツイッターとブログの場合も有意とまでは言えないので、はっきりしたことは言えない。が、この図から見てネットメディアの利用開始で分極化が進行するとまでは言いにくい。

政治的動機の除外

ここで分析の前提条件に戻って考える。すでに触れたように差の差分析には前提条件があり、それは利用開始者が、ネットメディアを利用しなければ非利用者と同じように動いていたという前提である。

図21は先に掲げた差の差分析の図である。ただし、1回目の調査以前に分極度がどう変化していたかを仮想的に示してある。図21(a)のように1回目の調査開始前の分極度が利用開始者と非利用者で同じトレンド（趨勢《すうせい》）で動いていたとしよう。これは矢印l_0と矢印l_0'が平行であることで表されている。この時はもしネットメディア利用開始後に実線のように分極度が変化していれば、利用開始とともにBの分極度が屈折して増えるので、この変化分はネットメディアの利用が原因だと見なせる。

しかしながら、図21(b)のように利用開始前にBの分極度が非利用者Aより急速に上昇し

図21(a)　差の差分析の前提「パラレルトレンド」

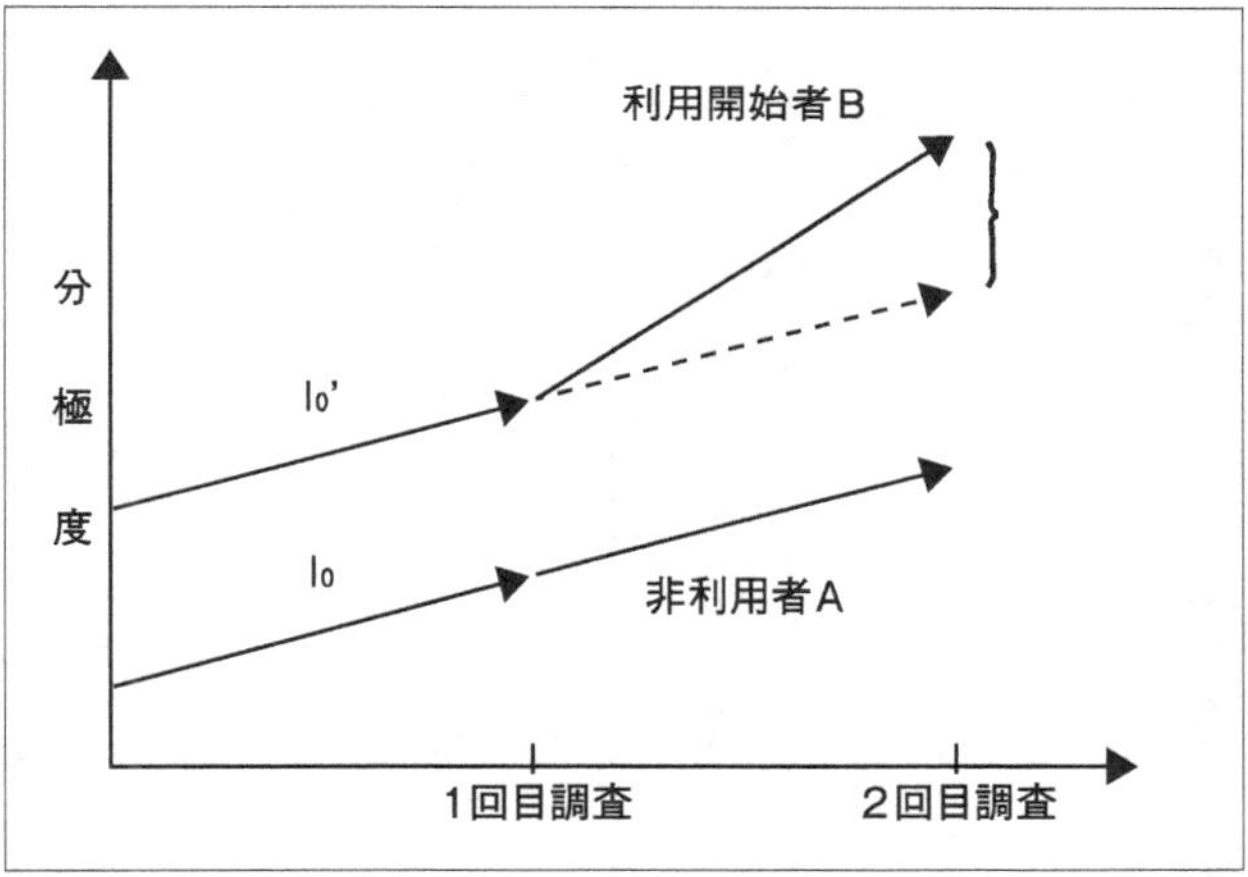

図21(b)　差の差分析の前提「パラレルトレンド」

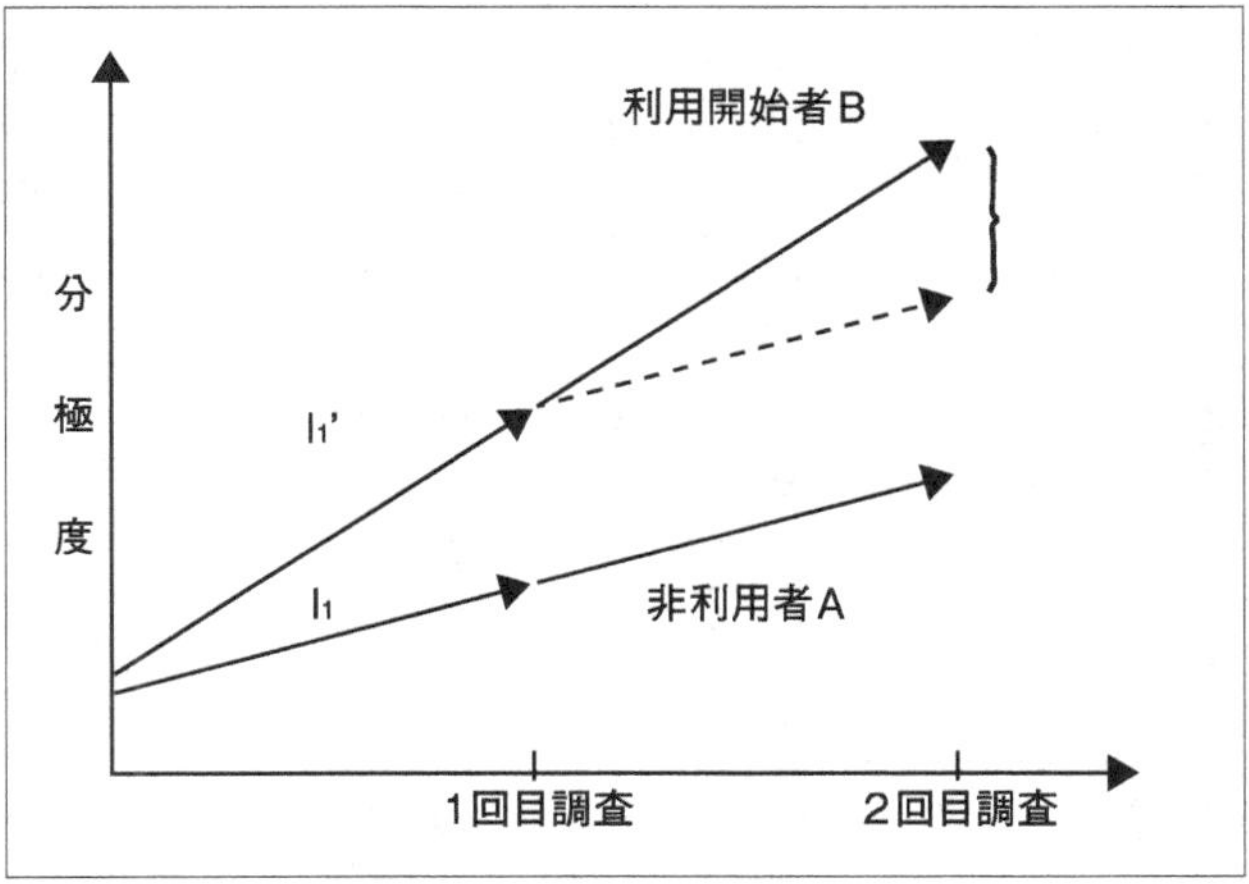

ていたとすると、屈折は起きていない。利用者Bの分極度はトレンドに沿って自然に増えただけである。ネットメディアを利用しなくても増えるだろうから、点線と実線の差はネットメディアの効果のように見えて効果ではない。差の差から推定されたネットメディアの効果は、無いものをあるように見せているという点で過大推定となる。したがって、差の差分析で効果を正しく測定するためには図21で(b)のような状態ではなく、(a)のような状態である必要がある。これは調査以前のトレンド矢印1と矢印1′が平行であることなので、「パラレルトレンドの仮定」と呼ばれることがある。

今回の場合、普通に考えるとこの仮定は満たされそうにない。利用開始者のトレンド1′の方が急になる可能性はいかにもありそうなことである。なぜならその人がネットメディアの利用を開始したのは、まさにその人が政治活動に目覚めたからかもしれないからである。何らかの社会活動に参加する、あるいは政治的発信意欲に目覚めた人がいたとする。その人の分極度は上昇を始める。同時にその人は前よりもネットメディアを利用して発信したいと思うようになるだろう。ゆえにネットメディアの利用を開始する人の分極度はそもそも利用しない人より急激な上昇過程にある可能性がある。そうなると図21(b)の状態となり、仮定は満たされない。要するに政治的動機でネットメディアを始める人がいる場合、パラレルトレンドの仮定は満たされない。

パラレルトレンドの仮定を満たす理想的な状況は、ネットメディアの利用開始がランダムに決まることである。さいころを振って当たった人が、ネットメディアの利用を開始するなら、政治的動機の影響が排除され[3]、パラレルトレンドの仮定が満たされる。新薬の実験で薬を処方される患者がランダムに選ばれるのと同じことである。しかし、ネットメディア利用でそのようなランダム化実験は困難である。

そこで、不十分ではあるが代替的な方法をとる。問題なのは政治的動機でネットメディアを始める人の存在なので、１回目のアンケートの時、政治的動機でネットメディアを始めそうな状況にあるかどうかを尋ね、その可能性のある人を除くことにしよう。具体的には次のような問いをたてた。

あなたにあてはまるものをすべて選んでください（複数選択）。

１【最近、何らかのＮＧＯ活動をはじめた】
２【最近、政治問題・社会問題に関心が出てきた】
３【友人の中にフェイスブックをやっている人が増えた気がする】

4【友人の中にツイッターをやっている人が増えた気がする】
5【趣味や日常のことについてネットに書いてみたい】
6【政治や社会問題についてネットに書いてみたい】
7【仕事の都合でフェイスブックあるいはツイッターをやる必要がでてきた】
8【友人からフェイスブックをやるように誘われている】
9【友人からツイッターをやるように誘われている】

図22(c) ブログ利用に伴う分極度の変化(政治的動機を除く)

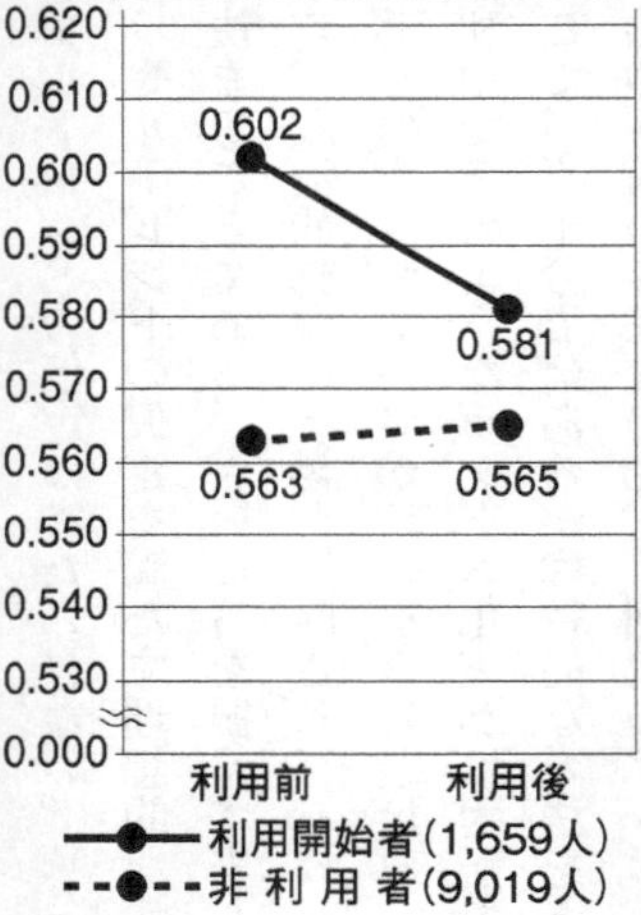

ここに挙げられているのはネットメディア利用開始の動機になりそうな項目である。このうち、1のNGO活動をはじめた、2の政治問題・社会問題に関心が出てきた、6の政治や社会問題についてネットに書いてみたい、の3つは政治的動機に関連している。これ以外の項目は、政治とは無関係の要因である。3、4、

図22(a) フェイスブック利用に伴う分極度の変化(政治的動機を除く)

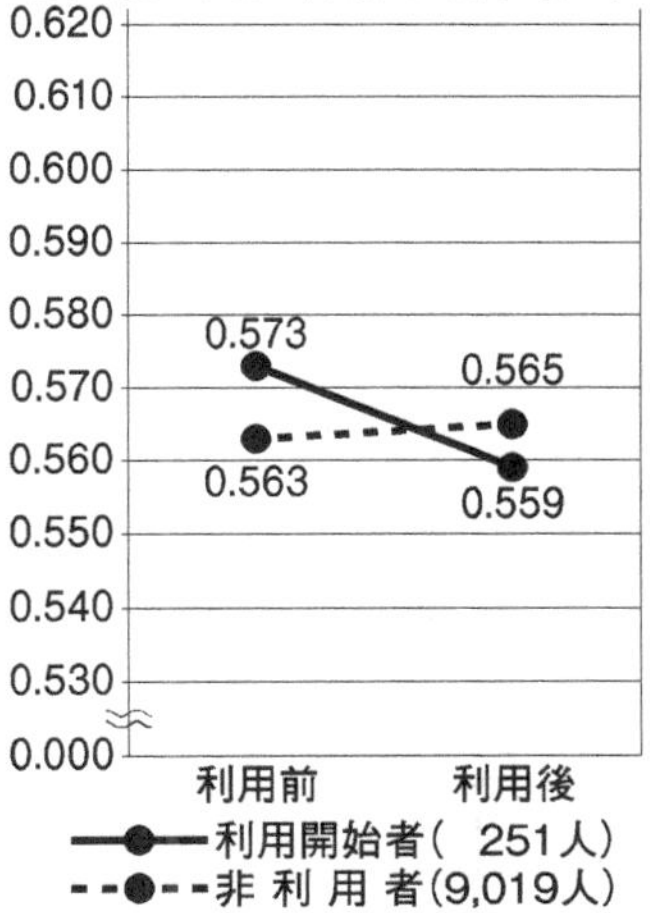

図22(b) ツイッター利用に伴う分極度の変化(政治的動機を除く)

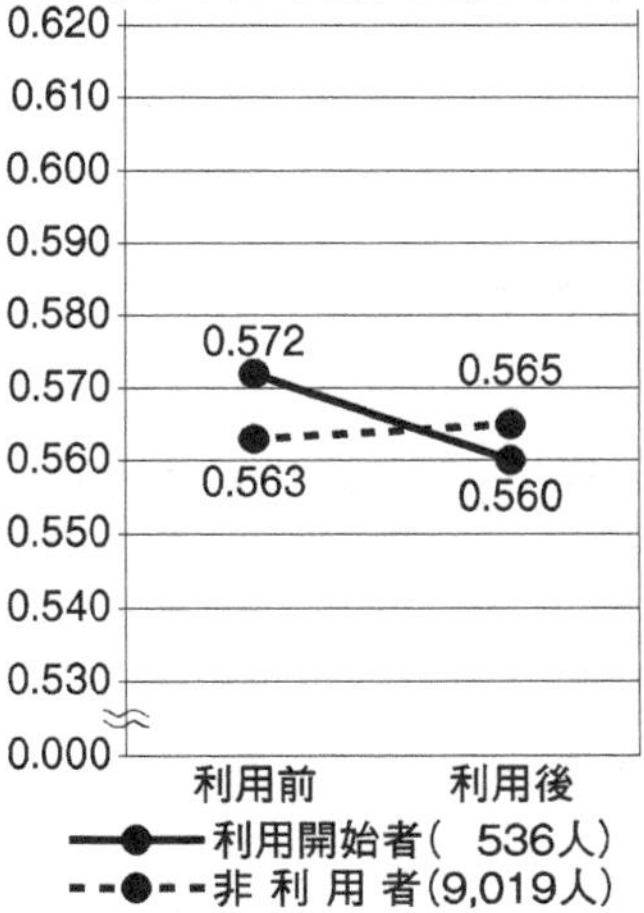

8、9は友人からの誘いあるいは影響で、7は仕事の必要性、5は趣味・同好の士との交流目的でいずれも政治的動機とは関係しない。なお、この問いは、1回目のアンケート調査の時に聞いており、まだネットメディアを使っていないすべての人に尋ねていることに留意しておく。

我々は政治的動機から利用を始めた人を排除したいので、ここで、1、2、6のどれかひとつでも○を付けた人を対象から外す。結果として、友人からの誘い、仕事の必要性、趣味のために始めた人が残り、政治的動機が減る分だけランダムサンプルに近づく。むろん、政治的動機といってもここに挙げた3項目以外もありうるだろうから、完全なランダムサンプルにはなりようもない。しかし、それでも何もしないよりは改善が期待できる。

これを試みたのが、図22である。まず、サンプル数（凡例の括弧内の数字）を見ると、フェイスブックでは378人から251人に、非利用者も1万2682人から9019人と減少している。ほぼ3割程度の人が政治的動機のどれかに該当し、サンプルから除かれたことになる。残りの7割は政治的動機の薄い人たちである。実際、利用開始者と非利用者の分極度の絶対水準の差が小さくなっている。すなわち図22で、グラフの二本の棒の縦方向の違いが、前の図19よりも小さい。たとえばフェイスブックでいえば利用開始前の分極度の差は0・010しかなく、全サンプルを使った図19(a)での0・035の3分の1以下である。これは、政治的動機を持つ人を除いた結果、利用開始者と非利用者の同質性が高まったことを示している。同質的であれば、パラレルトレンドの仮定は成立しやすい。

懸案である分極度の変化を見よう。全サンプルを使った時は増加だったフェイスブック利用開始者の分極度が今回は0・573から0・559に減少に転じている。前とは異なりフェイスブック利用開始者は穏健化することになる。ツイッターでもブログでも利用開始者の分極度は低下しており、穏健化傾向である。図23は、差の差で求めたネットメディ

図23 ネットメディアの利用に伴う分極度の変化
（政治的動機を除く）

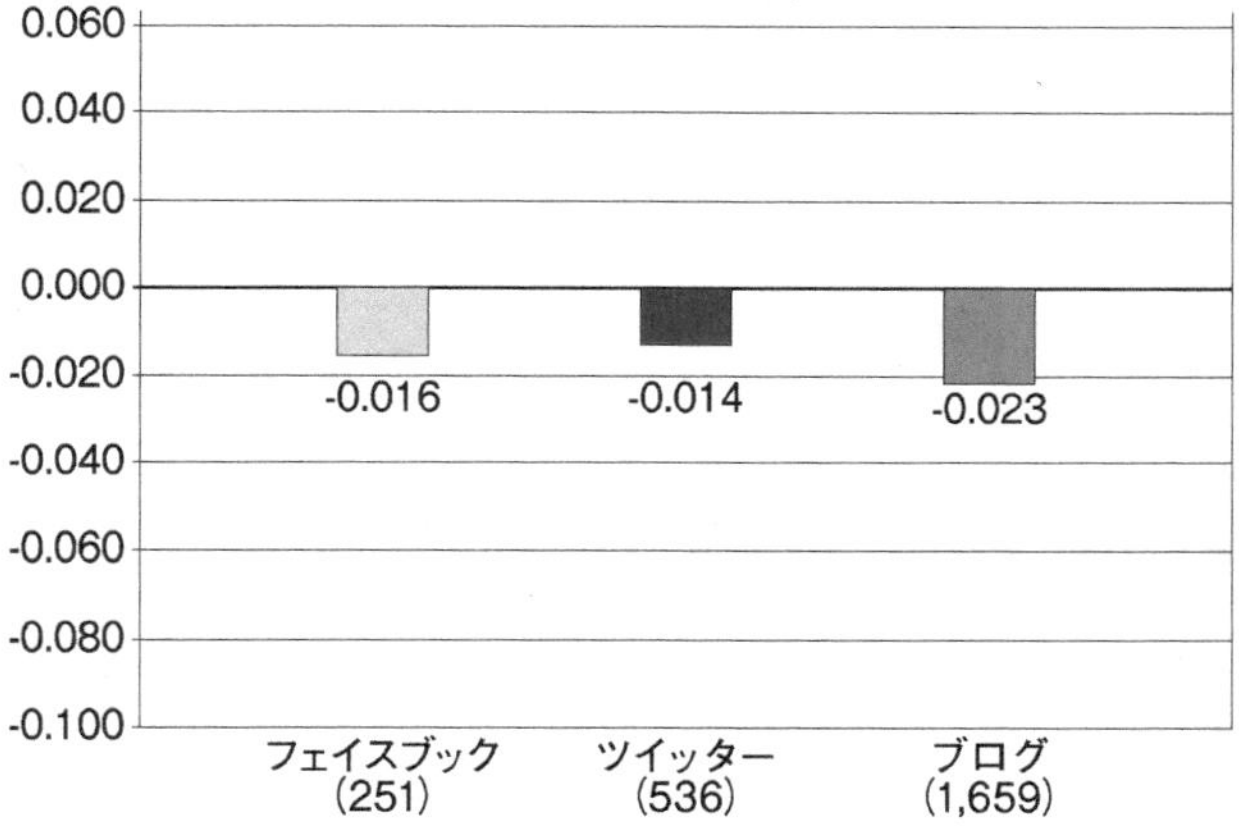

（　）内の数字は人数

アの効果のグラフであり、どのメディアでも分極化は抑制され、人々はネットメディア利用開始後に穏健化していることになる。政治的動機を持つ人が混ざっていると過大推定になっていたはずなので、それが除かれて過大推定が正されたからと解釈できる。

ここでの政治的動機というのはわずか3項目で判定しているので、十全なものではない。精度の高い推定のためにはより項目を増やして調べる必要があるだろう。しかし、これが改善であるなら、この改善によってネットメディアの効果は穏健化方向に変化しているので、項目を増やせば、穏健化傾向はさらに強まるだろう。したがって結論は強化されても弱まることはない。すなわち、ネットメディアの利用によってむしろ穏健化が起きているという結論は強まる。

本章冒頭に述べたように、単純に相関をとるとネットメディアの利用と分極化には正の相関があり、ネットメディアを利用している人ほど政治的に過激で、分極化していた。しかし、いま行った差の差分析は、ネットメディアを利用した結果、分極化するという因果は無いことを示している。ということは、単純相関での因果の方向は逆であり、元々政治的に過激な意見の人がネットメディアを利用していると考えた方がよい。すなわち、社会には一定程度政治的に強い主張を持っている人が存在しており、彼らは世の中に自分の主張を伝えたいという意欲も強い。それゆえネットメディアを他の人よりも熱心に利用して情報発信を行う。結果としてネットメディアの利用者には過激な人が多いことになるのであり、ネットメディアを利用したからといってその人が過激化したわけではない。

年齢・性別ごとの検証

図23の差の差で求めた効果は、すべてマイナスで穏健化を示すが統計的に有意ではない。すなわち真の値が0である可能性は残っている。したがって、統計的には、ネットメディアは「分極化を進めるとは言えない」ことは言えても、「分極化を抑制し、穏健化させ

図24　ネットメディアの利用に伴う分極度の変化
（政治的動機を除く、年齢別）

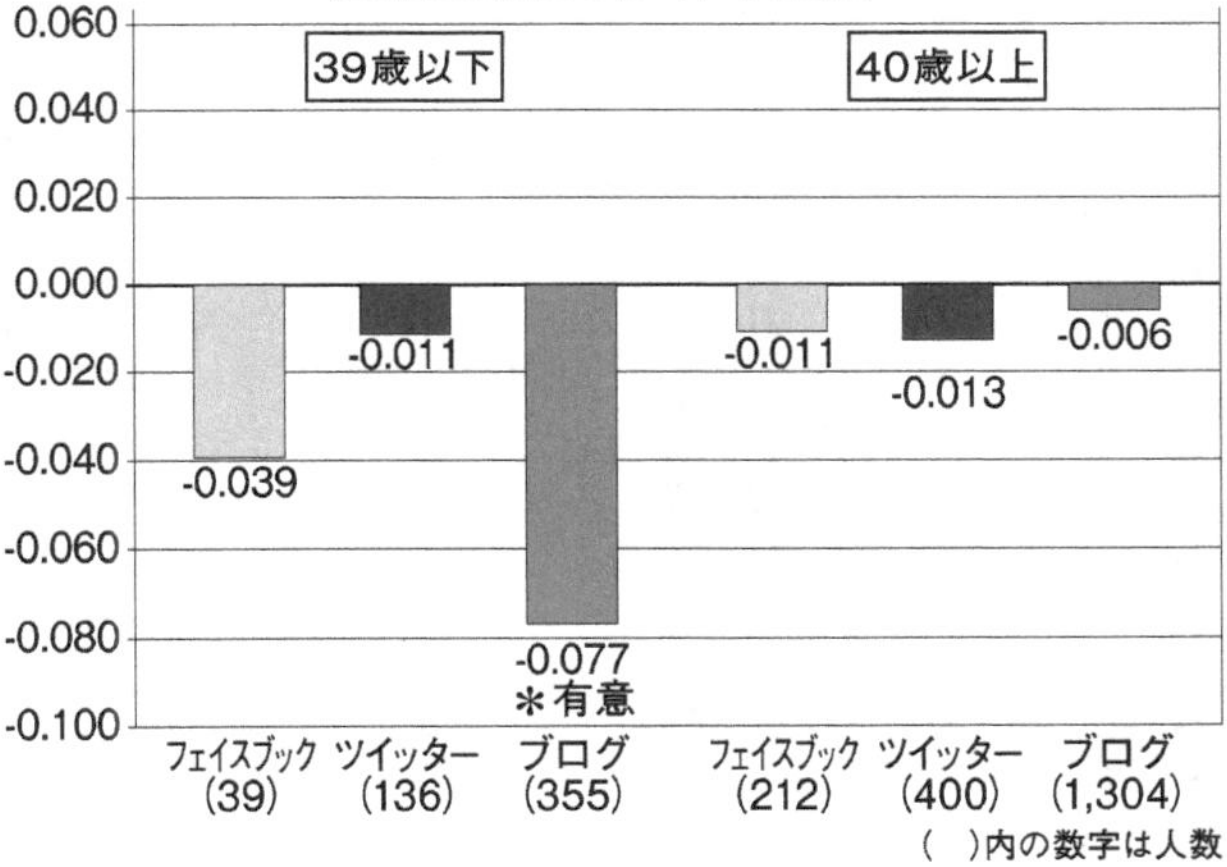

る」とまでは言えない。そこで有意な結果を得るためにサンプルをいくつかの方法で分割してみよう。ある特定の属性を持った人たちなら有意な効果が出る可能性があるからである。なお、有意性の判定は複数の要因を考慮した重回帰で行うべきことで、作業は専門的になるので本書では触れず、結果だけ述べる。関心のある方は本書の元論文を参照されたい[4]。

　まず年齢別に分けよう。前章で述べたように、分断に関して年齢効果は重要だからである。図24は39歳以下の若年層と、40歳以上の中高年に分けた場合である。政治的動機の要因は除いてある（以下、すべて除いておく）。図からわかるようにすべてのケースでマイナスなので、ネットメディアの利用で分極化は抑制されている。そして、年齢効果を見ると若年層の方が抑制効果が大きい。左の若年層ではマイナス方向の棒の長さが右の中高年より傾向として長いからである。特にブログの場合、マイナス０・０７７の減少は統計的にも有意である。すなわち、39歳以下の若年層ではブログを利用し始めると、分極化が抑制されて穏健化する。フェイスブックの利用でもマイナスの値自体はマイナス０・０３９と大きく、（有意ではないものの）穏健化が起こっている可能性がある。

20歳～30歳代の若年層がネットメディアを使うと中高年に比べてより穏健化する理由はいくつか考えられる。一般的に若い方が頭が柔軟で考え方を変化させやすいので、ネットメディアの効果がよく出たのかもしれない。あるいは、若い世代の方がネットをより長い時間使うので、長さの分だけネットメディアの影響が強く出たという説明も考えられるだろう。現時点では情報不足で理由まではわからない。いずれにせよ20代～30代ではネットを使うと統計的に有意に分極化が抑制され、穏健化が進むケースがあることは注目に値する。

男女別に分けた時の結果も見よう。図25は男女別に見た場合である。この場合はプラスとマイナスが錯綜《さくそう》しており一様ではない。しかし、全体としてはマイナスの方が大きく、

図25 ネットメディアの利用に伴う分極度の変化（政治的動機を除く、男女別）

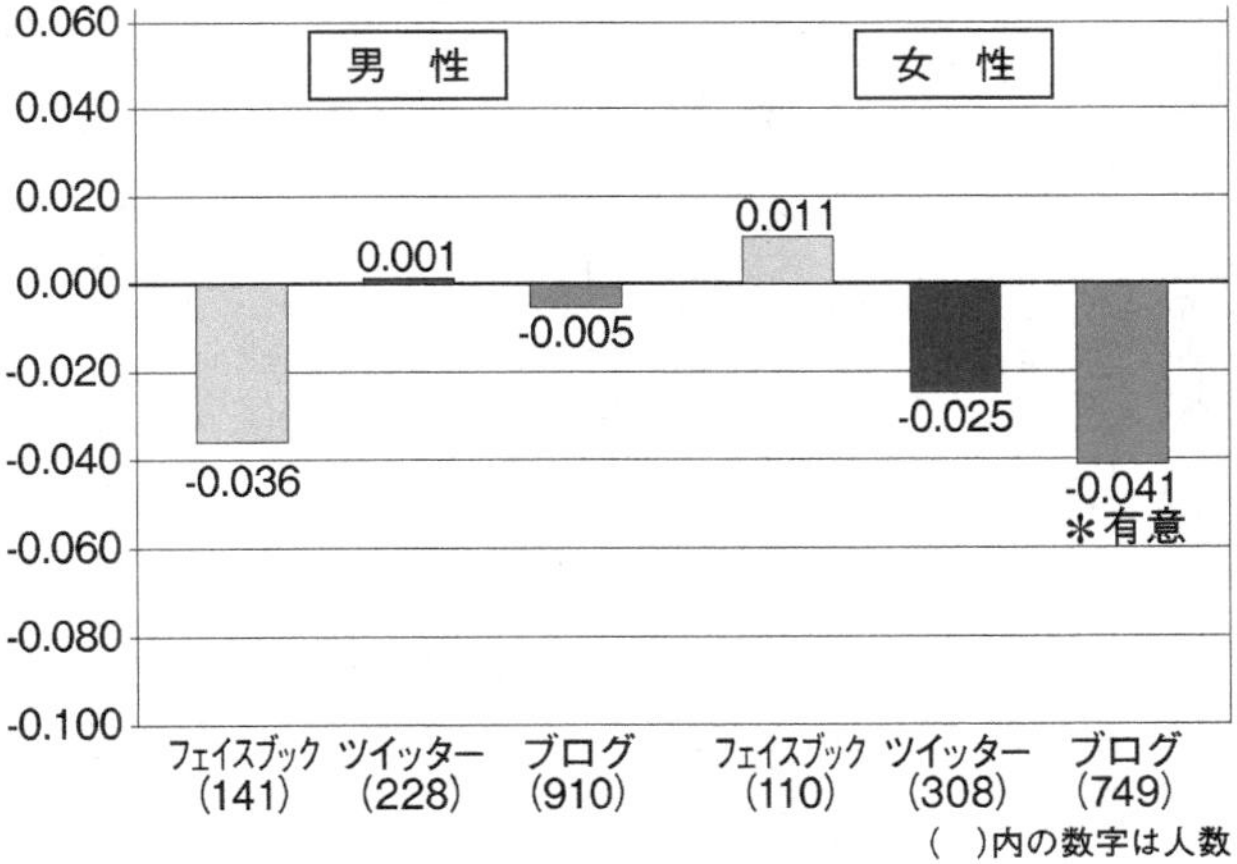

やはり穏健化傾向が優勢である。中でも女性がブログを利用し始めた時の効果マイナス０・０４１は統計的に有意であり、ブログを見始めた女性は穏健化する傾向にある。男性の場合は有意なものは無いが、フェイスブックを始めた場合が比較的効果が大きい（有意でないのはサンプル数が１４１人と少ないためである）。

女性の場合はブログを見始めると穏健化し、男性の場合はフェイスブックを使い始めると弱いながらも穏健化する可能性がある。性別によって穏健化するメディアが異なるのは興味深いが、その理由はわからない。ネットメディアの利用の仕方に男女差があればそれが説明仮説になるが、そもそも男女差があるかどうか、あるとしたらどんな差なのかはほとんど解明されておらず、現時点では憶測すら立たない。今後の研究課題である。ただ、人口の半分を占める女性が有意に穏健化するケースが存在する点は注目に値する。

なお、年齢別、性別いずれでも有意に影響が出たケースがブログであったのは、興味深い。その第一の理由はトリヴィアル（自明）なもので単にブログ利用開始者のサンプル数が多かったためである。今回の調査では、ブログの利用を始めた人は、フェイスブックとツイッターを始めた人の2倍以上存在する（図の横軸の括弧内の人数で確認できる）。サンプル数が多いと有意に出やすくなるので、そのせいでブログが有意になったと考えられる。変化の値だけでいえばフェイスブックもかなりの水準に達するケースがままあり、サンプル数さえ増やせばフェイスブックでも有意に出ていた可能性がある。

第二により重要な理由として、ブログ利用に分極化を防ぐ特段の要因がある可能性がある。これは次の第5章で実際に示される。ブログは従来の雑誌メディアより選択的接触が少ないという特徴があり、これが分極化を抑制していると考えられるのである。詳しくは次章で述べるが、ここではブログの利用開始で人々がむしろ穏健化し、分極化が抑制される傾向にあることを記憶に留められたい。

一つだけ存在した分極化が進むケース

年齢別と男女別、いずれの場合でも有意に穏健化するケースが得られた。では逆にネットメディア利用で有意に過激化し分極化が進むケースは無いのだろうか。サンプルをいくつかのクラスターに区切っての推定を試行錯誤してみたところ、一つだけ有意に過激化し、分極化が進むケースを見出《みいだ》した。

それは、元々分極化がある程度進行していた人たちの場合である。分極化の進んだ人は政治傾向の分布グラフの左右の両端にいるので、それを取り出してみよう。政治傾向の分布図で、両端の２割の人を取り出す。両端２割の人とは、先の図12の政治傾向の絶対値が１・１以上の人である。すなわち、マイナス１・１より小さいか、あるいはプラス１・１より大きい人である（この１・１という切れ目の数値は、有意な結果を求めて試行錯誤で導いたものである）。この両端の人は保守側にせよリベラル側にせよ、政治的に強い意見を持ついわば急進派である。一方、真ん中の８割の人は中庸な意見の持ち主で穏健派である。

両者に対してネットメディア利用の効果を見たのが、図26である。左側が元々強い意見の持ち主だった急進派の場合で、右側が分布の真ん中部分にいた穏健派の場合である。左側の急進派を見ると、プラスとマイナスが大きく錯綜しており、傾向が安定しない。

しかし、この中でツイッターのケースが０・０３７で正の値で有意である。ゆえに、ツイッターの利用開始とともに分極度は上昇していると言ってよい。すなわち、初期時点で政治的に強い意見の持ち主だった人がツイッターを使い始めると、意見がさらに強まり、分極化が一段進行する。強い保守思想を持っている人がツイッターを始めるとさらに保守傾向が強まり、強いリベラル思想を持っている人がツイッターを始めるとさらにリベラル傾向が強まるということである。端的な表現をすれば、元々過激な人がツイッターを使うとさらに過激化する。ツイッターでフォロー相手を選ぶ時、自分の政治傾向にあった人を選び、そこで読むツイートやそこに張られたリンク先の記事を読むと、その政治傾向を支持する情報だけに偏り、政治傾向がさらに強まるという姿が思い浮かぶ。選択的接触でエコーチェンバーが生じて意見が両極化するというシナリオ通りの現象がここにようやく見出せたことになる。

ただし、同時に注意すべきことは、これが限定的なことである。まず、第一に、この急進派についてフェイスブックとブログの影響を見ると、符号が大きくマイナスになっており、むしろ穏健化している。３つをあわせた時ネットメディアが全体の効果として急進派

図26 ネットメディアの利用に伴う分極度の変化
（政治的動機を除く、急進派・穏健派別）

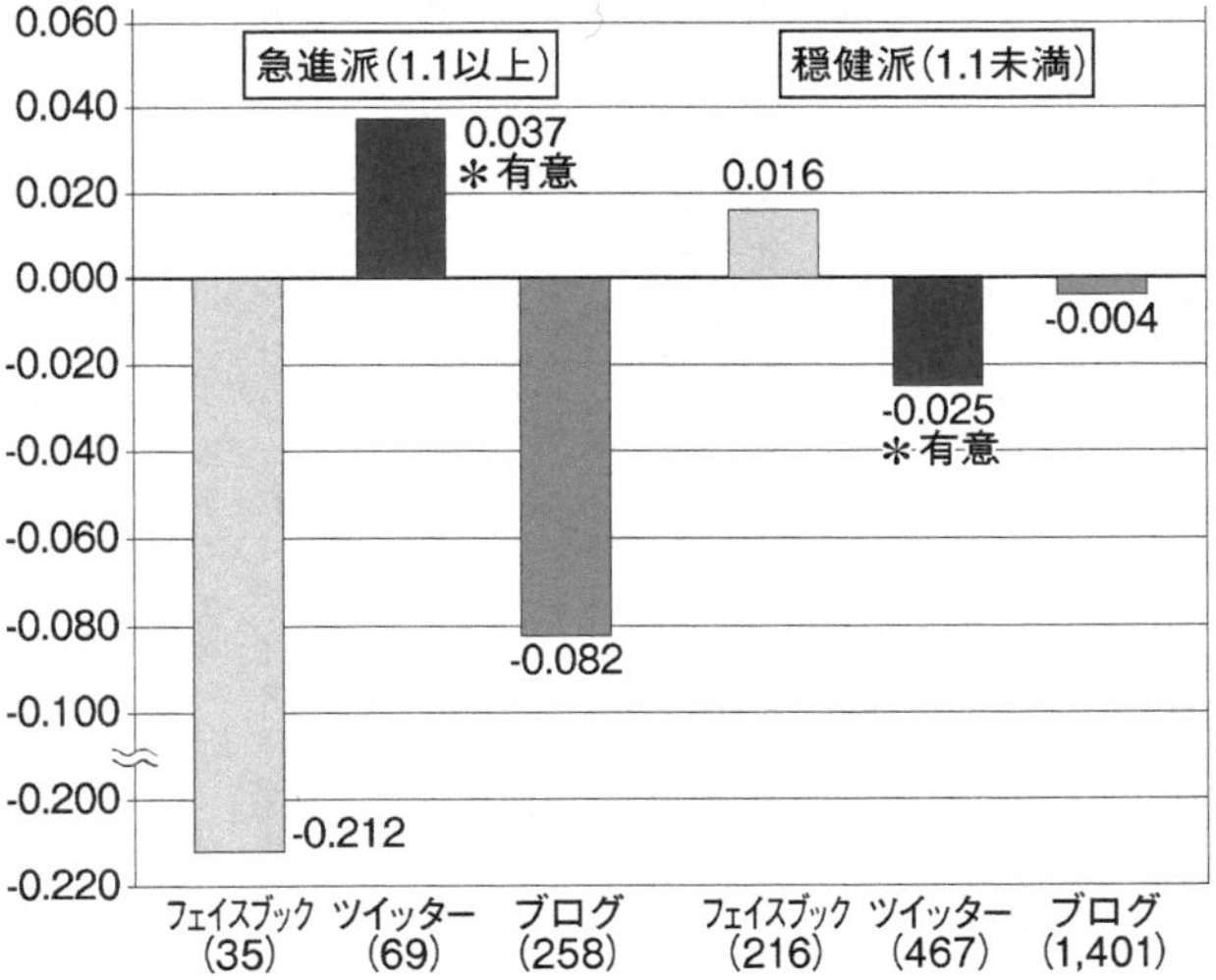

（　）内の数字は人数

をさらに過激化させているかどうかはわからない。第二に、急進派は2割しかいない。ここで使った指数1・1をずらして急進派の範囲を拡大することもできるがそうすると有意性が失われる。したがってツイッター利用で意見が過激化するのは2割にとどまる。そして第三に、残りの8割の穏健派はツイッター利用で逆に有意に穏健化する。図26の右側は分布の真ん中に位置する穏健派の場合である。ツイッターの係数マイナス0・025は統計的に有意でかつマイナスであり、ツイッターの利用開始で分極度は低下する。すなわち、穏健な人たちがツイッターを使うとさらに穏健化する。穏健派は8割を占めるので、ツイッターの全体への効果は、むしろ分極化を抑制すると言った方がよい。以上3つの理由から、ネットメディアが分極化を促進するケースは限定的であり、大勢としてはネットメディアは穏健化する傾向にあると考えるべきであろう。

なお、ツイッターの効果が穏健派と急進派で真逆になり、かつ有意であることは注目に値する。ツイッターというメディアの特性として検討に値するが、本書はネットメディア別の違いには立ち入らないので、検討は別の機会に譲りたい。

ネットメディアの効果は穏健化が優勢

本章の議論をまとめよう。ネットメディアの利用開始前と開始後を比較して、分極化が進んだかどうかを検討した。政治的動機を外して推定した結果は、次の3点に要約される。

(1) ネットメディア利用開始後に分極化は低下傾向である。すなわちネットメディア利用開始で人々は過激化せず、穏健化する傾向にある。

(2) 有意な結果に限ると、穏健化するのは20代~30代の人がブログを使い始めた時、女性がブログを使い始めた時、元々穏健だった人がツイッターを使い始めた時である。

（３）逆に有意に過激化するケースは、元々過激だった人がツイッターを使い始めるケースである。

全体として見た場合、穏健化が優勢である。有意な結果だけに限っても、（２）の女性は全体の半分であり、元々の穏健派は全体の８割であるのに対し、（３）の急進派は２割に過ぎない。符号がマイナスだったケースとプラスだったケースを単純計算で求めると、マイナスが17ケース、プラスが４ケースで、マイナスの方がずっと多い。少なくともネット利用で、分極化が進行するとは言い難い。

特定の問題についてはネット利用のために分極化が進むケースはありえるだろう。外国人労働者問題や、原発問題、子宮頸《けい》がんワクチンなど特定の問題では、ネット上の情報交換が結果として分極化を引き起こしたかもしれない。このうち外国人労働者問題については実証研究もあり、インターネットを利用すると外国人への排外意識と肯定的評価がいずれも高まり、いわば分極化するという結果が得られている(5)。本書でも、元々ある程度急進的な意見の持ち主がツイッターを利用するとさらに過激化するという結果が出ており、特定の問題で分極化傾向が出ても不思議ではない。

しかしながら、全体の傾向としては、ネットメディアの利用が分極化を引き起こすとはいえない。むしろ傾向としては穏健化の方が優勢である。そしてネットメディアが人々を穏健化するとすれば、これは第3章で見出した「若い人ほど分断されていない」という結果と合致することに注意しよう。ここで得た〝ネットを利用すると人々が穏健化する〟という結果が正しいのなら、ネットをよく利用する若い人ほど穏健化するのは自然である。したがって、第3章と第4章の知見は一貫していることになる。

外国の研究でも、因果まで踏み込んだ場合ネットメディアは分極化を引き起こさないという結果が出た例がある。南カリフォルニア大学のバーベラは、ツイッターのデータを網羅的に取得し、政治家・政党等あらかじめ政治傾向がわかっている人を手掛かりとして、フォロー関係だけから個人の政治傾向を推定した(6)。そのうえで本書と同じく、2時点間の観測によって、ネット利用で穏健化するか過激化するかを調べた。その結果として、どちらかといえばネット利用で人々は穏健化しており、ネットは分極化を引き起こしてはいないと結論付けている。この研究は、アメリカだけでなく、ドイツとスペインについても行われ、同じ結果であったとされており結果の信頼性は高い。彼の調査はアンケート調査によらず、ツイッターのフォロー関係だけからの分析という点で本書とは異なるが、２時点間の比較で推定するという発想は同じである。そして結論は本書の結果と一致している。

この章の分析結果が正しければ、ネットのために分断が起こるという危惧《きぐ》はあたっていないことになる。サンスティーンのサイバーカスケードで危惧されたのは、ネットでの情報交換が同じ意見の人との間ばかりに偏り、人々が分極化して社会は分断されていくという恐れであった。ここでの分析結果はその心配がないことを示している。これは民主主義と自由な言論にとって喜ばしいことである。

選択的接触の話はどうなったのか

しかし、ここで疑問が生じるだろう。それでは、第２章でさんざん述べた選択的接触の話はどうなったのだろうかという疑問である。ネットでは選択的接触が従来のマスメディアより簡単にできるので、人々が同じ意見の人とばかり意見交換するようになるという話であった。メディアがパーソナル化して過激になり、そこに選択的に接触していれば極端な情報にばかり触れることになって分極化が進むという話をしていたはずである。あれはどうなったのだろうか？　選択的接触の実証研究もあったはずで、それとここで述べた結果は矛盾してはいないのか。そもそもネット利用で分極化ではなく逆に穏健化するとはどういうメカニズムによるのか。これらはもっともな疑問であり、次章ではこの問いに答えよう。結論から言うと、ネット上での選択的接触の度合いは誇張されており、実は想像以上に小さい。つまり、ネット上での選択的接触は心配するほどは起きていないのである。

（1）2回目の調査に答えた人と、2回目には答えなかった人の間に系統的な違いがないかどうかを調べておく必要がある。これを調べたところ目立った違いはなかった。ネット利用頻度、政治傾向、性別、年齢の分布はほぼ同じである。2回目に答えるか答えないかは、その時の回答者の忙しさなど偶然的な要因で決まり、本問のテーマに関してはほぼランダムサンプリングに近いと思われる。

（2）この基準を緩めて週1回以下の人も利用者に含めても、以下で述べることは傾向としては成立する。すなわち、統計的な有意性は弱まり、場合によっては失われるが方向性（符号）は維持される。

（3）より正確に言えば、完全な排除ではなく、政治的動機の持ち主の比率がネットメディア利用開始者と非利用者の間で等しくなればよい。

（4）T. Tanaka, 2019, "Does the Internet cause polarization? Panel survey in Japan", Keio-IES Discussion Paper Series, No. 12129.

（５）辻大介、２０１８年、「インターネット利用は人びとの排外意識を高めるか――操作変数法を用いた因果効果の推定」『ソシオロジ』、第63巻、第１号、pp. 3-19。

（６）P. Barberá, 2015, “How Social Media Reduces Mass Political Polarization. Evidence from Germany, Spain, and the U.S.”, Working paper, http://pablobarbera.com/static/barbera_polarization_APSA.pdf (2019/07/20 最終確認).

第5章　選択的接触の真実

——賢明なネット世代

選択的接触は人間なら誰でもある程度は起こりうることである。わざわざ自分と異なる意見ばかりと接したがるのは、へそ曲がりか特別に戦闘的な人であり、普通の人は自分と似た意見の人のまわりに集まろうとする。それはリアルでもネットでも変わらない。言い換えると選択的接触はネットだけでなく、リアルでも起こりうる。すなわち選択的接触は、新聞やテレビ番組の選択あるいは友人の選択でも起こりうる。リベラルの人は朝日新聞を読むのが大勢であり、わざわざ産経新聞を読もうとする人は少ない。

したがって、問題なのはネットでの選択的接触が、リアルよりも強いかどうかである。第2章で述べた選択的接触の実証は、確かにネットでの行動が選択的であることを示していたが、その程度がリアル世界よりも大きいかどうかまでは示されていない。選択的接触は程度問題なのであり、有るか無いかではなく、その度合いまで測る必要がある。そして、ネットでの選択的接触の度合いまで踏み込んだ実証はそれほど多くは無い。この章ではこれを試みよう。

あらかじめ結論を述べておくと、ソーシャルメディアでの選択的接触は実は強くない。調べてみるとツイッターとフェイスブックで接する論客の4割程度は自分と反対意見の人であり、決して自分と同じ意見の人ばかりではない。接する論客の9割以上が同じ意見の人という偏った人は1割程度しかいない。比較の仕方が難しいが、単純比較すると、新聞・テレビよりソーシャルメディアの方がむしろ選択的接触が弱い。ネットでの方が選択的接触が少なく、自分と異なる意見に接しているのなら、ネットを使うと穏健化することも、若年層ほど分極化していないのも自然である。ネットではリアルより多様な意見に接しているため、人々が分極化せずむしろ穏健化しているというのは通説に反しており、注目に値する。

保守・リベラルの一方だけの意見に接する人は5％以下

選択的接触の程度を測る方法を考えよう。ネット上のすべての接触を網羅的に測ることは難しいので、まず、代表的ソーシャルメディアであるツイッターとフェイスブックに集中することにする。特にツイッターは前章で（急進派に限った時に）分極化の可能性が出た唯一のメディアであり、調査する価値がある。またツイッターはフォロー関係が外部からわかるので実態をつかみやすいという利点もある。

計測方法としては、具体的人名を挙げてその人をフォローしているかどうかを聞く方法をとった。選択的接触をしているかどうかは当人も気づいていないことが多いので、当人に直接にフォロー相手が選択的かどうかを聞いても意味がない。たとえば、フォロー相手は自分と同じ意見の人が多いですかと当人に問うことは無意味である。当人としては自分と異なる意見の人を多くフォローしているつもりでも、客観的に見るとほとんど同じ意見の人ばかりということは十分に起こりうるからである。そこで、具体的な人名を挙げてその人をフォローしているかどうかで見ていくことにする。

そのために、まずネット上でよく話題にされている論客を選んだ。下記がその論客一覧である。

【福島《ふくしま》みずほ】【きっこ】【岩上《いわかみ》安身《やすみ》】
【山本《やまもと》太《た》郎《ろう》】【宮台《みやだい》真司《しんじ》】【江川《えがわ》紹子《しょうこ》】
【有田《ありた》芳生《よしふ》】【茂木《もぎ》健一郎《けんいちろう》】【上杉《うえすぎ》隆《たかし》】
【蓮舫《れんほう》】【古市《ふるいち》憲寿《のりとし》】【津田大介】
【原口《はらぐち》一博《かずひろ》】【田原《たはら》総一朗《そういちろう》】【東浩紀】
【小泉《こいずみ》進次《しんじ》郎《ろう》】【池田《いけだ》信夫《のぶお》】【やまもといちろう】

【橋下徹《はしもととおる》】　【田母神俊雄《たもがみとしお》】　【高須克弥《たかすかつや》】
【岸田文雄《きしだふみお》】　【石平太郎《せきへいたろう》】　【百田尚樹《ひゃくたなおき》】
【山本一太《いちた》】　【西村幸祐《にしむらこうゆう》】　【安倍晋三】

選択基準はツイッターのフォロー数ランキングの上位者の中から、政治問題、社会問題について発言している人を選んだ。結果として芸能関係者などは除かれている。アンケート調査で、ツイッターとフェイスブックのユーザに対し、これらの人名を示して、次の４項目から選んでもらった。

（１）ツイッターでフォローしている
（２）フォローはしていないがツイッターのタイムラインに出てくる
（３）フェイスブックで時々出てくる
（４）フェイスブックとツイッターで発言に接することはない
　注：（４）以外は複数回答を許す

（1）（2）（3）のどれかを選んだ人はソーシャルメディアでその人の意見に接していることになる。（4）はその人の意見に触れることはない。

選択的接触の度合いは、回答者が自分と同じ政治傾向の人ばかりに接しているかどうかで測られる。それを知るためにはこれら論客が保守かリベラルかを決める必要がある。論客リストの人の言動を知る人からすれば、普段の言動からその人が保守かリベラルかは自明とも思える。しかし、客観性を確保するために、第2章でやったのと同じように、これら論客をフォローしている人の政治傾向を計算してみよう。選択的接触が行われているなら、保守論客には保守の人が、リベラル論客の人にはリベラルの人がフォローに入るはずである。上記の選択肢で（1）のフォローしていると答えた人の政治傾向の平均値を求め、大きさの順に並べ直したのが図27である。

図27で、たとえば上から6番目の安倍晋三（563）の値が0・84となっているのは、安倍晋三氏をフォローしている人が563人おり、それらの人の政治傾向の平均値が0・84であることを示す。値が正であると保守傾向、負であるとリベラル傾向なので、この図は上から下へ、保守傾向の強い人からリベラル傾向の強い人の順に並んでいることになる。

図27 論客27人のフォロワーの政治傾向

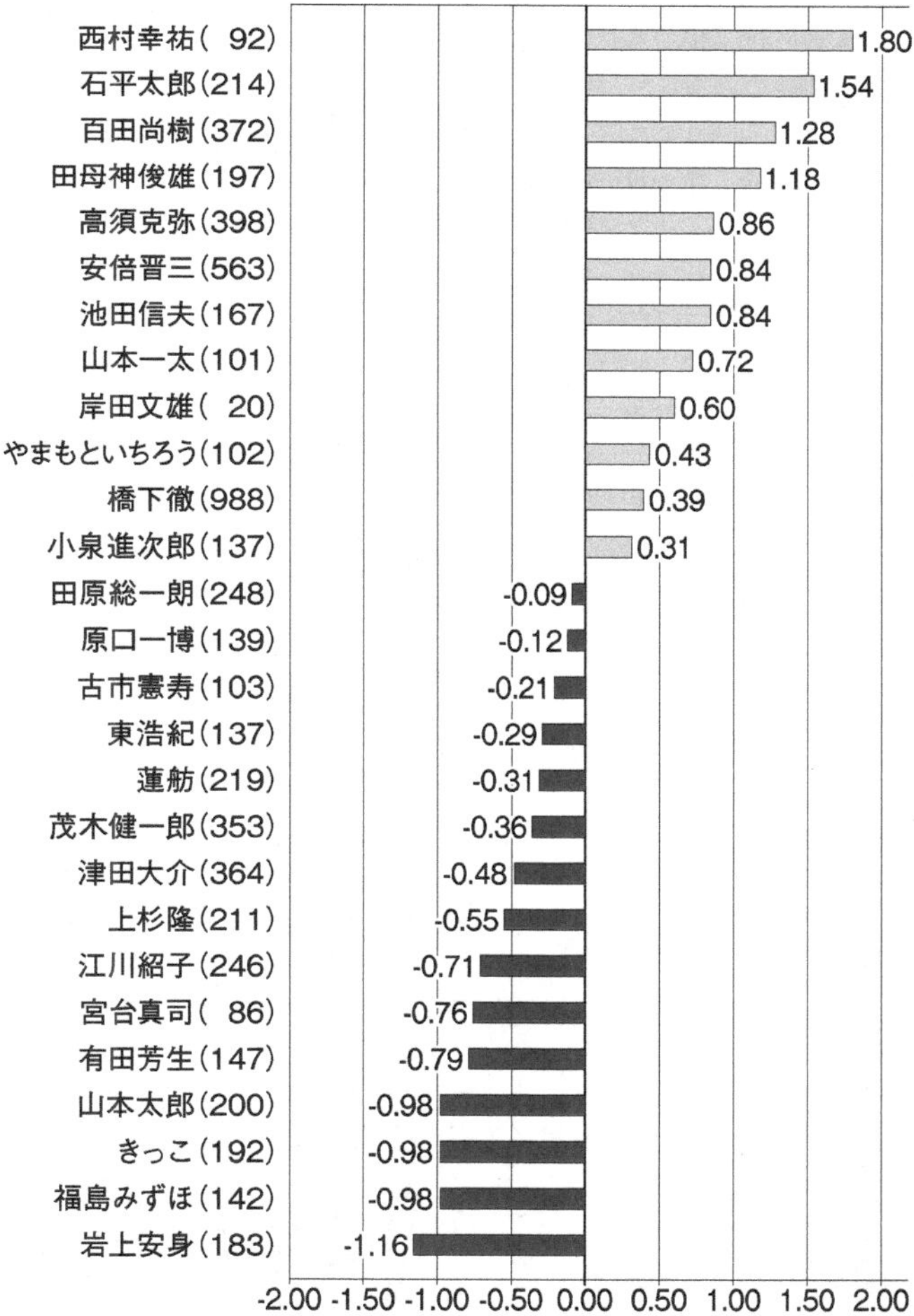

(　)内の数字はその人をフォローしている人数

より正確に言えば、ここでの値はその人自身の政治傾向ではなく、その人をフォローしている人の政治傾向である（その人自身の政治傾向は当人にアンケートに答えてもらわなければ知りようがない）。さらにフォローする人の政治傾向であるがゆえのバイアスも生じうる。たとえば実際に政治権力を持っている人の場合、その人を批判するために反対意見の人がフォローするということが起こるので、値の絶対値が小さくなり、結果としては穏健な値になる。図27で安倍晋三氏や橋下徹氏の政治傾向の値が小さいのはこのためで、リベラルの人が批判のためにフォローしていると考えられる。またテレビ等で知名度が高いと幅広い範囲の人がフォローするため、やはり絶対値が小さくなり穏健な値になるだろう。小泉進次郎氏や田原総一朗氏の値が小さいのはこのためと考えられる。このように、この図での政治傾向はその人自身の政治傾向そのものではなく、ずれが生じうる。

しかし、それにもかかわらず、図27の結果には一定の説得力がある。この図にそって上下の半分に分類し、プラスの値の論客を保守陣営に、マイナスの値の論客をリベラル陣営に分類すると違和感はないだろう。人が自分に近い考えの人の意見を聞こうとする選択的接触は確かに働いている。ただ、いま述べた例からわかるように値それ自体にはあまり信頼性は無いので、以下では個々の値は無視し、プラスの値が出た論客はすべて保守論客、マイナスの値はすべてリベラル論客と見なして一括して分析を進めることにしよう。

選択的接触の強さは、接する相手がどれくらい偏るかで測れる。たとえば10人の論客に接しているとして、そのうち9人が保守論客、1人がリベラル論客だとするとかなり偏っており、これが6人対4人ならそれほど偏っておらずバランスがとれている。そこで、接している保守論客、リベラル論客の人数を測り、その組み合わせの分布を見よう。なお、ここで接しているというのは、ツイッターでのフォローだけではなく、タイムラインも含み、さらにフェイスブックでのタイムラインも含むとする。すなわち、アンケート調査項目の（1）（2）（3）のどれかに該当すればその論客に接していると見なす。直接にフォローしていなくても、タイムラインにその人の発言がリツイートされて流れてくれば、その人の意見に接することになる。フェイスブックで直接の友人では無くても、その人の記事が流れてくれば結果として接することになる。

表2は、保守とリベラル別で見た接している人の数の分布である。縦軸は接している保守論客の人数、横軸は接しているリベラル論客の人数である。数値はそこに該当する回答者の数である。たとえば左下方の408という数値は、保守論客2人とリベラル論客1人に接する人が408人いたことを表している。

8	9	10	11	12	13	14	15	計
1		2	1	2	1	4	8	19
1	2	2	6	4	7	6	3	35
2	6	5	6	4	7	10	11	60
9	10	14	8	9	12	7	16	117
24	21	14	12	8	11	9	6	178
38	29	15	11	11	16	5	4	282
38	28	21	15	3	2	6	2	377
29	23	14	16	8	4	2	2	531
20	15	14		3	3	1		752
16	12	6	5	6	2	1	1	1,151
14	5	4	8	6		1		1,747
10	7	8	3	4		1		3,140
9	8	9	3	4		1		33,257
211	166	128	94	72	65	54	53	41,646

接しているリベラル論客の人数(人)

この表からまずわかることは、分布が右上がりなことである。したがって、保守論客に数多く接する人は、リベラル論客にも数多く接している。片方だけに偏る人は左上、右下に位置するがそのような人は多くはない。ちなみに、この表から、論客4人以上に接している人の中で、その9割以上が保守あるいはリベラル論客になる人を求めると9・4%である。保守論客ばかり、リベラル論客ばかりの声を聞いている人は多くはない。

この9・4%という比率は接

表2　保守・リベラル別の接している論客の人数

接している保守論客の人数（人）	0	1	2	3	4	5	6	7
12								
11				2		1		1
10		1		2			1	5
9	4	1	3	3	5	2	6	8
8	9	7	8	8	13	4	7	17
7	21	12	16	10	18	25	28	23
6	23	19	27	23	36	42	46	46
5	43	52	50	64	62	63	61	38
4	111	103	116	122	97	65	44	38
3	236	283	192	156	112	60	39	24
2	683	408	273	146	102	52	34	11
1	1,915	648	283	130	59	34	24	14
0	31,742	932	305	93	64	37	25	25
計	34,787	2,466	1,273	759	568	385	315	250

接しているリベラル論客の人数（人）

する人の総数にも依存するので、それを変化させて描いたのが図28である。グラフを見ると４人以上の時の９・４％から、接する人が５人以上、６人以上と増えるにつれて、比率が下がっている。比率が下がるのは、接する人が２〜３人程度と少ない時は、すべてがリベラルあるいは保守論客になりやすいためで、これは総数が少ないことによる効果なのであまり意味はない。ここで挙げた27人は調査のためのサンプルであり、実際には保守側・リベラル側ともにもっと多数の無名論客がいるはずである。人々が平均してどれくらいの論客に接しているかについての情報はないので、この曲線上のどこをもって全体の平均値とすべきかはわからない。しかし、図の曲線の下がり具合から考えて、保守論客あるいはリベラル論客のどちらかに9割以上偏って接している人は5％以下と見積もっても良いのではないかと思われる。

ここで観察された事実は、第2章での選択的接触の議論とだいぶ様相が異なることに注意されたい。第2章では、人々はサイバーカスケードに分かれて自分と同じ意見の人ばかりに接し、エコーチェンバーが起こると述べてきた。しかし、この図を見るとそのような人は例外的である。接する相手の9割以上が一方的な意見になってしまう人は5％以下しかいない。どれくらい偏るとエコーチェンバーが起こるかは知られていないので確かなことはわからないが、この結果から見るとエコーチェンバーに陥る人は限られているように思える。

論客のうち接する約4割は自分と逆の意見の持ち主

選択的接触の度合いを測るためには、接する相手が自分と同じ意見かどうかを見るのがより直接的である。論理的な可能性としては、リベラルの人があえて保守論客の意見を収

図28　接する人の９割が保守・リベラルどちらかに偏る人の割合
（接する論客の総数別）

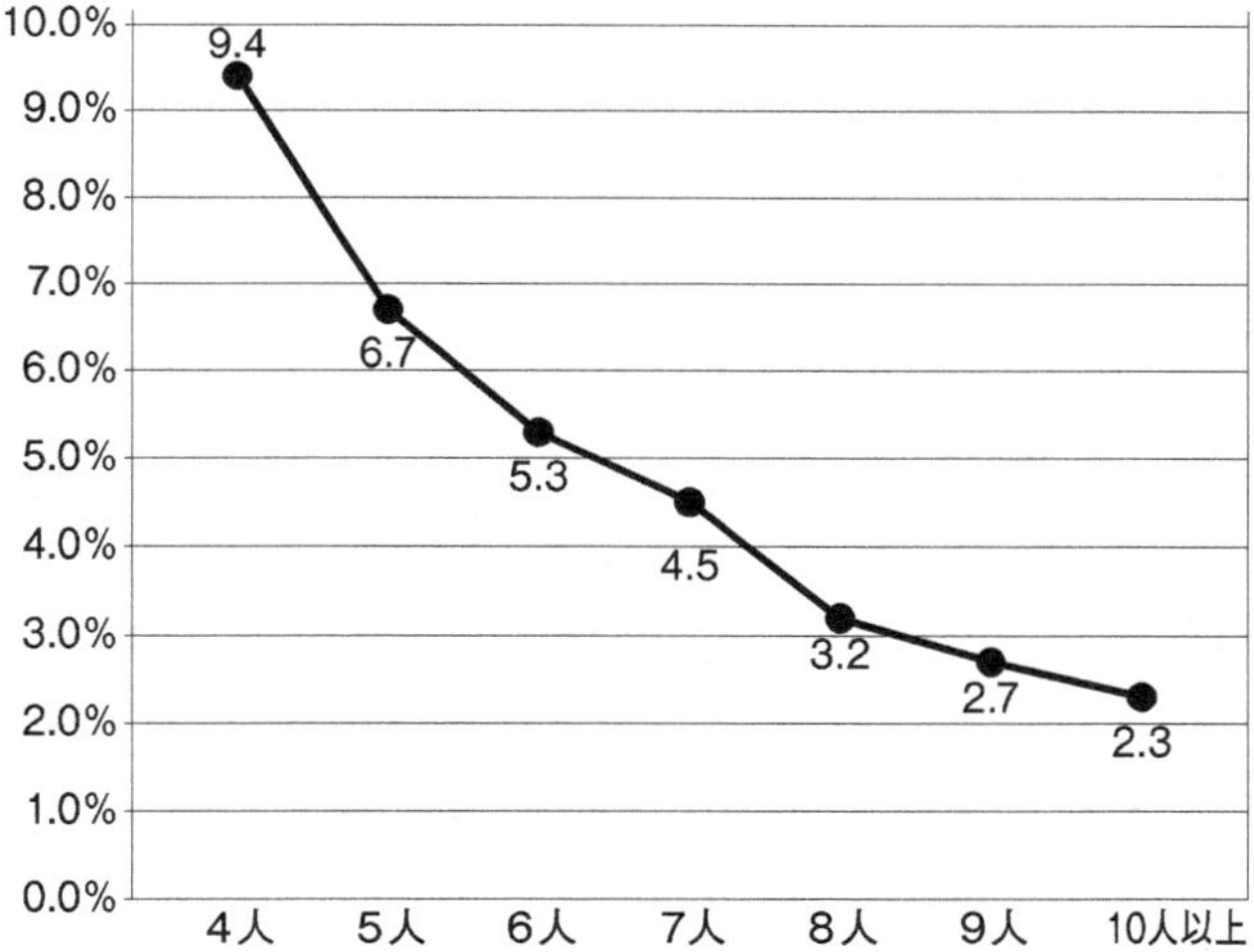

集するために保守論客ばかりフォローするという可能性もないわけではないからである。そのためには接する人の中で自分と同じ政治傾向の人がどれくらいいるかを指数化すればよい。これは選択的接触率とでも呼ぶべき指数である。すなわち、接している論客の中で自分と同じ政治傾向の論客が占める割合である。同様に自分と反対側の政治傾向の人の数でも指標がつくれる。これをクロス接触率と呼ぶことにする。すなわち、接している論客の中で自分と異なる政治傾向の論客が占める割合である。

論客は保守とリベラルに二分化され

ているので、二つの率の和は1となる。たとえばリベラルの政治傾向を持つ人が10人の論客と接していて、うち6人が自分と同じリベラル論客で、4人が逆の保守論客なら、選択的接触率は60%、クロス接触率は40%である。選択的接触率とクロス接触率は足すと100%になるので、どちらかだけを見ていけばよい。以下では便宜上、クロス接触率の方で見ていくことにする。クロス接触率は自分と異なる意見に耳を傾ける度合いであり、この値が大きいほど選択的接触は行われていない。なお、一人の論客にも接していない人はこの比率は計算できないので分析対象外とする。

　この二つの比率を全員について計算し、その平均値を求めるとクロス接触率は0・389＝38・9%であった。すなわち接している人の4割弱は自分と政治傾向の異なる人である。この比率は第2章で行ったサイバーカスケード等の議論から予想される値よりはるかに高い。仮に全くランダムに接すればクロス接触率は5割であり、そこから1割下がっただけである。この程度の偏りなら、自分とは異なる意見も十分耳に入るだろう。エコーチェンバーが起こるとは思えない。

　クロス接触率が4割というのは重要な結果なので本当かどうかいくつか検討してみよう。まず、この結果はここで挙げた論客リストの数が少なすぎるからということはないだろう

図29 クロス接触率(接する総人数別)

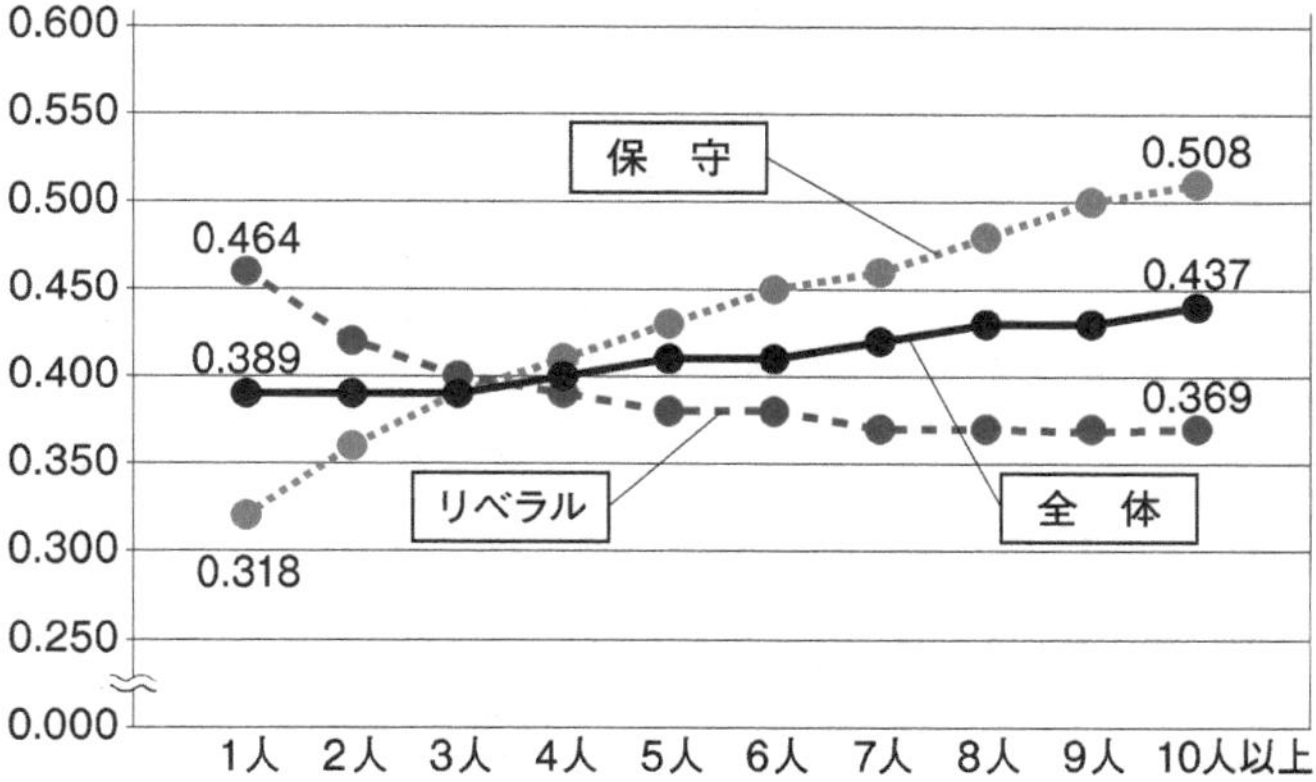

か。調査対象たる論客が27人しかいないのは前に述べたように調査上の制限にすぎず、政治的発言をする人は実際には数百人単位でほかにもいるはずである。リストが少ないがために4割にとどまるとすればこれは真の値ではない。この可能性を検討するために接する相手の数を変えた時の変化を見てみよう。接する相手が増えるにつれて収束していく先が、リストを増やした時の結果、すなわち真の結果と見ることができるからである。

図29が、接する相手を1人以上から10人以上まで変えた時の結果である。[1] 実線が全体のケースで、1人以上に接する人すべてを対象にしたのが左端の38・9%で、これがいま述べた全体のケースである。接する人の数を増やすにつれ

て、次第にクロス接触率は上がっていき、10人以上では43・7％となり、4割を超えている。すなわち、クロス接触率が4割というのは、接する人の数によらない頑健な結果である。

ただ、保守とリベラルに分けると動きが真逆になっており面白い結果が得られる。保守の人のクロス接触率は上がっていくが、リベラルの人のクロス接触率は下がっていき、途中で逆転している。この理由は仮説的にいくつか考えられるが、本書のテーマは保守とリベラルの違いを分析することではなく、保守・リベラルに共通の知見を見出すことなので、これ以上は立ち入らない。ただ、ここで確認したいのは、リベラルの人ではクロス接触率が低下傾向ではあるが、それでも37％程度で下げ止まっていることである。一方的に低下して3割を割り込むような傾向は見られない。これを踏まえて全体をまとめると、クロス接触率は、ほぼ4割程度と言ってよいだろう。

このクロス接触率は、アメリカ、ドイツ、スペインについて計測した先行研究があり、興味深いことにほぼ同じ値が得られている。南カリフォルニア大学のバーベラはツイッターのフォロワーの分析を行い、フォローしている相手の中で、政治的にその人と反対意見の人の比率を求めた。彼の調査方法は我々のようにアンケートで政治傾向を直接聞くのではなく、フォロー関係だけからモデルをたてて推定しており間接的であるが、その代わりすべてのツイートを追う点で網羅的である。彼の推定によれば、クロス接触率はドイツでは0・44、スペインで0・45、アメリカで0・33であった[2]。本書で得た値0・39におおむね近い値であり、ほぼ4割程度である。したがってソーシャルメディアでのクロス接触率が4割程度というのは、どの国でも観察されるかなり頑健な結果である可能性がある。バーベラはソーシャルメディアで接する相手は決して一様ではなく多様であり、ソーシャルメディアはエコーチェンバーを引き起こして人々を政治的に過激化させるより、むしろ多様な意見に触れさせて人々を穏健化させると論じている。バーベラの見解は本書の主張に近い。

クロス接触率4割をどう評価するか

クロス接触率4割は、考えてみると驚くべき高い値である。接する論客の中で4割の人は自分と政治的に反対の立場ということは、政治・社会問題について聞こえてくる意見のうち4割が自分と反対の意見ということになる。これを選択的接触と呼ぶには反対意見に接する度合いが高すぎる。第2章でネットでは選択的接触が行われてエコーチェンバーが起こるという議論をしていた時、自分と似た意見ばかりに接することを想定していたはずである。しかし自分と反対の意見が4割も占めるのであればエコーチェンバーは起こりそうもない。

比較のために新聞を考えてみよう。新聞は通常は一紙しかとらないので、ある新聞を読むと一定の政治傾向の記事を読むことになる。むろん新聞紙面には情報に一覧性があるしマスメディアの常として反対意見も載せるなどしてバランスをとっており、選択的接触が起こりにくい面はある。が、それでも新聞には論調というものがあって一定の政治傾向がある。誰もが知るように朝日と毎日はリベラル的であり、読売と産経は保守的である。紙面で反対意見も紹介するが、その新聞社の主たる論調の視点からの引用・紹介なので編集による一定のフィルターがかかることは避けられない。たとえば、憲法改正についてその新聞社が批判論調をとった時、記事のどこかで改正賛成論を紹介しても、記事の最終的なまとめ方が「論議を呼びそうだ」「批判が高まりそうだ」で終わると、記事全体の論調が批判的になる。また、調査報道的な特集記事は新聞社の裁量で決まるため、反対意見の扱い量のばらつきが大きく、ほとんど報じられないこともある。たとえば、従軍慰安婦問題や安保法制、原発問題、モリカケ事件など、意見の対立が激しい問題についての特集記事では、新聞社の論調と反対の意見はほとんど取り上げられないことがある。

これに対し、ソーシャルメディアでは、常時４割の反対意見に接する。これは新聞よりもはるかに頻繁に反対意見に接することを意味する。まず、接するのはフィルター抜きの生の反対意見である。引用や紹介の場合にはどうしても編集がかかるが、それがかからず反対意見に直接接することができる。また、事件ごとにこの４割という比率が変化することもない。新聞の場合、特定の社会問題・政治問題について反対意見は取り上げるに値しないと判断されると紙面に出てこなくなるが、そういうことはない。ソーシャルメディアでは常に４割は反対側の見解を耳にしつづける。常時４割の反対意見に接しているなら、選択的接触の度合いは新聞より低いだろう。テレビの報道番組でも同じことを指摘できるので、ソーシャルメディアの選択的接触の度合いはマスメディアより低いと考えられる。

さらに生の反対意見に直接リンクで飛ぶことができるため、ネットでは個々の記事レベルで意図せざるクロス接触が生まれることがある。ソーシャルメディアでは批判したい相手の記事にリンクを張って批判することがよく行われるが、このときリンク先に飛んでその記事を読んでみると、むしろ批判される側の意見に同感することがあるからである。

たとえば、ある政治家が国際問題や安保法制などの話題について失言をしたとして、その政治家を批判するツイートが流れてきたとしよう。この時、そのツイートに記事へのリンクが張ってあれば、その記事あるいは問題の発言そのものを読むことができる。その結果、「なんだ、全く失言ではないじゃないか」という感想を持つかもしれない。この話の中に登場した論客はツイートした人ひとりしかいないにもかかわらず、結果としてはツイートした人の反対側の意見に触れることになっていることに注意されたい。ツイートした人はその政治家を批判したくて材料を提供したのであろうが、結果としてはむしろその政治家の応援者（？）を増やしてしまったことになる。いわば逆効果である。

これは新聞・テレビなどのマスコミにはないネットメディアの大きな特徴である。新聞・テレビの場合、批判される側の見解に直接触れることはできないので、このような逆効果は起こりにくい。ある人の失言が新聞・テレビで盛んに批判されている時、ひょっとして直接その発言全体を聞いてみたら違うのではないかと思っても、視聴者が新聞・テレビを見ている限り、発言全体を知ることはできない。報道されるときは引用であり、必ず一部を切り取らなければならないので、発言全体を知ることはできないからである。しかし、ネットでは直接リンクが張れるために、発言全体あるいは記事全体にたどりつくのは簡単である。こうしてネットでは直接リンクを通じて、常に意図せざるクロス接触が起こる。

論客レベルでのクロス接触率が4割であることに加え、個々の記事レベルでの意図せざるクロス接触が加わることを考えると、ネット上でのクロス接触の比率は思いのほか高いと言わざるを得ない。これは第2章での想定と全く逆の事態であることに注意されたい。第2章ではネットでは選択的接触が強く起こるので、自分と似た意見ばかりに接すると述べていた。ここで見たクロス接触率の実態は、それが誤りであることを示している。とりわけ、論客のクロス接触率が4割というのは衝撃的である。

選択的接触はあくまで限定的

このクロス接触率4割という数値は重要な結果なので、少し詳しく見てみよう。まず、これは平均値なので、ばらつきがどうなっているか見てみる。分布を描くにあたっては、接する論客の総数が少ないと分布を描く意味が乏しいので、接する論客数が一定以上いる必要がある。(3) 接する人の平均値は4・8人なので、4人以上の人に限って描いたのが図30である。横軸はクロス接触率で0・1間隔で10等分してあり、縦軸は相対頻度である。分布の平均値は0・4、標準偏差は0・2である（N＝4239）。

この図を見ると、クロス接触率が0・5あたりの人が最も多い。0・5とは、保守論客とリベラル論客が50%ずつ半々ということで、選択的接触が全く働いていないケースである。そのような人が最も多いということは、多くの人にとって選択的接触の力が弱いことを意味する。

むろん、選択的接触は皆無ではない。この図は分布が左右非対称であり右のすそ野が薄い。すなわち、クロス接触率が0・8以上の右端の人は非常に少なく、左端のクロス接触率0・2未満の人はある程度存在している。右端の0・8以上の人は、接する人の8割以上が自分と反対の意見の人という人で、そのような人は少ない。逆に左端の自分と同じ意見ばかりを集める人は一定程度存在する。これは選択的接触の力が弱いながらもそれなりに働いていることを意味する。

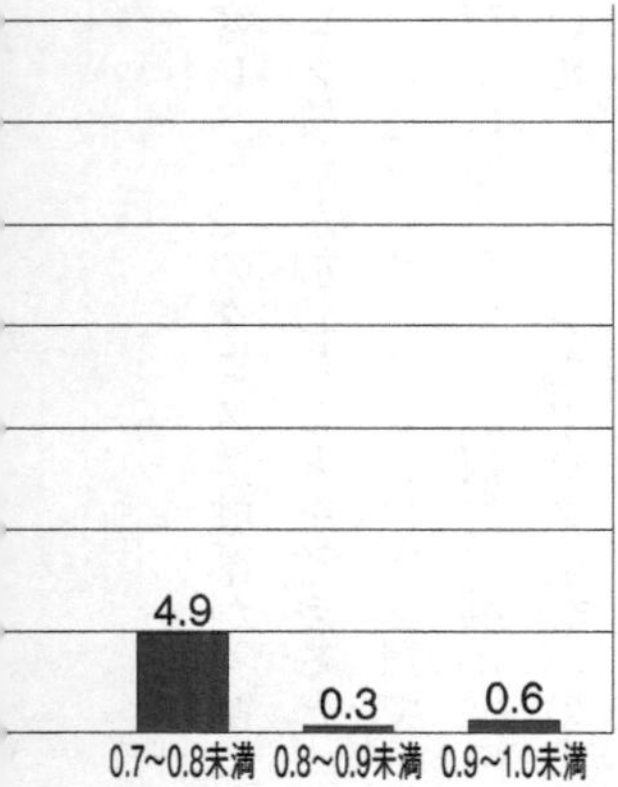

ただし、その力も限定的である。左端の2本の棒はクロス接触率が2割以下、すなわち8割以上を自分と同じ政治傾向の人で固める人を表すが、その比率は17・1%(=9・2

図30 接触論客が4人以上のクロス接触率

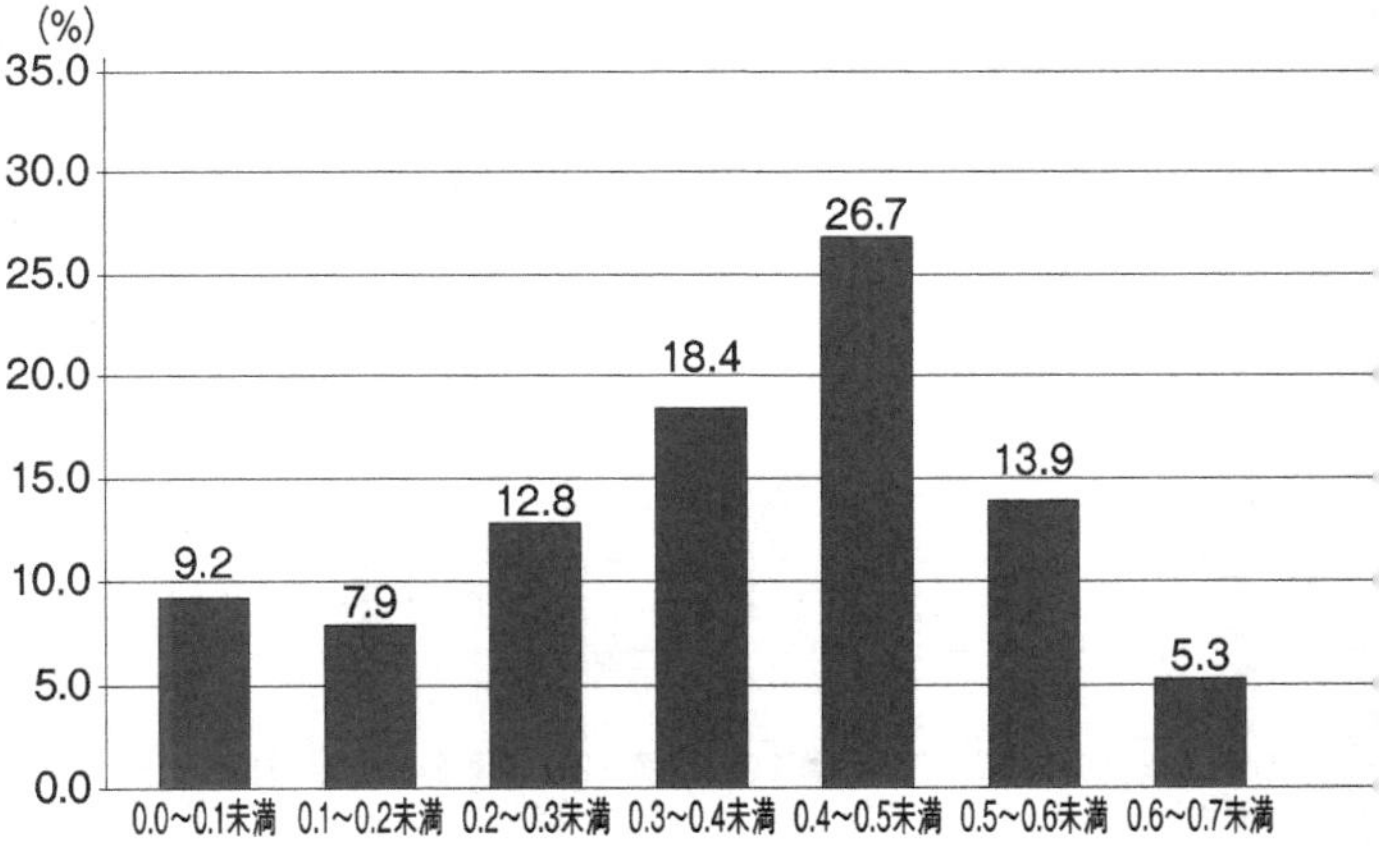

＋7・9）である。この17・1％という数値は無視しえない数であるが、全体から見れば小さい。全体の傾向としては選択的接触は弱いと言った方がよいだろう。

年齢・性別ごとの検証

クロス接触率は4割と予想外に高く、選択的接触は弱いと述べた。しかし、特定の人たちの間では選択的接触が強く働いているということはないだろうか。これを探るためにこれまでと同様に人々を属性別に分けてみる。

年齢の効果について見ると、年齢があがるにつれてクロス接触率は低下していく。20代のクロス接触率は45・2％であり、60代では36・3％まで10ポイント近く低下しており、

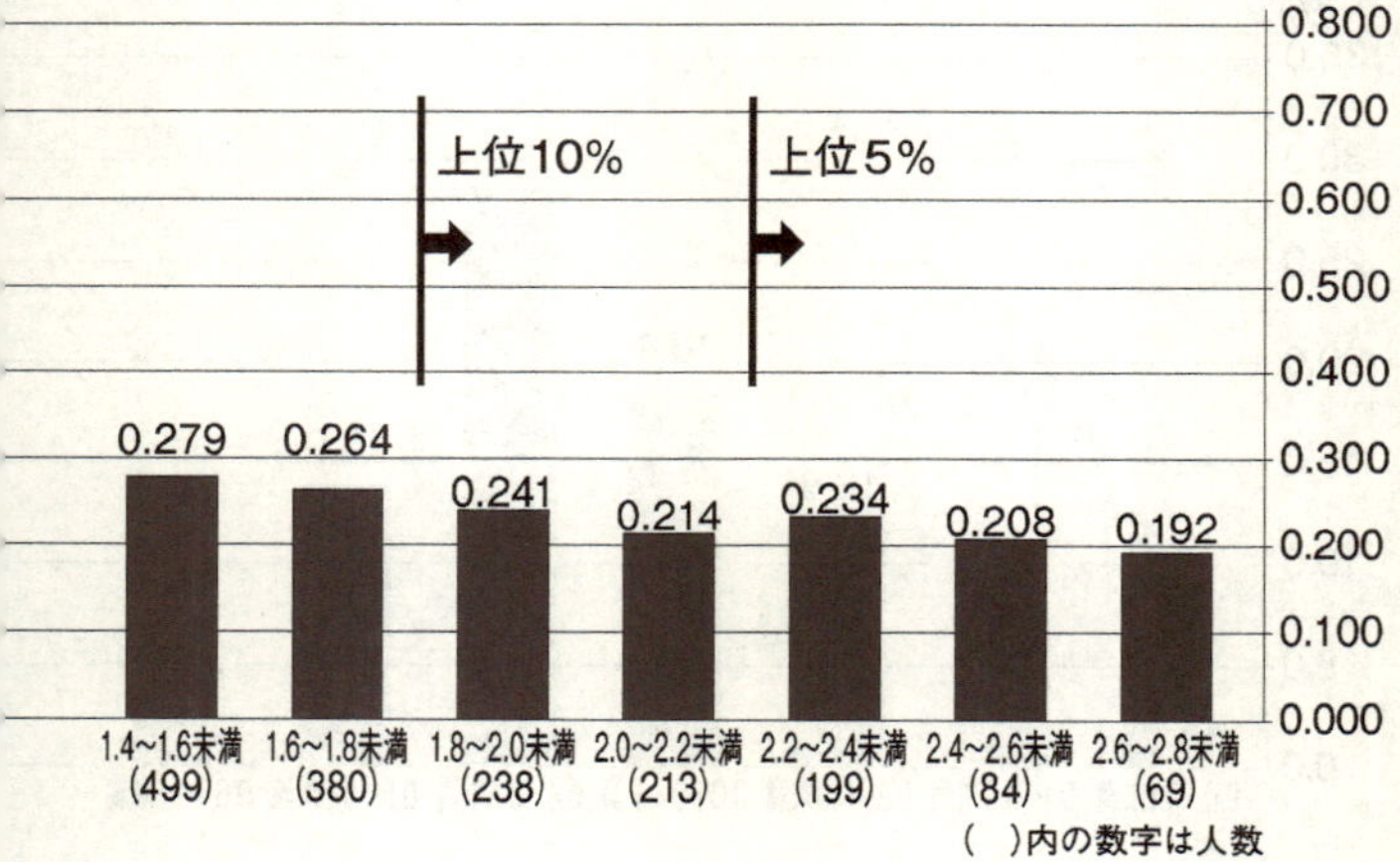

年齢が上がるにつれて自分と異なる人の意見は聞かなくなる。この理由はいろいろ考えられる。たとえば、若いうちは頭が柔軟であり、多様な考えを取り入れようという意欲があるが、加齢とともに自分の考えが固まり、拒否すべき相手や思想が決まってくるのかもしれない。あるいは単に若い人の方がネットに親しんでいる時間が長いので、ネットで接する人の総数が多いという要因もあろう。男女別では女性の方がクロス接触率が高く、女性の方が自分と反対の意見に耳を傾けていることになる。男性は周囲を自分と同じ政治的意見で固めるが、女性は自分と異なる意見も聞く傾向があるというのは興味深く、心理学的にいろいろ

図31 クロス接触率（分極度別）

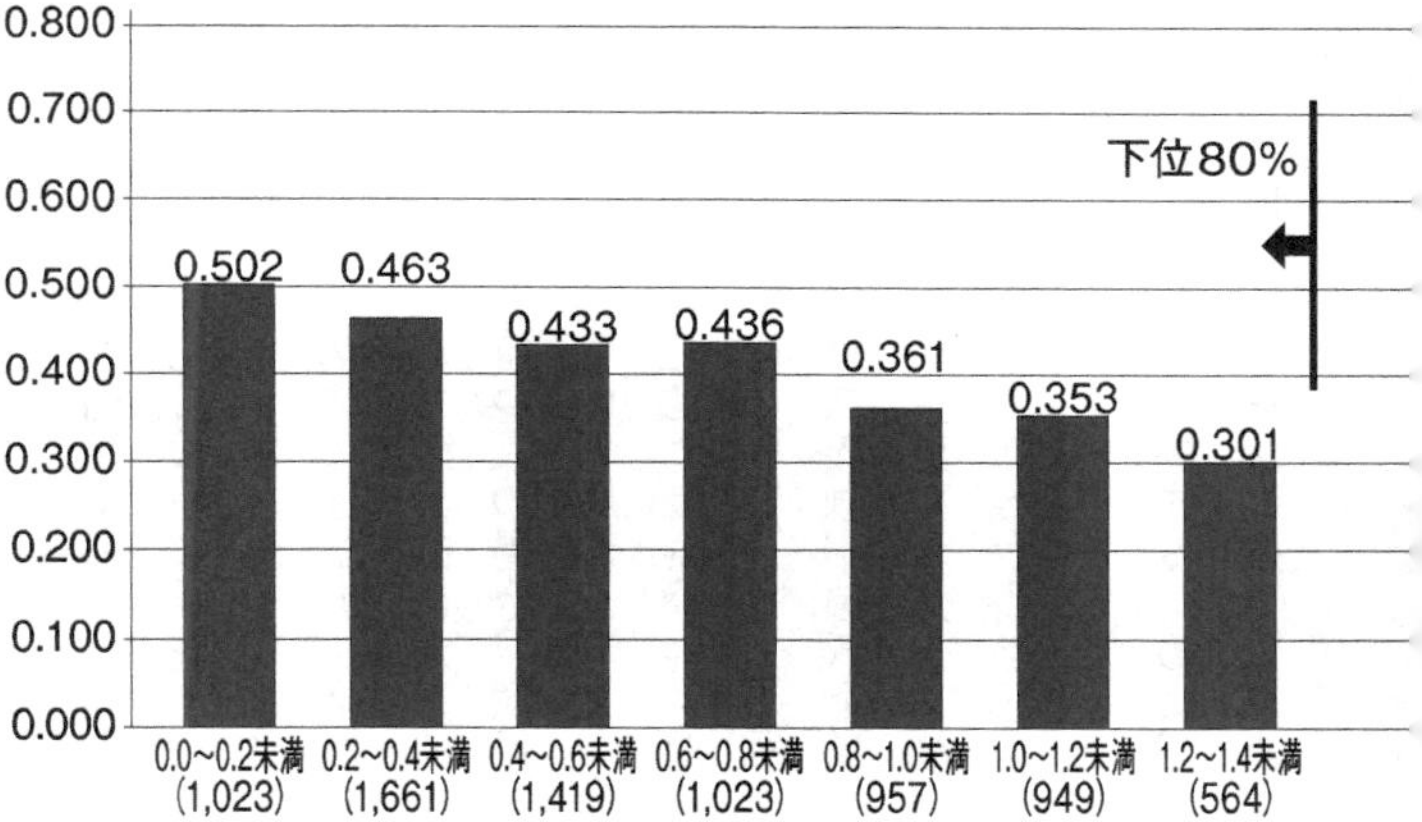

な理由が考えられる。が、本書は心理学の本ではないのでそこには踏み込まない。年齢・性別以外に、教育水準、所得水準、職業を試したが、いずれもクロス接触率に大きな変化はなかった。

ここで重要なのはクロス接触率が属性によって低下するとしても低下幅が小さく、最も低い時でも0・35以上だということである。クロス接触率が大きく低下する属性は見つからなかった。クロス接触率が4割弱、少なくとも35％以上あるというのは、年齢、性別、教育水準、所得水準、職業などの属性によらない頑健な結果である。

ではクロス接触率が大きく低下する類型がないかというとひとつあって、それは分極化が進んだ人の場合である。すなわち分極化が進み、政治的に急進的な人ではクロス接触率が低くなる。分極度別に人を分けてクロス接触率を見たのが、図31である。横軸は分極度で、分極度0・2きざみで変化させてグループ化した。左が穏健な人で右へいくほど急進的になる。グラフは右下がりなので、分極度があがるにつれてクロス接触率は傾向的に低下する、すなわち政治的に急進的な人ほどクロス接触率が低くなることがわかる。政治的に強い主張を持つ人の場合、意見を聞く相手が自分の政治傾向に近い人だけに偏るというのは選択的接触の理屈から考えて自然である。論理的には政治的に強い主張の持ち主は批判相手を知るために反対意見に耳を傾ける可能性もあるが、実際にはその力は弱く、逆転させるほどではない。クロス接触率は最大で0・2程度にまで低下する。

しかし、このクロス接触率の低下は全体の傾向を変えるほどには大きくない。まず、分極化によってクロス接触率が大きく低下する人の数は少ない。図の横軸のメモリにはその分極度にあてはまる人の数が書き込んであるが、右に進むほど少なくなっている。急進的な人の数は少ないためで、左端が1023人なのに対し、右端では69人である。人数の分布がどれくらいかを把握するために、分極度の下位80％の人、また上位の10％と5％の人がどこに位置するかを図に描き入れた。分極度が下位80％の人のクロス接触率はほとんどが0・35以上であり、8割の人は35％以上は反対論客の意見を聞いている。クロス接触率が0・25〜0・2にまで低下するのは分極度上位10％の人に限られる。

また、クロス接触率は0・2程度で下げ止まっている。図で右端の4本の棒はほぼ0・2程度で横ばいである。(4) 右端に位置する人は政治的にかなり急進的な人であり、その人が接する論客の2割が反対意見というのは思いのほか高いとも言える。もう少し詳しく述べると、分極度が上位10％の人というのは、図で見るように分極度で言えばほとんどが2・0以上なので、政治傾向測定の10問すべてについて、一貫して保守側あるいはリベラル側に「賛成」と答えつづけた人である。(5) 10問すべてについて「やや賛成」ではなく、「賛成」を選びつづけるのであるから、かなり明瞭《めいりよう》なリベラル思想あるいは保守思想の持ち主ということになる。が、それでもなお、接する論客のうち2割が自分と反対意見の人というのは、かなり高い数値と見ることもできるだろう。

選択的接触はマスメディアの場合の方が起きている

ここまでソーシャルメディアであるフェイスブック・ツイッターのクロス接触率は4割で、人々は十分に反対意見に接していると述べてきた。少なくとも新聞一紙を読むよりは選択的接触の度合いは低く、ネットユーザは多くの反対意見に接している。

しかし、新聞一紙と比較するのは公平な比較ではないかもしれない。新聞は普通は一紙しか読まないが、マスメディアとしてはもうひとつテレビがあり、テレビと新聞を組み合わせてバランスをとっている可能性がある。すなわち、新聞はリベラル系を読むが、テレビの報道番組は保守系を見るという組み合わせをすれば、マスメディアでもクロス接触は可能であり、そうであれば選択的接触の度合いは弱くなる。そもそもネットについてはツイッターやフェイスブックで発信する個々人をパーソナルなメディアと見なし、それらを組み合わせてクロス接触率を求めたのであれば、マスメディアについても同じように組み合わせたクロス接触率を計算をして比較するのが筋である。以下、これを試みよう。

まず、取り上げる新聞とテレビ番組を決める必要がある。比較的購読者が多い新聞、視聴者が多いテレビ報道番組の中で、保守色・リベラル色がはっきりしそうな新聞・番組を探す。その中から、保守・リベラルが半々になるように選んだ(6)。半々にしたのはフェイスブック、ツイッターの時の論客のリストがほぼ保守・リベラル半々になっており、それにあわせるためである。

図32 新聞・報道番組別の政治傾向

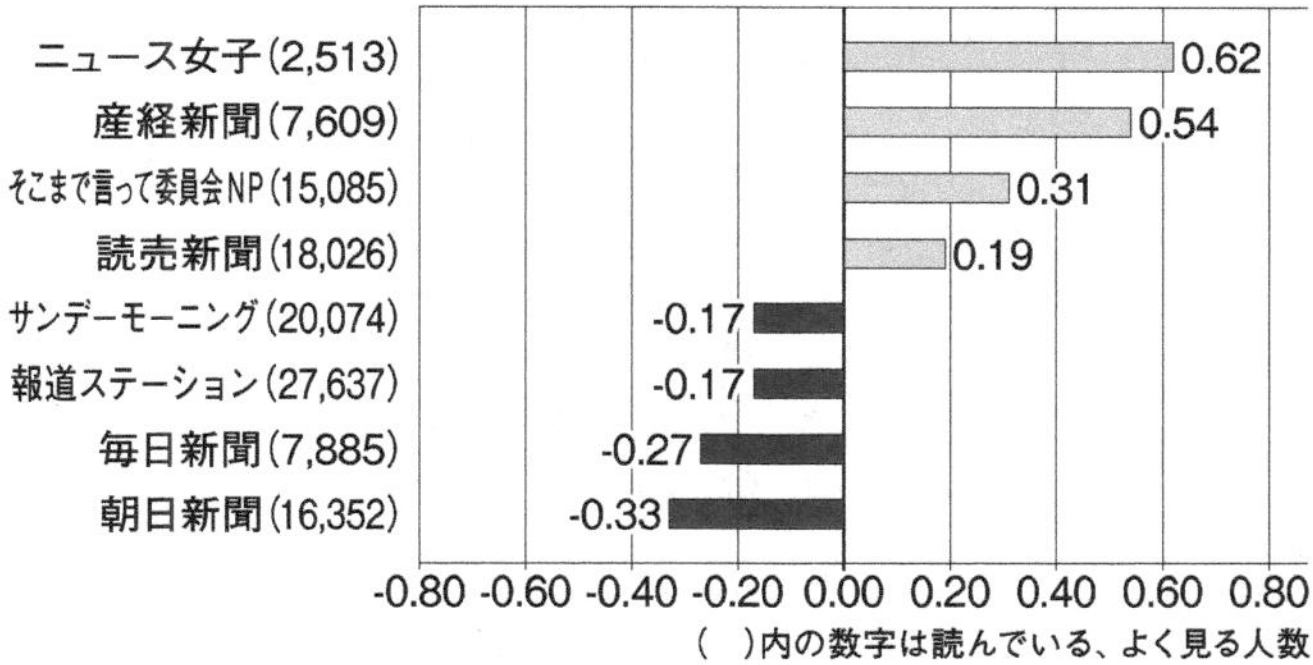

( )内の数字は読んでいる、よく見る人数

【朝日新聞】
【読売新聞】
【毎日新聞】
【産経新聞】
【報道ステーション(テレ朝)】
【サンデーモーニング(TBS)】
【そこまで言って委員会NP(読売テレビ)】
【ニュース女子(BS11)】

最後の二つはややマイナーであるが、保守系の人気テレビ報道番組が少ないため、やむなくこの二つを使うことにする。このリストを回答者に示し、新聞については「読んでいる」、番組については「よく見る」と答えた人をそのメディアの利用者と見なす。すなわち問いは、以下のものとなる。

問　これらの新聞・テレビ番組の中であなたが読んでいる新聞、また、よく見る番組をいくつでも選んでください

これまでと同様に各メディアの利用者の政治傾向の平均値を描いたのが図32である。選択的接触が働いていれば、利用者の政治傾向がそのメディアの政治傾向を表すはずである。図を見ると、新聞二紙ずつ、ならびにテレビ番組が二つずつ、保守とリベラル側に分かれている。上半分の読売新聞・産経新聞・そこまで言って委員会NP・ニュース女子を保守的、下半分の朝日新聞・毎日新聞・報道ステーション・サンデーモーニングをリベラル的と呼ぶことに大きな違和感はないだろう。違和感がないということは、強弱はともかくとしてやはり選択的接触が働いていることを意味する。

保守メディア、リベラルメディアをこの図の上半分と下半分で分けたとして、人々のクロス接触率を計算しよう。すなわち、読んでいる新聞、よく見るテレビ番組の中で、その人の政治傾向と逆の新聞・番組の割合を求める。すなわち、その人が保守の場合は、朝日新聞や報道ステーションなどのリベラルメディアの利用割合を、その人がリベラルの場合

は読売新聞やそこまで言って委員会NP等の保守メディアの利用割合を求める。

計算の結果、マスメディアのクロス接触率は平均で０・３７３となった。この値はソーシャルメディアでのクロス接触率０・３８９よりやや低い。この差に意味があれば、新聞・テレビの方がクロス接触が起こっていないのであるから、フェイスブック・ツイッターより新聞・テレビの方が選択的接触が激しい（！）ことになる。しかし、差は０・０１６すなわち１・６％ポイントと小さいのでこの程度の差では何とも言えない。

全体としては、テレビと新聞を組み合わせたクロス接触率はネットメディアと同程度といったところであろう。すなわち、テレビと新聞を組み合わせたマスメディアと、ネットメディアでは、どちらも同じ程度に自分と異なる多様な意見に触れている。選択的接触の度合いについては大差がないことになる。

ただし、一つだけ留意点がある。いま大差がないと述べたが、これは平均値である。ばらつきを見ると、テレビ・新聞とネットメディアには一つ相違がある。それはテレビ・新聞では、クロス接触率が０％の人、すなわち完全にリベラル系のみ、あるいは保守系のみのメディアを見ている人が32％もいる点である。すなわち朝日新聞と報道ステーションだけ見ている、あるいは産経新聞とそこまで言って委員会ＮＰだけを見ている、というようディアだけを見ていることになる。ソーシャルメディアではこれほどの偏りはない。先に図31で見せたように、ソーシャルメディアでは分極度の上位10％の政治的に過激な人でも、接する論客の2割程度は自分と反対意見の論客である。それに比べるとテレビ・新聞で3割もの人が100％全く片方だけの情報に接しているのは際立った偏りであり、これを見る限りでは選択的接触はテレビ・新聞の方が激しい。

このような結果になったのは、テレビ・新聞では、そもそも利用するメディアの数が圧倒的に少ないからである。普通、新聞を二紙はとらないし、よく見るテレビの報道番組は一つか多くても二つである。実際、この調査で（少なくともどれか一つのメディアは見ている人について）見ているメディア数の平均値をとると2・1となり、平均すると接するメディアは二つである。ほとんどの人は新聞一紙をとり、よく見るテレビの報道番組が一つあるという状態である。したがって、新聞とテレビ番組の二つがリベラル系あるいは保守系にかたまると、それだけでクロス接触率はゼロになってしまう。最近では新聞をとらない人も多く、その場合接するメディアはテレビ番組一つになるので、クロス接触率0％の可能性はさらに高まる。

一方、ソーシャルメディアの場合はメディアがパーソナル化しているため、接するメディア数が多いのでそのようなことが起こらない。我々の用意したリストは27人おり、このリスト内で接する人の平均値は４・８人であった。実際にはフォロー相手の個人やブログの候補は27人にとどまらず数多くある。ゆえにこのような数の制約によるクロス接触率０％の事例は出てこない。政治的にどのような過激な人でも２割程度は反対意見に接しているのはこのためであり、この点ではネットメディアの選択的接触はテレビ・新聞より弱い。

なお、テレビ・新聞で、クロス接触率０％の人が３割もいるにもかかわらず、クロス接触率の平均値がほぼ０・４でソーシャルメディアと等しいということは、テレビ・新聞の場合、クロス接触率が逆にかなり高い人がいるのではないかという疑問を持つ方がいるかもしれない。これは確かにそのとおりである。ただ、その原因はテレビ番組の政治傾向と視聴率に偏りがあるためである。用意した４つのテレビ番組のリストのうち、リベラル系の報道ステーションとサンデーモーニングは地上波全国放送なので視聴率が高いが、保守系のそこまで言って委員会ＮＰは関西ローカル放送、ニュース女子はＢＳ放送なので視聴率が低い。非関西圏の在住者でＢＳ放送を受信していない人は、リベラル系のテレビ番組しか選択肢が残らない。したがって、保守の人でもリベラル系のテレビ番組を見ることになり、これがクロス接触率を押し上げる。3割もの人のクロス接触率がゼロであるにもかかわらず、クロス接触率の全体平均がソーシャルメディアとあまり変わらなかったのはこのためである。(7)

ゆえに、テレビ・新聞でクロス接触率が高い人がいると言っても、クロス接触率が1すなわち100%ということはなく、その多くは0・5、すなわち新聞は保守系——たとえば読売新聞——を読みながら、テレビ番組はリベラル系——たとえば報道ステーション——を見るというようなケースである。0・5という数値は平均値0・4より高くはあるが、大きく言えば半分であり、水準としては近い値で、その違いは0と0・4の差には及ばない。クロス接触率0%は反対側の情報は全く入って来ないという点で、強い結果であることに留意されたい。平均値が0・4である中でクロス接触率がゼロという偏りの方が、選択的接触の影響としては大きく、そのような人が3割もいるならその影響は大きいだろう。この観点から言えば、テレビ・新聞の方が選択的接触率は激しく、すなわち自分の意見に近い情報に偏って接する度合いが強いと考えられる。

まとめると、テレビ・新聞のクロス接触率は平均すると4割程度で、ソーシャルメディアのクロス接触率とあまり変わらない。ソーシャルメディアがテレビ・新聞より選択的接触率が高い、あるいは逆に低いということはなく、平均値としては同じようなものである。ただ、テレビ・新聞ではメディアの数が少ないために、３割の人が反対側のメディアを全く聞いていない状態になっており、この点に関して言えばテレビ・新聞の方が選択的接触がやや強いともいえるだろう。

ブログ・ネット雑誌読者の政治傾向

最後にブログのクロス接触率についても調べてみよう。ただ、ブログはツイッターのフォロワー数のように統一された人気評価の方法がないので、候補の選択が難しい。候補の選択に分析者の恣意《しい》性が入るのはやむをえない。ただ、候補の取り方を多少変えても定性的な結果はおそらく変わらないと思われるほど結果は明瞭であったのでここに書く価値はあるだろう。

選んだブログの候補は以下のとおりである。複数のブログアクセスランキングで比較的上位に来ており、かつ政治的評論や意見の表明が見られるものを取り上げた。最近では個人ブログよりネット上の雑誌メディアに近いものも増えており、むしろそちらの方が多くなっている。

【日刊ゲンダイ】
【Huffington Post（ハフィントンポスト）】
【LITERA（リテラ）】
【netgeek（ネットギーク）】
【BuzzFeed（バズフィード）】
【チャンネル桜（ニコニコ）】
【やまもといちろう 公式ブログ】
【新世紀のビッグブラザーへ（三橋貴明《みつはしたかあき》のブログ）】
【厳選！韓国情報】
【アゴラ 言論プラットフォーム】

保守系のブログは個人ブログがあるが、リベラル系では個人ブログで有力なものがないため、リベラル系は組織体による雑誌メディアだけである。上記の中で個人ブログは3つしかなく、もはやブログという用語は不適切でネット上の雑誌メディアと言った方がよい

図33　ブログ・ネット雑誌の政治傾向

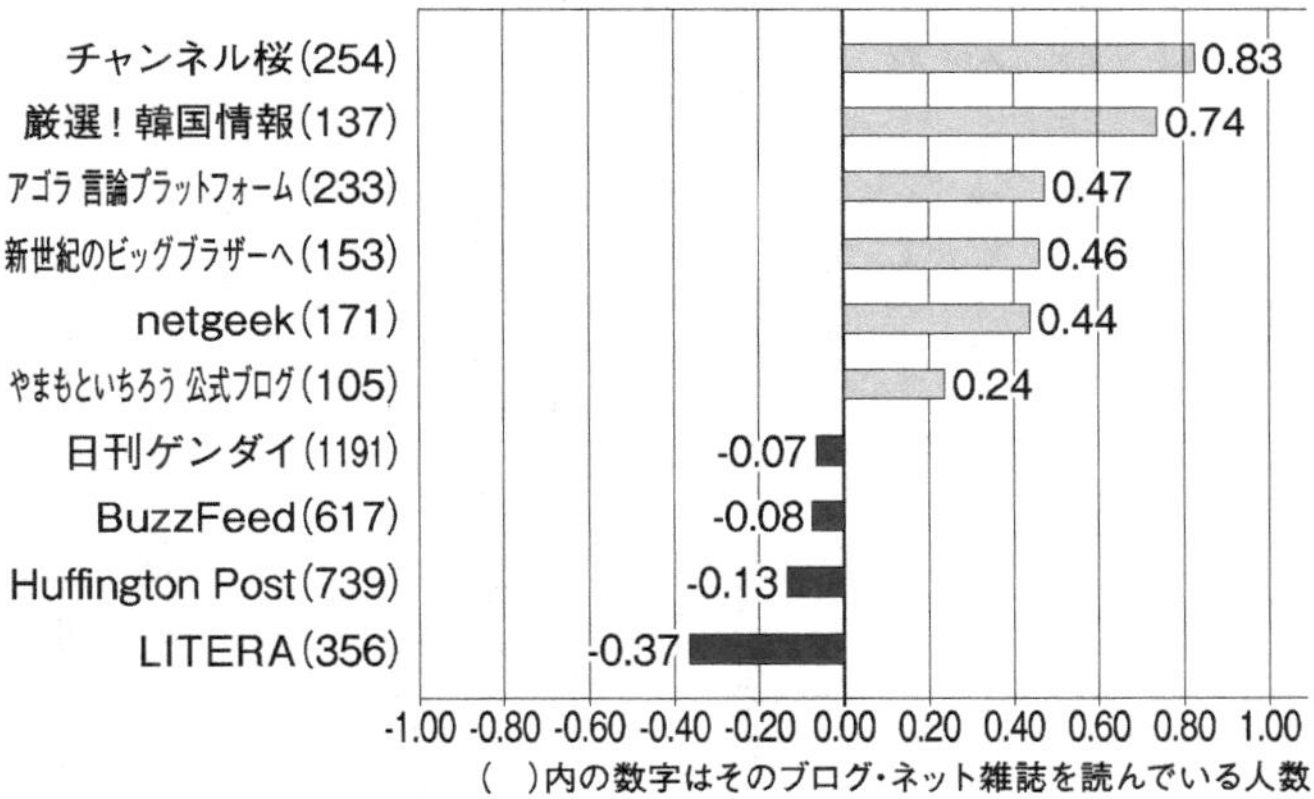

(　)内の数字はそのブログ・ネット雑誌を読んでいる人数

かもしれない（以下では便宜的にブログと総称する）。

調査はこれまでの2回の調査ではなく、この目的のために最近新たに実施したもので、実施時点は２０１９年5月、サンプル数は1万９０２０人である。彼らにブログ・ネット上の雑誌をどれくらい読むかを尋ね、月に1回以上見ると答えた人を読者と見なす。これまでと同様にブログ・ネット雑誌ごとに読者の政治傾向を描いたのが図33である。

上に位置するブログ・ネット雑誌が保守系で、下に位置するブログ・ネット雑誌がリベラル系であることに違和感はないだろう。クロス接触率の計算のためにはどこかに切れ目を作って分類する必要がある。グラフを見ると「やまもといちろう公式ブログ」と「日刊ゲンダイ」の間に落差が見られるので、ここで保守とリベラルを区分することにする。雑誌の数としては保守系が多いが、読者数（ブログ・雑誌名の括弧内に書いてある数値）で見ると、ハフィントンポスト、日刊ゲンダイの読者数が多いので、バランスはとれている。(8)

その人が読んでいるブログ・ネット雑誌の総数のうち、その人の政治傾向と反対のブログ・ネット雑誌の割合を計算するとクロス接触率が得られる。こうして求めたクロス接触率は0・411であった。ソーシャルメディアと同じく4割という値である。すなわち人々が読むブログ・ネット雑誌のうち4割は自分の政治傾向と逆のブログ・ネット雑誌である。これも予想外に高いのではないだろうか。選択的接触とエコーチェンバーの議論をしている時、過激なブログやサイトの周辺に集まった人々が、そこばかりにたむろし、次第に過激化していく姿をイメージしていたはずである。しかし、4割という数値はそのような人が大勢ではないことを示している。ほとんどの人は自分と反対意見のブログ・ネット雑誌にも目を通しているのであり、多様な意見に接している。

紙雑誌の場合との比較

ブログの場合もリアルと比較するべきであろう。クロス接触率４割は高いと思えるが、リアルより高いかどうかはわからない。この場合、リアルの比較対象としては紙媒体の総合雑誌、週刊誌をとろう。ブログ・ネット雑誌の読者は、ある程度まとまった長さの文章を読むことをいとわない人と考えられるからである。ネット以前にそのような人々が読んでいた情報源は週刊誌、月刊の総合雑誌と考えられる。

まず調査対象の雑誌候補を決める。以下が選んだ雑誌候補である。政治的・社会的問題を取り上げ、かつ部数が比較的出ている雑誌を選んだ。

１＝週刊文春
２＝週刊ＳＰＡ！
３＝月刊Ｈａｎａｄａ
４＝文藝春秋
５＝正論
６＝ＡＥＲＡ

7＝週刊朝日
8＝週刊金曜日
9＝中央公論
10＝月刊WiLL
11＝Voice
12＝世界
13＝潮

回答者には、この中に読んでいる雑誌があればいくつでもよいので選んでもらった。そのうえで、これまでと同様に各雑誌別に読者の政治傾向の平均値を描いた。その結果が、図34である。上から3つの雑誌は飛びぬけて保守度が高く、保守色が鮮明である。一方、一番下の二つの雑誌も飛びぬけてリベラル色が強い。この5つの雑誌については多くの人の予想通りであろう。その中間部分にはいくつか判断しにくい雑誌が見られる。

クロス接触率の計算のためには紙雑誌を保守系かリベラル系かに分類しなければならない。しかし、今回は段差がないため決めにくい。そこで、中間に位置する週刊文春と文藝

図34 雑誌別の政治傾向

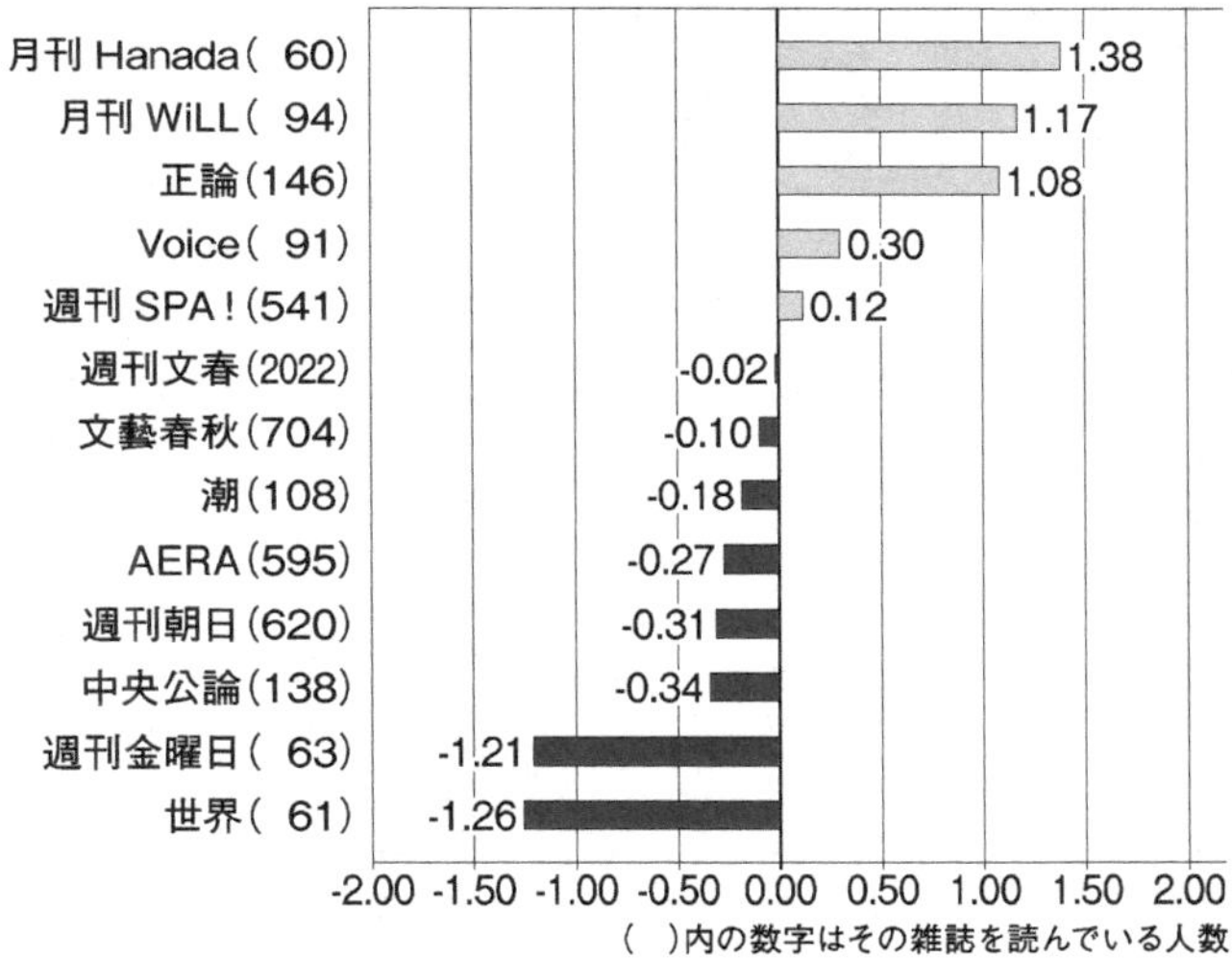

( )内の数字はその雑誌を読んでいる人数

春秋を取り除き、その上と下で保守系・リベラル系に分けることにする。この二つを除いたのは読者数が多いからでもある。特に週刊文春の読者数はこのサンプル内で2022人で非常に大きく、文春を保守と分類するかリベラルと分類するかで結果が変わってくる。そして、文春の政治傾向はマイナスではあるが、マイナス0・02と極めて0に近く、リベラル系と言えるかどうか疑わしい。傾向がはっきりしないものをどちらかに強引に分類することで結果が変わるのは望ましくない。文藝春秋も同様の理由で除いておく。(9)

そのうえで読者が読む雑誌のうち、

自分の政治傾向の反対の雑誌の比率を求めると、０・３４９であった。ブログ・ネット雑誌でのクロス接触率が０・４１１であったから、紙雑誌の方がクロス接触率が低い、すなわちクロス接触が行われていないことになる。言い換えればブログとネット雑誌の利用者は、紙媒体の総合雑誌の利用者よりも、自分と反対の意見に接していることになる。

ここで、分極度による違いを見ておく。すなわち政治的に急進的な人に限った時にどうなるかで、図35がその結果である。左から2番目は分極度が標準偏差1単位分（０・８2）より高い人であり、その右は前章図26で区分けとして使った１・１以上に限った時、最後の右端は上位10％である分極度１・８以上に限った場合である。右に進むほど政治的に急進的な人になる。

図から二つのことがわかる。ひとつはクロス接触度は政治的に急進的な人では低下するが、その低下には底があり、下げ止まっていることである。ブログではクロス接触率は35％程度で横ばいとなっており、分極度の上位10％になっても35％を維持しているというのはかなり高い数値であろう。政治的に過激な人もブログを通じてなら、反対意見に接していることになる。

もうひとつは分極化が進むにつれて、ブログと紙雑誌の差が次第に広がることである。

図35 ブログと雑誌のクロス接触率(分極度別)

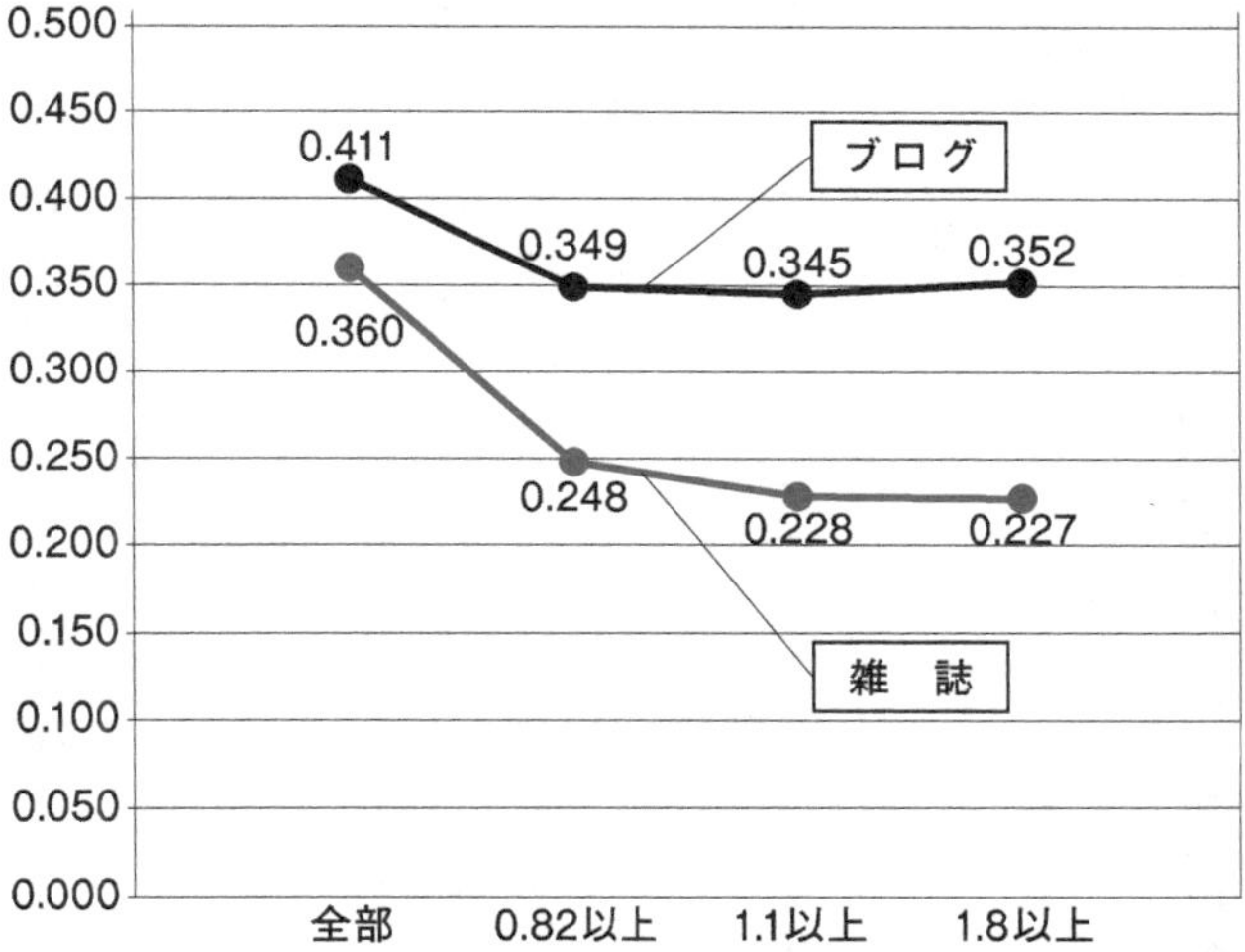

(Blog n=1,927、雑誌 n=1,622)

ブログではクロス接触率は35%程度で横ばいとなるが、雑誌は20%強にまで低下する。政治的に急進的になると自分の主張にあったものを多く読むようになる傾向自体はブログにも紙雑誌にも見られるが、紙雑誌の方がその程度が甚だしい。別の言い方をすると、政治的分極度が同じ程度の人を比較した時、ブログを読んでいる人と紙雑誌を読んでいる人を比べると、ブログを読んでいる人の方が自分と反対意見のブログに接しており、より多様な論述を読んでいることになる。

　クロス接触率という抽象的な概念ではややわかりにくいかもしれないので、

具体的な個別事例でも述べておく。保守側、リベラル側の両端から読者数がほぼ同じになるようにブログと紙雑誌を取り出し、それぞれ反対側のブログ・紙雑誌をどれくらい読んでいるかを計算してみよう。

まず、ブログ・ネット雑誌について見ると、「チャンネル桜」か「厳選！韓国情報」を読んでいる人は352人おり、このうち29％は「リテラ」を読んでいる。逆に「リテラ」の読者382人のうち27％が、「チャンネル桜」か「厳選！韓国情報」のどちらかを読んでいる。両極端に位置するブログ・雑誌であるのに、その読者の3割弱が反対側のブログ・雑誌を読んでいることになる。

次に紙雑誌について見よう。正論、月刊WiLL、月刊Hanadaのどれかを読んでいる人は216人いて、そのうち世界、週刊金曜日、中央公論のどれかを読んでいる人は15％にとどまる。世界、週刊金曜日、中央公論のどれかを読んでいる人は222人おり、そのうち正論、月刊WiLL、月刊Hanadaのどれかを読んでいる人は14％であった。これはブログ・ネット雑誌の半分の比率である。

したがって、ブログとネット雑誌の方が、政治傾向が反対の意見の人にも読まれていることになる。紙の雑誌の読者はその雑誌の政治傾向にあった人ばかりになるのに対し、ブログ・ネット雑誌ではそうはならずに多様な読者がつく。これから見ても選択的接触がより強く生じているのは紙雑誌の方でありブログ・ネット雑誌ではない。前章の検証でブログの利用を開始すると穏健化する例が時々見られたことを思いおこされたい。紙の雑誌を読んでいた人がネットを始めてこれまでとは異なる政治傾向のブログ・ネット雑誌に出会い、その論述を読んで穏健化するというシナリオが考えられる。

予想と現実のズレはなぜ起きたか

ネットでの選択的接触は低いというのが本書の見解である。クロス接触率は4割に達しており、マスメディアと比較しても、より多くの異論に接している。ネットでは自分に近い見解ばかりに選択的に接触しているという事実はない。

これは第2章でしていた話、すなわちネットでは選択的接触とエコーチェンバーが起こるという予想とは大きく食い違っている。第2章ではネットではマスメディアより選択的接触が簡単にできるので、自分好みの情報源だけに限ることができて偏った情報に接するという議論をしてきた。しかし、現実にはそのような事態は見られない。この予想と現実のズレが生じたのはなぜであろうか。二つの理由を考えることができる。

第一の理由は、マスメディアと比較する際、コストの面を無視していたことである。ネットでは自分の好きなように簡単に情報源を選べる、すなわちノーコストで情報源の取捨選択が可能であり、自分好みの情報を選ぶことができる。しかし、逆に言えば自分と意見が異なる相手を情報源に選ぶこともノーコストで可能である。クリックひとつで反対意見の人をフォローし、その意見を聞くことができるからで、これはマスメディアには無かった特徴である。

マスメディアの場合は情報取得にコストがかかる。たとえば新聞の場合、一紙取るのに4000円程度の費用がかかる。反対意見を知るためにもう一紙を追加購読することはコスト的な負担が重く、普通の人にはできそうもない。紙雑誌も一冊500円～1000円程度はする。テレビ番組の場合は無料であるが、その代わりに番組の放送時間にテレビの前に座っていなければならない。録画するにしても、録画を見るためには一定時間を割かなければならない。一定のまとまった時間帯をその番組のために割り当てることは生活パターンを変えることであり、やはりコストがかかる。そのコストをかけてまで反対意見の番組を見ようという人は限られてくる。

これに対してソーシャルメディアで反対意見を聞くことは簡単である。反対意見の人のツイッターなどをクリックしてフォローするだけでよく、あとは自動的に反対意見が聞こえてくるようになる。特別に追加費用をかけることはなく、まとまった時間を割く必要もない。ネットの場合、反対意見を取得する金銭的・時間的コストは、従来のマスメディアに比べると圧倒的に安いのである。接する論客のうち反対意見が4割にも達したのは、この情報取得のコストの安さのためと考えられる。

すなわち、簡単に情報の取捨選択ができるということは、反対意見の取得も簡単にできるということであり、第2章の議論はこの点を見落としていたのである。

第2章の議論がミスリードだったもうひとつの理由は、一部の現象が誇張されて見えるネットの特性である。特定の意見の人ばかりが集まり、互いに意見を強めあうエコーチェンバー的な現象がネットに有るか無いかと言われれば、存在はしているだろう。サンスティーンが挙げた事例は移民排斥論者や中絶反対論者の政治サイトで、書きぶりから言って彼はそのような現象を直接に観測してきたと推察される。日本でも、中国・韓国との軋轢、原発の放射能問題、ワクチンの副作用問題などで同じような現象を見出しえよう。ここで重要なのは、それが一部の人の現象にすぎなくても、ネットの特性として声高な人の主張が非常に目立ち、一部の現象が全体の現象であるかのように大きく見えてくることである。

たとえば、大きな炎上事件が起こると、ネット上のすべての人が批判をしているような印象が生まれるが、炎上事件に書き込んだ経験のある人は調査してみると1％程度しかいないことがわかっている。(10) 特に何度も書き込みを繰り返すような攻撃的な人は、一つの炎上事件で数十人にとどまることすら珍しくない。数十人の人間が掲示板・ソーシャルメディアなどで継続的に書き込みを行っているだけの事件が、ネット上の総意であるかのように見えてしまうのである。ネットがなぜ一部の人の意見を拡大して見せる特性を持っているかはそれ自体重要なテーマであるがここでは問わない（最後の章で少し触れる）。が、とにかく事実としてネットでは一部の人の行為が大多数の人の行為に見えてしまう構造がある。サイバーカスケードが生じて過激化していくエコーチェンバー的な現象が全体のごく一部であっても、それは非常に目立ち、あたかもネットユーザ全体の現象のように見えたのではないかと思われる。多くの論者がネットが社会を分断するという懸念を抱いたのは、一部であるが目立つ現象をネット全体の傾向と見てしまった――正確に言えば見誤った――からと考えられる。

両側の意見を聞くと穏健化する

ネットで聞く意見の４割は反対側の意見であり、いわば賛成・反対の両側の意見を聞いていることになる。このように両側の意見を聞いているうちは、エコーチェンバーのような分極化は起こりにくい。

さらに両側の意見を聞くと穏健化が進むということを積極的に示す実証結果もある。一例として、最近行われた興味深い実証実験のひとつを紹介しておこう。ペンシルバニア大学のクルツとモエラは通勤バスの中で流すラジオ放送を政権批判的な内容と擁護的な内容に分け、聞く前と聞く後で意見がどう変化するかを調べた[11]。用意したのは４種類のラジオトーク番組である。（１）政権批判ばかり流すラジオ、（２）政権擁護ばかり流すラジオ、（３）批判と擁護の両方を流すラジオ、（４）ラジオなし、である。彼らは58台の通勤バスルートにこの４つをランダムに割り当てて15日間固定してどれかを流しつづけた。15日後にそのバスに乗っていた人々の意見がどう変化したかを、（４）のラジオなしを基準として比較した。調査人数はのべ１２００人である。その結果は次の２点に要約される。

（Ｉ）政権批判あるいは政権擁護ばかり流した時は人々の意見に変化は無かった。

（II）批判と擁護両方を流した時には人々の意見は穏健化した。

ここで、政権批判と政権擁護を両方流した場合に穏健化したことに注意しよう。元々政権批判的だった人は擁護論を聞いて少しは政権も良いことをしているかもしれないと思いなおし、元々政権擁護的だった人は批判論を聞いて政権に問題があることに気づいて批判論調にめざめたことになる。

ここで重要なのは批判と擁護の両方を流した時だけ変化が生じていることである。もし自分と反対の意見を聞くだけで影響を受けるなら、政権批判ばかり流した時、あるいは政権擁護ばかり流した時にも影響が出るはずである。しかし、そうはなっていない。このことの解釈はいろいろできるが、一つの解釈は一方的な情報には人々は心理的に反発するという解釈である。政権批判のトークばかりを聞いていると、「何を夢みたいなことばかり言っているんだ。現実はいろいろ難しいんだ、できもしないことを言うんじゃない」という反発の気持ちが出てくる。政権擁護のトークばかり聞いていると「いろいろ問題があるのに政権万歳で自画自賛かよ、ふざけるんじゃない」と思い始める。人間は一方的な情報には警戒心をいだき、やすやすとはのらない。自分の意見と反対側の意見を並列して比べ、そのうえで自分で考えて納得した時にだけ人は意見を変える。それゆえにこそ両側の意見を流した時に、意見の変化が起こったと解釈できる。そしてそれは、相手の意見を理解したことによる歩み寄りなのであり、傾向としては穏健化となる。

この理解が正しいのなら、ソーシャルメディアでのクロス接触率4割というのは、まさに穏健化の促進要因になったことになる。分極化はありそうもない。

ネット草創期の希望はまだ死んでいない

別の言い方をすると人々は思いのほか賢かったということである。ネットでは情報の取得コストが非常に低く、自分の好きなように情報を取捨選択できるというのはそのとおりである。原理的にはネット上で自分に近い情報ばかりを選ぶことは確かにできる。多くの悲観論者はそう予想し、ネット上で人々が自分だけの偏った情報の中に閉じこもることを危惧《きぐ》した。しかし、人々はそうはしなかった。接する論客の4割が自分と反対側の論客という事実がそれを物語っている。民主主義が安定して機能するためには自分と反対の意見を知る必要があるが、ネットユーザはそれに〝見事に〟応《こた》えていたことになる。

ここまで得た三つの章の知見はすべて一貫していることに留意されたい。ネット上での選択的接触が弱く、自分と反対の意見にこれまで以上に多く接するなら（第5章）、ネット利用を開始すれば穏健化するのは自然である（第4章）。テレビと新聞と紙雑誌だけで情報収集していた人がネットを利用し始めた場合、これまで自分が知らなかった反対側の意見に触れ、これを理解することで穏健化することになるからである。産経新聞とそこまで言って委員会NPだけ見ていた人がネットを始めてリベラルな人の声を直接聞き、彼らの多くが売国や反日ではなく、ただ人類普遍の理想を追求しようとする人々であることを理解する。朝日新聞と報道ステーションが情報源だった人がツイッターとフェイスブックを始めて、保守側の意見に直に接し、彼らの多くが国家主義者でも既得権益擁護者でもなく、ただ歴史的経験を重視し先人の知恵を尊ぶ人々であることを知る、などの展開が考えられる。また、若年層が分極化していないのも、当然の結果である（第3章）。若年層は最初からネットから情報を得ており、対立する意見の両方に生で接してきた。それゆえそれらを比較考量することができるために、片方の極端に走ることなく、穏健な意見を持つことになったと考えられる。

もしネットでは自分と反対側の意見にも接している、すなわち多様な意見に接しているなら、そしてその結果相手を理解し、極端な意見に走ることがないなら、これはネット草創期の人々が掲げた理想に近いことに注意しよう。ネット草創期の人々は、ネットの上で多様な意見や智恵の交流が起こり、互いの理解が進むことを期待した。その期待は、まさに若年層を中心に実現しつつある。時間の経過とともに若年層が社会の大勢を占めていくのであるから、長期的にはネットの良い面が広がっていくことになる。ネット草創期の人々の期待はまだ死んでいない。

（１）今回は１人以上からにしてある。先の図28で４人以上にしたのは、人数が少ないと少ないゆえに値が自動的に高くなるからである。たとえば１人しか接していなければ、自動的に１００%になる。ここで定義したクロス接触率は、１人しか接していなくてもその人が自分と同じ政治傾向なら１に、反対の政治傾向なら０になるので、１人からでも計算することに意味がある。

（２）彼は平均値ではなく中央値をレポートしている。本書では平均値を使っているが、中央値を使ってもほとんど同じ結果が出る。

（３）接する論客数が少なくなるとばらつきが自動的に大きくなる。極端な例でいえば、接する論客が一人だけの場合は、クロス接触率は１か０しかとらない（自分と同じ政治傾向の論客の場合は０、異なる場合は１である）。接する論客数が少ないのは、調査で用意した論客リストに27人しかいないからで、これは人為的な理由である。実際には政治的・社会的発言をする人はネット上に数百人単位でいるはずで、彼らをリストに含めれば、接する論客総数は増えてくると予想される。したがって接する論客が少ないことによるばらつきの増加は、調査方法の制約による人為的な結果であまり意味はない。

（4）これよりさらに分極度があがった場合、人数が極端に少なくなってひとケタになり不安定になるので図には描いていないが、おおむね横ばいが続く。念のために数値を記すと、0・16（4）、0・23（4）、0・39（5）となる。カッコ内は人数である。

（5）分極度を測る時、やや賛成・やや反対なら1点、賛成・反対なら2点、強く賛成・強く反対なら3点を割り振ったので、平均値が2・0以上ということは、やや賛成・やや反対という弱い答えではなく、賛成・反対以上の回答をし、しかも一貫してリベラル寄りあるいは保守寄りに答えたことになる。

（6）NHKのニュース番組は中立的で政治傾向がはっきりしないと予想されるのでリストに含めなかった。ニュースゼロ（日テレ）は調査の段階では入れたが、結果として保守・リベラル色がはっきりせず、中間にくるのでクロス接触率の計算からは除いた。

（7）保守系の有力な地上波テレビ報道番組が見当たらないというのが基本的な問題点である。アメリカでのFOXニュースのような保守的テレビ報道局が現れると、事態は変わるだろう。

（8）実際には読者数で見ると逆にリベラル系の方が保守系の3倍にもなりバランスがとれていない。日刊ゲンダイとBuzzFeedを外すとほぼ1000人程度になってバランスがとれる。メディア数でバランスをとるべきか、読者数でバランスをとるべきかはわからないところであるが、どの方法をとっても、定性的な結果は変わらないことを示すことができる。

（9）ただし、これら二つを含めても定性的な結果は（やや弱まるものの）変わらなかった。すなわち、ここで述べる結論は区切りの選択の仕方にはよらない頑健な結果である。

（10）田中辰雄・山口真一『ネット炎上の研究』（勁草書房）、２０１６年、第5章。

（11）J. Conroy-Krutz and D. C. Moehler, 2015, "Moderation from Bias: A Field Experiment on Partisan Media in a New Democracy", The Journal of Politics, Vol. 77, No. 2, pp. 575-587. なお、この研究はガーナで行われている。先進国においては「人権問題」というハードルがより明確に存在しているため、このような生身の人間を使った社会実験研究は実施が難しい、という背景がある。

第6章　ネットで見える世論と真の世論

――罵詈雑言を生む構造的問題

なぜネットの議論は極端に見えるのか

前章までの議論でネットは社会を分断しないと述べてきた。ソーシャルメディアのユーザが接する相手の4割は自分と異なる意見の人であり、マスメディアを通じるよりむしろ多様な意見に接している。そのためソーシャルメディアを利用し始めた人の政治傾向は分極化せず、むしろ穏健化する。実際、ネットに親しんだ若年層ほど穏健化しており、分断傾向はない。これらの知見は、ネットは社会を分断しないの一言に要約できる。

しかし、ここで読者にはおそらく二つの疑問が出るだろう。

(1) ネットが社会を分断しないというなら、何が社会を分断しているか
(2) ネットが人々を分断していないのに、ネット上の議論は極端化し荒れているのはなぜか

まず、ネットが分断の原因でないなら、何が社会の分断を引き起こしたのかという疑問が出るだろう。アメリカでは第1章で見たように分断が起きており、日本でも分断の兆し

はある。もし分断が起きており、ネットが原因ではないなら何が分断の原因なのだろうか。

これへの仮説的な答えはいくつも考えられる。貧富の格差が拡大し過ぎたためだという説もあれば、グローバル化の流れに乗れる人と乗れない人の差が広がったという説もある。欧米の場合は単に移民を受け入れすぎたという説もありえよう。単純にネットを見る人とマスコミを見る人の分断だという理解で済ますこともできようし、逆に保守とリベラルの思想史の長期的な動学にまで射程を広げて考えることもできる。仮説はさまざまに可能であり、どれが原因かを探るためには、大規模な実証分析を必要とする。この問いに答えることは極めて重要であることは承知しているが、いま本書で答える準備は無い。論拠なしに言うことは実証分析家としては差し控えたいので、本書ではこの問いには立ち入らない。

しかし、第二の問いにはある程度答えられる。第二の問いは、ネットが人々を分断しないとすれば、ネット上の議論が実世界以上に分極化し荒れているのはなぜかという問いである。本書の考察結果はネットは人々を分極化しないというものである。フェイスブック、ツイッター、ブログ閲覧を開始しても分極化は起こらずむしろ穏健化する。実際、ネットに親しむ若年層ほど穏健である。しかしながら、それにもかかわらず、ネットでの議論は罵倒《ばとう》と中傷が多く、リアルの世界より分極化している印象がある。極端な意見の人が罵倒しあうケースが実世界以上に多々見られ、相互理解が進むような生産的な議論はほとんど見られない。これはなぜだろうか。最後の章ではこの問いについて考える。

本書が用意する仮説的答えは、ネットでの意見の表れ方がひどく偏っているという答えである。すなわち、ネットを使っている人の意見が分極化している事実はないが、極端な意見が突出して目についてしまう構造がネットにはある。すなわち一部の極端な意見の人の発言が拡大され、大勢であるかのように見えてしまう。これがため、ネットは罵倒と中傷の場になってしまうのである。

ネットでの議論の困難さ

まず、ネットでの議論がうまくいっていないことを確認しておこう。ネットでの議論は罵倒と中傷ばかりになり、相互理解に結び付かないと述べてきた。学者やジャーナリストはよくネット上での排外主義や差別的な議論を例として取り上げる。しかし、学者やジャーナリストは、その職業柄、問題を見つけ出して研究すること、あるいは報道するのが仕事であり、問題となる事例ばかりを取り上げる時がある。したがって、一般の人が同じようにネット上の議論を荒れているると見ているかどうかは確認しておく必要がある。

図1　ネットで実りある議論をするのは難しいと思うか

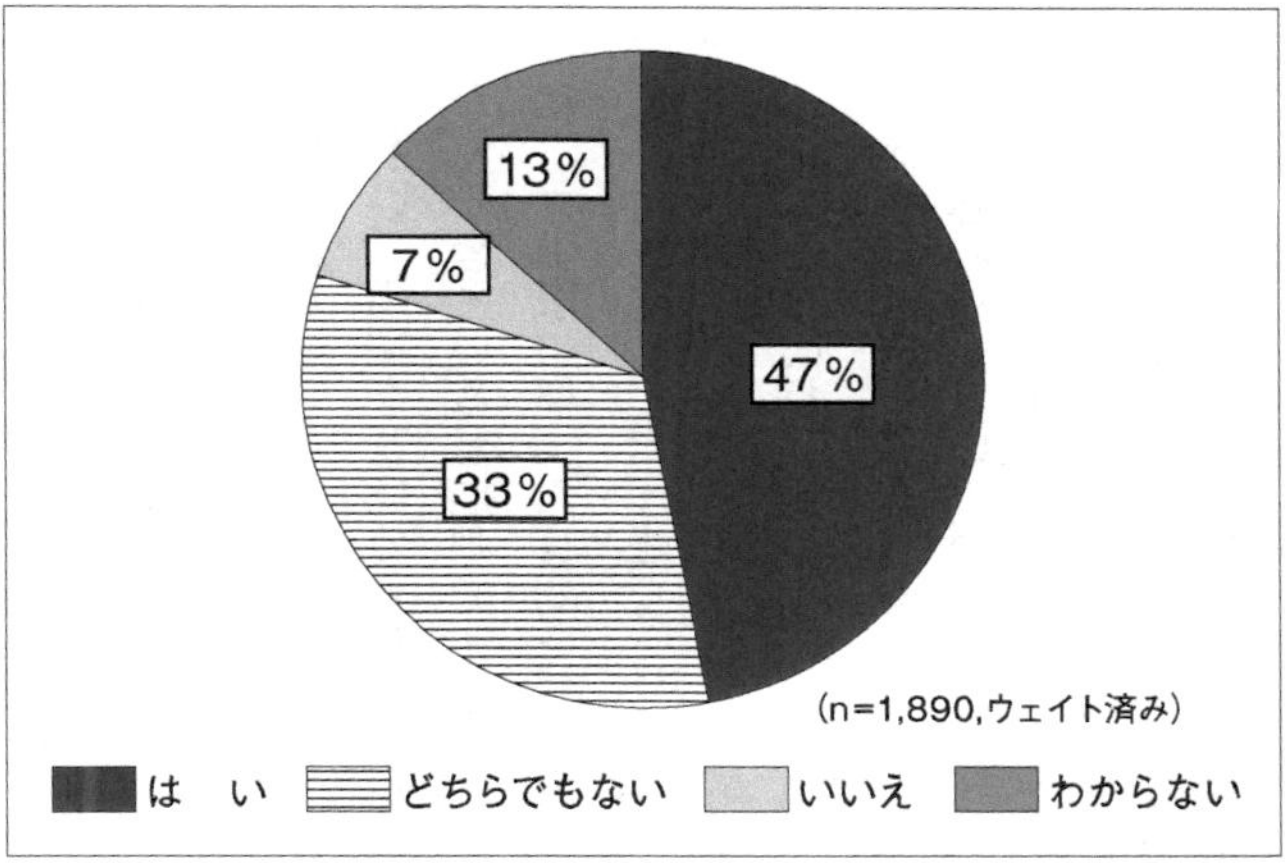

そこで再びアンケートを試みよう。まず、ネットでの議論がうまくいっているかを問うてみよう。最初に本書第1章に掲げた図1を再掲しよう。「ネットで実りある議論をするのは難しいと思うか」という問いに、「はい」「いいえ」「どちらでもない」「わからない」の4択で答えてもらった結果である。グラフを見ると、47%、すなわちほぼ半数の人が「はい」と答えており、ネットで実りある議論をすることは難しいと答えている。「いいえ」と答えたのは7%にすぎず、多数派はネットでの議論は難しいと考えていることになる。

ネットでは極端な意見の人が罵倒と中傷を繰り返すことが多いと思うかどうかも尋

ねてみよう。ただ、「極端な意見の人が罵倒と中傷を繰り返す」というのは設問文にするには長すぎてわかりにくいので、不寛容という言葉に置き換えた。すなわちネットで議論する人に不寛容な人が多いと思うかどうかを尋ねた。図36(a)がその結果である。32％の人はネットで議論している人には不寛容な人が多いと答えており、そう思わない人の6％よりずっと多い。極端な意見の人が異論を認めず、罵倒や中傷を繰り返す姿を目撃している人がかなりの程度いると推測できる。

最後に、大上段に構えた質問を行った。そもそもネットは政治を良くしていると思うかという問いである。「政治を良くする」ということがどういうことかを特定化していないので、その判断は回答者に任される。解釈の余地が大きいという点では少々不適切な設問ではあるが、その代わり回答者のネットへの包括的な評価を聞くことができる。結果は図36(b)のとおりである。これを見るとネットは政治を良くしていると思う人は5％に過ぎず、逆にそうは思わないという否定派が24％にも達している。ネットが民主主義を活性化させるというネット草創期の理想ははるかに遠い。

これら3つの調査結果は、一般の人々もネットでの議論をよく思っていないことを示している。世の中にはネットでの議論を見たことのない人も多くいるので、「わからない」、

図36(a)　ネットで議論する人に不寛容な人が多いと思うか

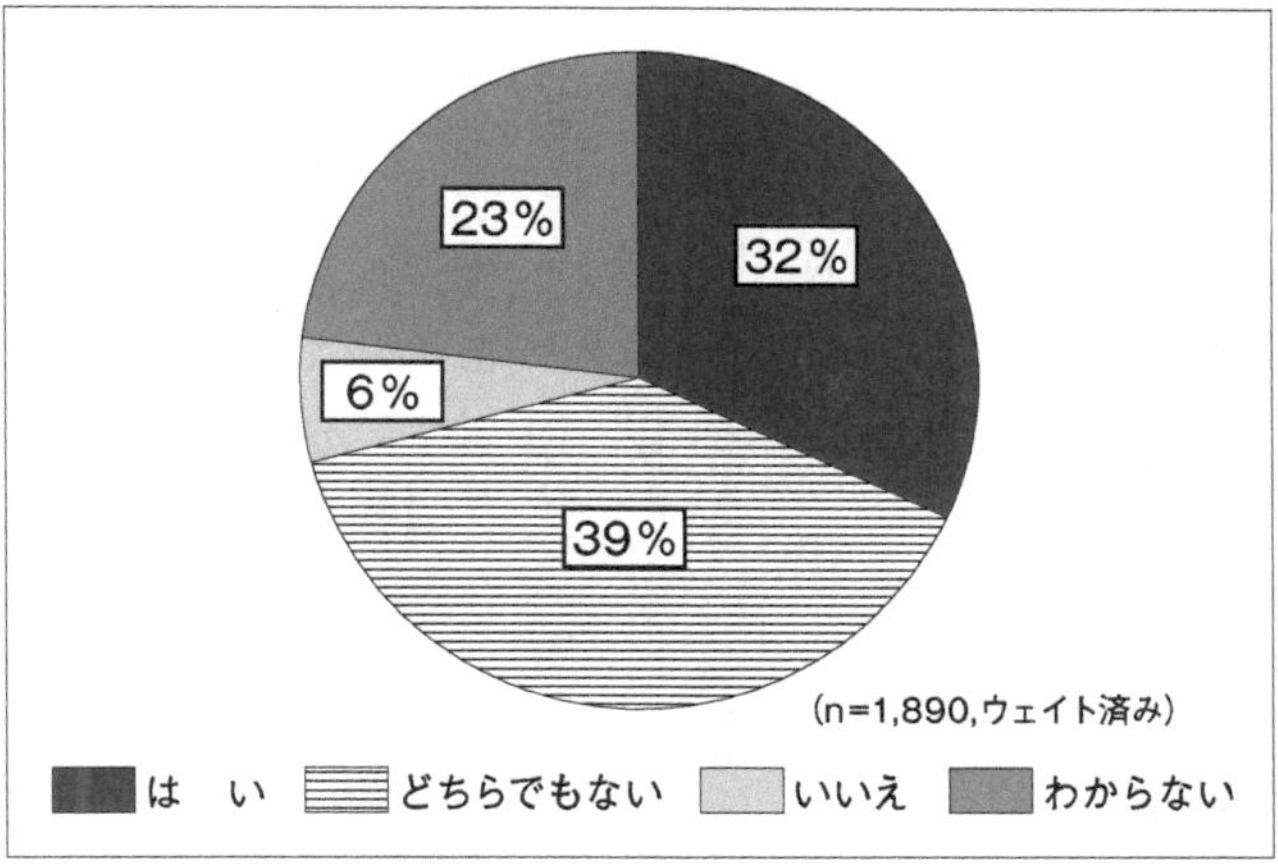

図36(b)　ネットは政治を良くしていると思うか

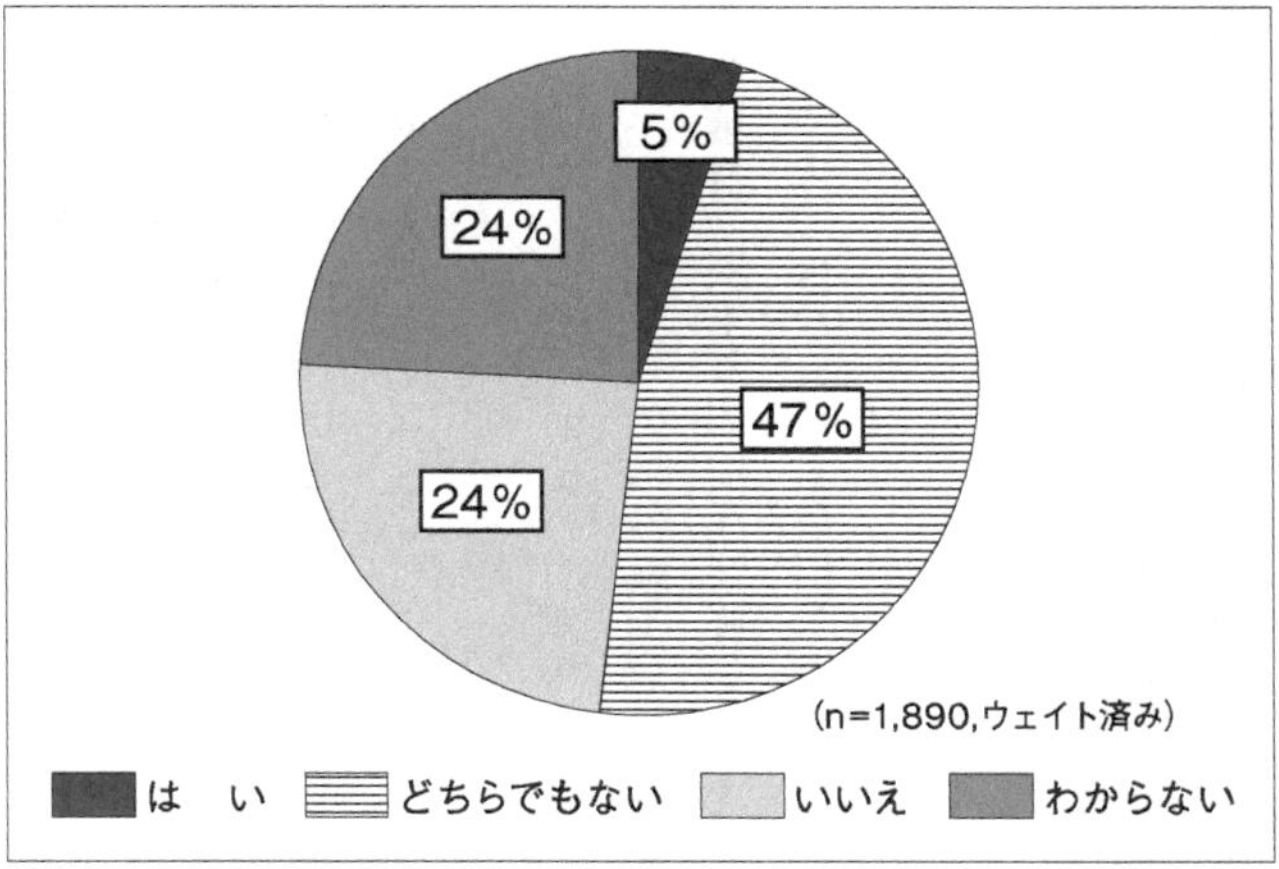

あるいは「どちらでもない」を選ぶ人が多いことはいたしかたない。[1]しかし、「はい」「いいえ」を明らかにした人に関しては、ネットでの議論に否定的な人が圧倒的である。すなわち、ネットでは実りある議論はできず、不寛容な人が対立ばかり繰り返しているという見解が一般人の間でも優勢である。ネットでの議論が極端化し、罵倒と中傷を繰り返すようになっているというのは学者やジャーナリストだけの見解ではなく、広くネットで共有されている認識である。

このようにネットでの議論が荒れているのを見ているからこそ、サイバーカスケードやエコーチェンバーの指摘が生まれたとも考えられる。ネットで見るのは極端な意見の罵倒と中傷の応酬ばかりであり、民主主義に資するような議論の深まりや相互理解からはほど遠い。多くの論者が、ネットが社会の分断を引き起こすのではないかと危惧《きぐ》したのは自然である。

政治傾向の分布と表明される意見の分布のズレ

しかしながら、ネットは社会を分断しない。ここまでの本書の分析は、ネットを使うと分極化する傾向は無く、むしろ自分と異なる多様な意見に触れて穏健化する可能性すらあ

図37 政治傾向の真の分布とネットに表れる分布

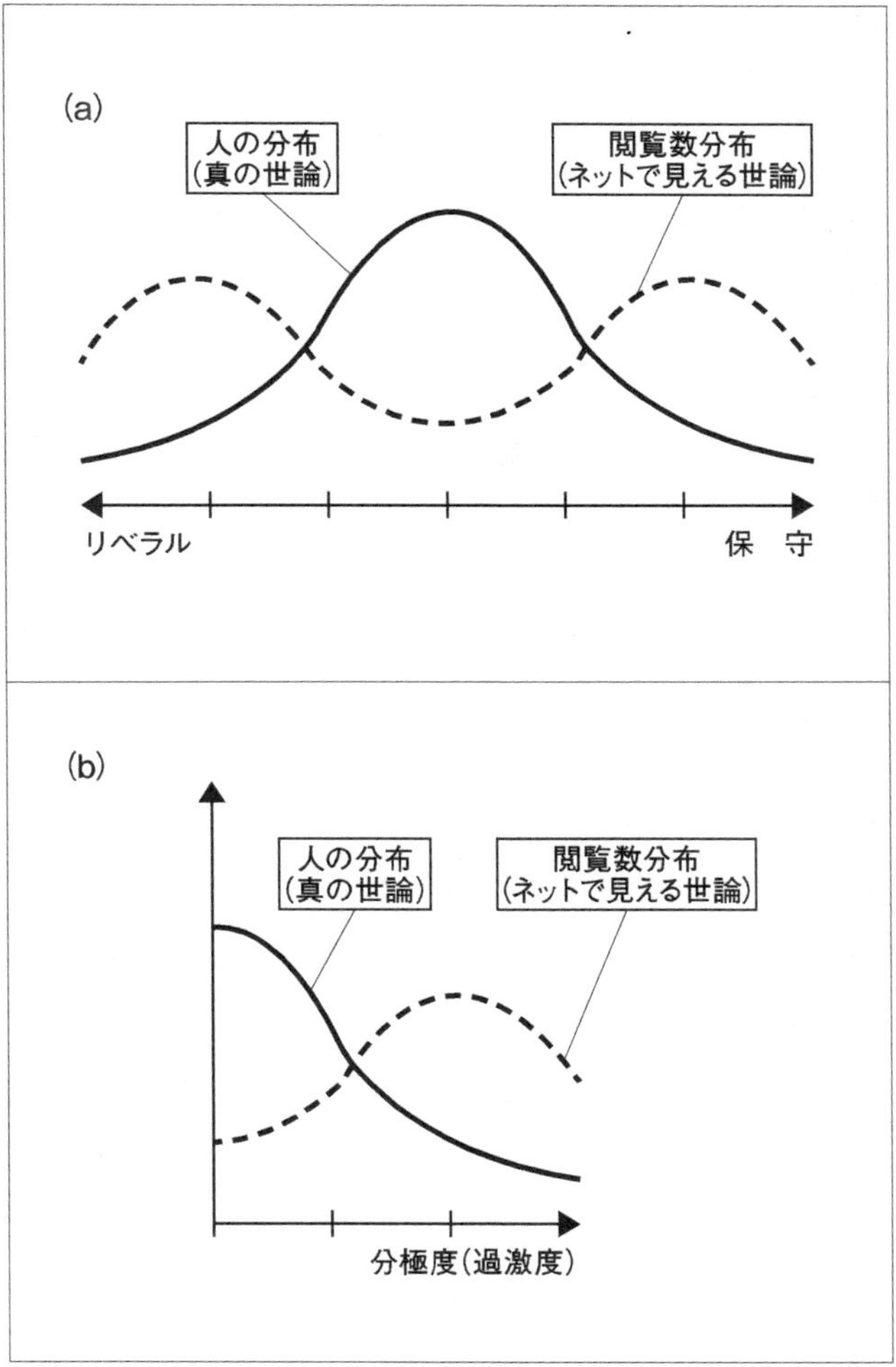

ることを示している。それではなぜネットでの議論がリアルの世界以上に荒れているのか。なぜネット上の議論は極端な意見ばかりになって罵倒と中傷の応酬をつづけるのか。

人々の政治傾向の分布は変化していないのであるから、その表れ方が変化したと考えるしかない。すなわち、意見の分布は変わらないが、極端な人の意見がひどく目立つようになったという説明である。

図37はこれを図示したものである。図37(a)で横軸はこれまでと同様にリベラルと保守の政治傾向を表す。実線はその政治傾向の人の分布(人数の分布)であり、これまでに何度も描いてきたとおり中庸が多い山型をしている。ネットを利用したことによってこの山型がつぶれて分極化する傾向には無いというのが本書の知見である。もしすべての人がネット上で一言ずつ書き込みし、それがすべて同じ頻度で我々の目に入るなら、この分布型の意見分布がネット上に表れる。世論調査や選挙で表れる意見分布はこれであり、いわば真の意見分布である。

しかし、実際にはすべての人が一言ずつ書き込みをし、それが同じ頻度で我々の目に入ることは無い。まず、政治的に強い意見の持ち主ほど言いたいことが多くなるから、書き込み回数は分布の端の人ほど多くなるだろう。さらに政治的に強い意見の持ち主はよく読まれる場所、たとえば大きな掲示板、フォロワーのたくさんいる有名人などにも臆《おく》せず書き込むので人の目に触れる頻度も高くなる。その場が政治的に強い言動ばかりになると穏健な人は萎縮《いしゆく》してしまうこともありえよう。これらの要因によって、我々の目に閲覧される意見は政治的に急進的な両端の人の意見が多くなってくる。その結果ネット上で人々の目に入る意見の分布、すなわち閲覧数の分布は両端が多くなり、これが図の点線の二山分布である。人々の真の意見分布は変わらないのに、我々がネットで目にする意見分布すなわち閲覧数の分布が図のように二山になるとすれば、ネットでは極端な意見ばかりということになる。

分極度との関係では、この図を真ん中で折り返した方がわかりよいかもしれない。図37(b)は図37(a)を真ん中で折り返したもので、横軸は分極度となる。真の意見分布は右下がりであるが、閲覧数の分布では右上がり部分が現れる。

ヘビーライターという存在

実際にこのような閲覧数の分布の偏りが生じているのかを検討してみよう。ある政治傾向の意見の閲覧数は次の式で書ける。

閲覧数＝総書き込み数×閲覧頻度

ある政治傾向の意見を持つ人の数が少なくても、一人の人が数多く書き込みをすると総書き込み数は多くなる。さらに総書き込み数が同じでも、それが多くの人の目に触れる場所に書き込まれると閲覧頻度があがり、人々の閲覧数が増える。この二つの要因が働くと、ネットで見えるのは分極化の進んだ急進派の意見ばかりということが生じうる。

閲覧頻度は調べにくいが、書き込み数はアンケート調査で直接聞くことができる。まずこれを調べよう。調査は２０１９年５月に行った追加調査である（サンプル数は１万９０１５人）。取り上げる争点はネットで論争があった話題の方がよいので、憲法９条改正、原発問題、安倍政権の評価の３つを取り上げる。この３つの話題についてネットに書き込んだ回数を選択肢から選んでもらった。選択肢は「過去に一度も無い」から始まって「過去1年以内に60回以上」までの10段階である。例として憲法９条改正についての書き込み数の場合を見てみよう（他の争点でもほぼ同じである）。結果は図38(a)のようになる。

見てすぐわかるように過去に一度も書いたことのない人が圧倒的に多い。95％以上の人

図38(a)　ネットへの書き込み回数の分布
（憲法9条改正に賛成か反対か　人数ベース）

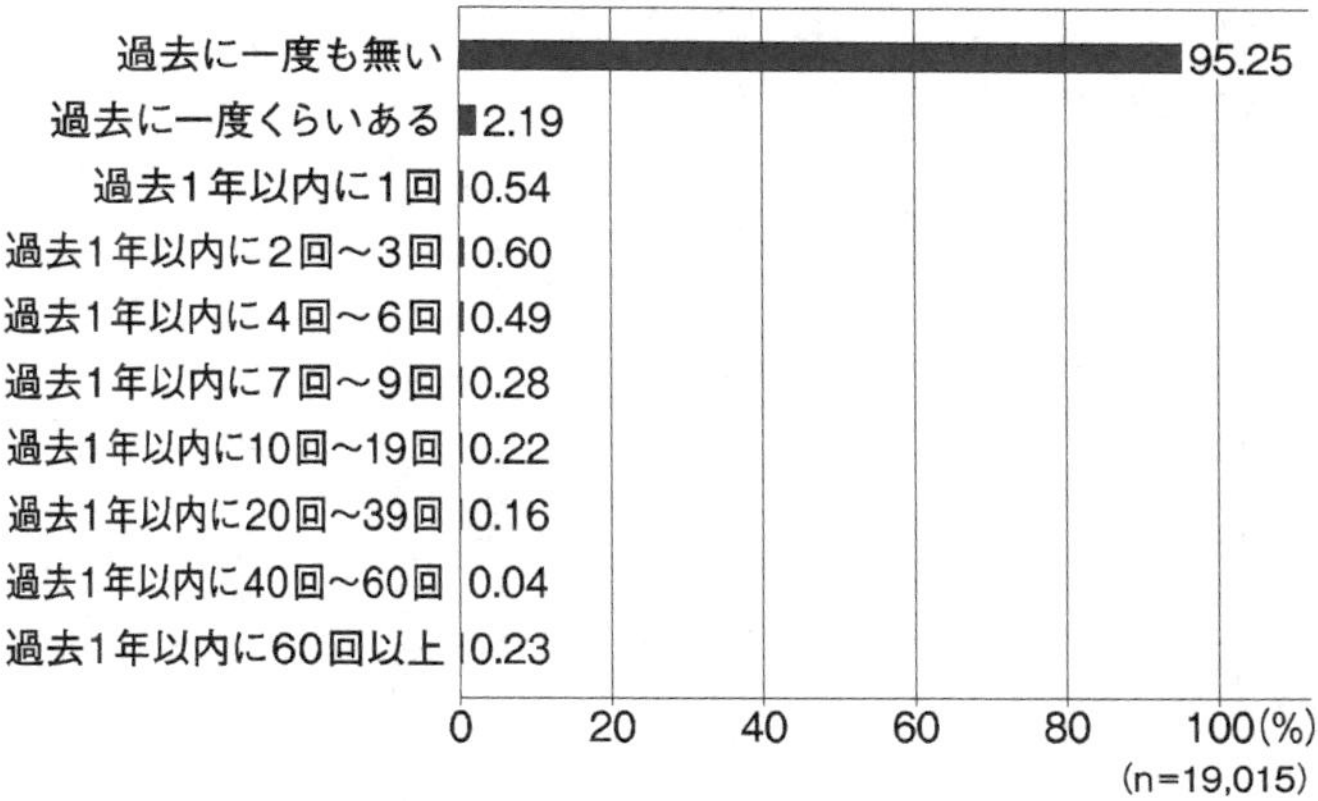

が過去に一度も書いたことが無いと答えている。政治的発言を公開の場であるネットに書き込む人はごく限られており、ほとんどの人は聞き役であることがわかる。過去に一度くらいなら書いたことがあるという人が２・１９％、過去１年に限ると書いたことのある人は残りすべてを足し合わせて２・５６％である。

　期間を固定しないと解釈ができないので、以下では過去１年以内の書き込みに限ることにしよう。すなわちこの２・５６％に話を絞る。

　２・５６％の人は人数にすると４８７人である。彼らの総書き込み数は、一人当たりの書き込み数（20回～39回のように幅がある時はその中央値の数）を足し合わせれば計算することができる。実際に計算してみると総書き込み数は６１９５回であった。その分布を描いたのが、図38(b)である。この図38(b)は書き込み数の分布であり、人数ベースではないことに注意されたい。たとえば上から二つ目のバーの３％というのは、過去1年以内に2回～３回書いたことのある人の書き込みが、全体の３％を占めているということを意味する。

ここで印象的なのは、一番下の棒が50％を占めていることである。一番下の棒は一人で60回以上書き込む非常に熱心なヘビーライターの書き込み数である。ヘビーライターは図38(a)で見たように、人数ベースでは０・２３％を占めるだけであるが、そのわずかの人の書き込みが、書き込み数ベースでは50％を占めている。ということは、我々がネットで目にする憲法９条についての書き込みのうち半分は、このわずか０・２３％の人の書き込みということである。ネットで目にする書き込みとは、そもそもこのようにごく限られたヘビーライターの書き込みなのである。

問題なのはこの０・２３％の人の政治傾向がどうであるかである。もし、このヘビーライターの政治傾向が国民を代表していれば、すなわち彼らの分極度が平均的なら、表明される意見に偏りはない。しかし、一人で60回以上書き込む人となればかなり強い政治的意

図38(b)　ネットへの書き込み回数の分布
（憲法9条改正に賛成か反対か　過去1年に書いたことのある人）

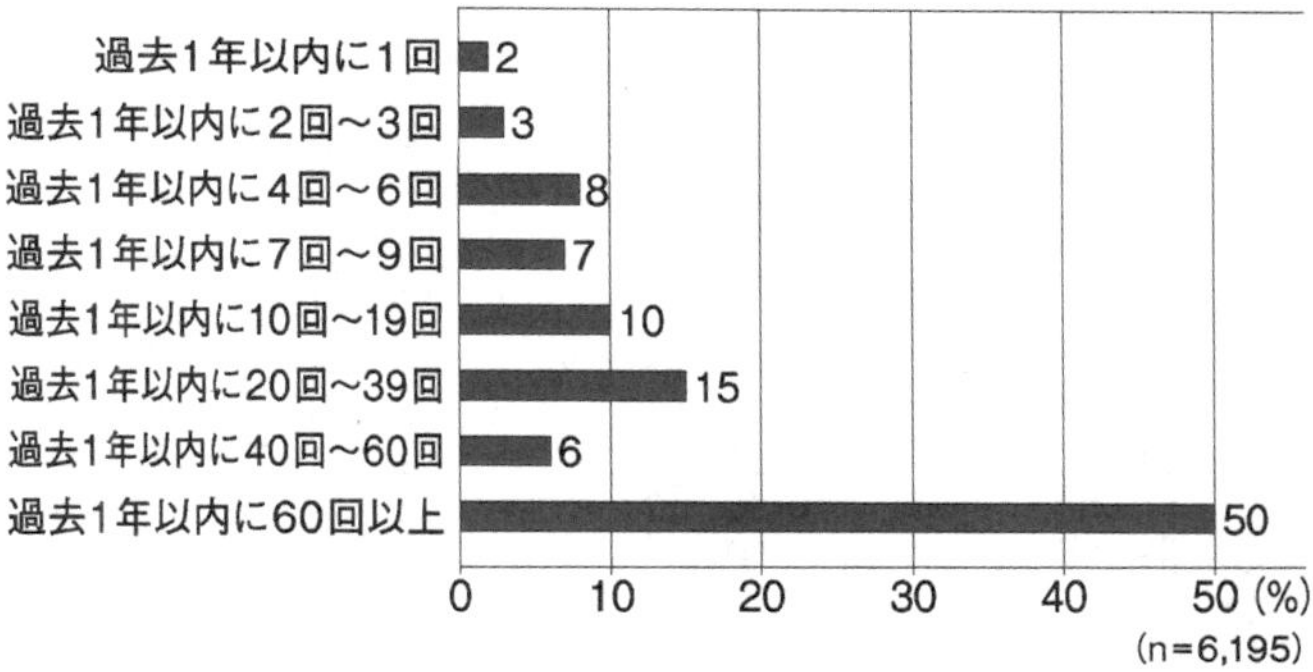

見を持っていそうであり、分極化が進んだ人の可能性が高い。そこで次に分極化との関係を見てみよう。

書き込み数に見る意見の表れ方の歪み

分極度別に見た書き込みの分布を描くことを試みよう。憲法9条のように個別の問いで分析するので分極度は「強く賛成」から「強く反対」までの7段階で測ることになる。まず、最初に分極度を普通に人数ベースで見た分布を描いておく。図39(a)は憲法9条改正に賛成か反対かの意見分布を人数で表したものである。ごく普通に人の数の分布なのでどちらでもないという人が3割と最も多い。強く反対の人が多めで完全なひと山型とは言えないが、大きく見れば山型と見ることもできる。

世論と言えば人数ベースなので、この分布型が真の世論の分布である。

これを書き込み数ベースの分布に変えるには、前の図38(b)と同じくベースとなる数字を人の数ではなく、その人が書いた書き込み数にすればよい。たとえば、反対の人が5人いて、彼らの書き込み数が、0回、3回、0回、1回、4回なら、これらを足し合わせて反対の人の書き込み数は8回となる。人数の分布では5（人）であるが、書き込み数の分布では8（回）となる。こうして求めた書き込み数の分布は図39(b)となる。

真ん中にあったどちらでもないという人の書き込み数が大きく減り、代わって両端にある強く反対、あるいは強く賛成の書き込み数が増えていることがわかる。書き込み数ベースで見ると、意見分布は真ん中が減り、両端が増えている。

違いをより明瞭《めいりよう》に見るためには真ん中の0点で折り返して、横軸を分極度に変えた方がよいだろう。図40は、同じグラフを0点で折り返したものである。横軸は左からどちらでもない、やや賛成あるいはやや反対、賛成あるいは反対、そして強く賛成あるいは強く反対であり、右へいくほど政治的に急進的になり、分極化が進む。図40(a)が人数ベースで、どちらでもないという人が一番多く、強く賛成あるいは強く反対するという急進派の人は21・1%でほぼ2割である。しかし、図40(b)の書き込み数ベースで見ると、急進派のシェ

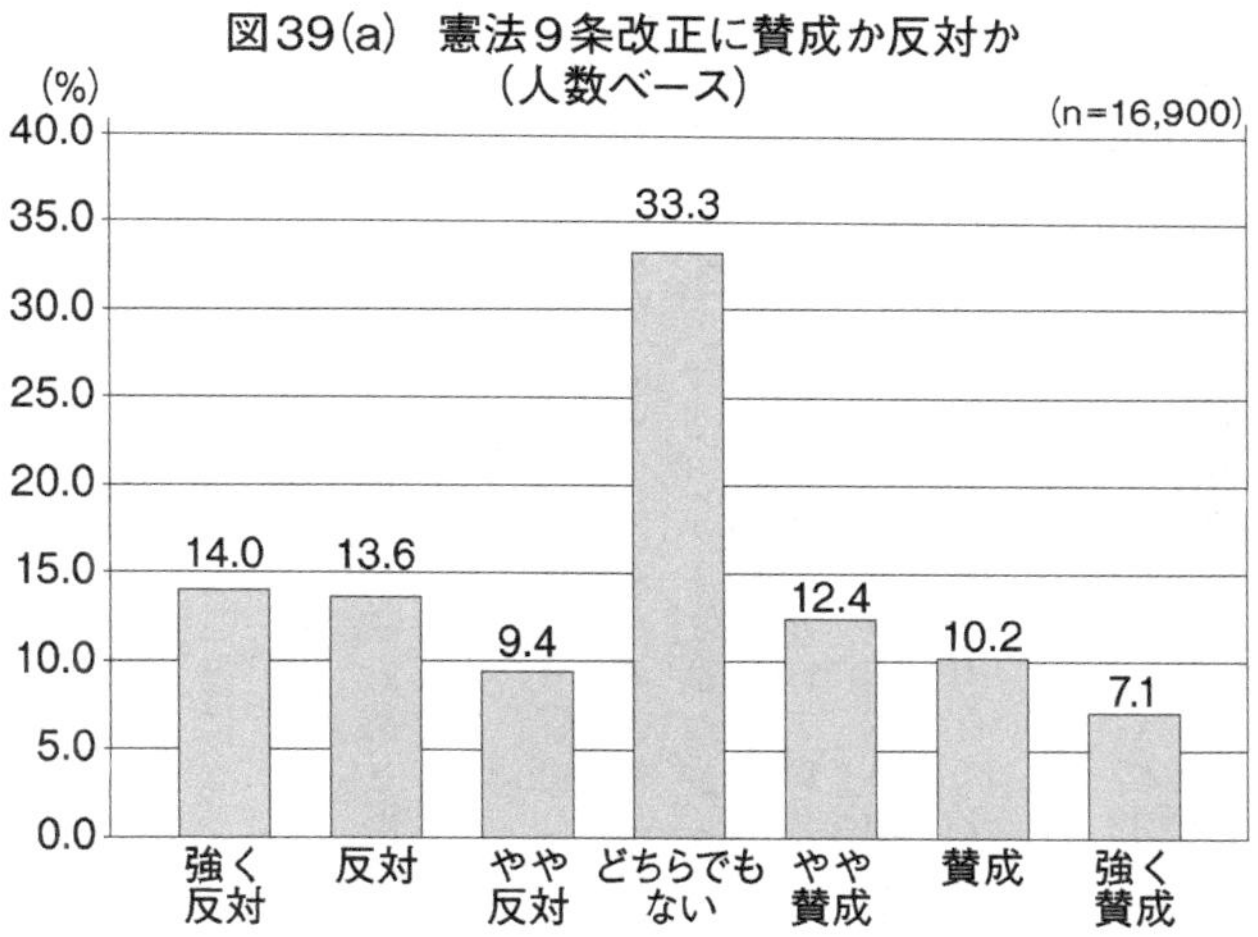
図39(a)　憲法9条改正に賛成か反対か
(人数ベース)
(%)
(n=16,900)
40.0
35.0
30.0
25.0
20.0
15.0
10.0
5.0
0.0
14.0
13.6
9.4
33.3
12.4
10.2
7.1
強く反対
反対
やや反対
どちらでもない
やや賛成
賛成
強く賛成

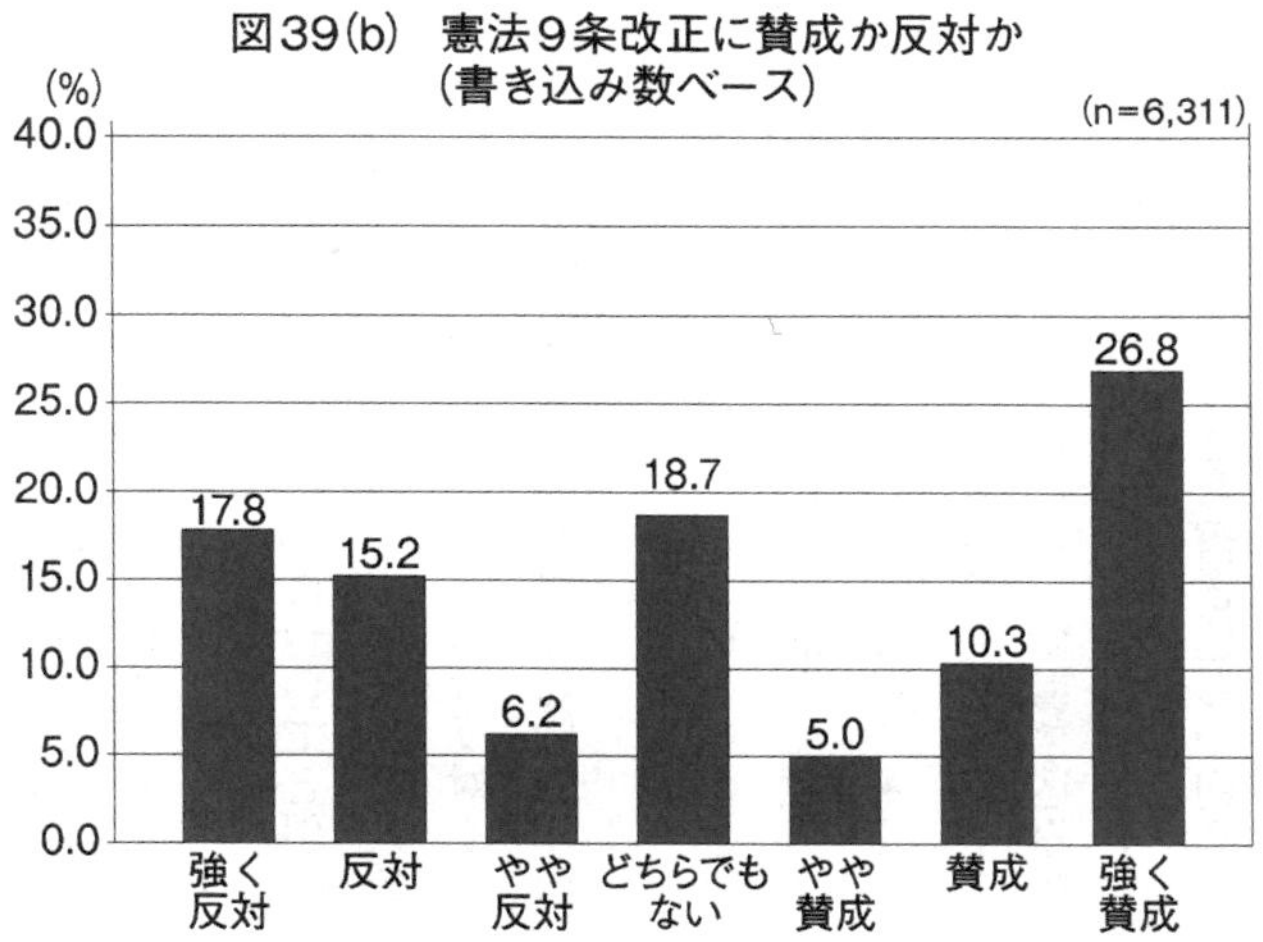
図39(b)　憲法9条改正に賛成か反対か
(書き込み数ベース)
(%)
(n=6,311)
40.0
35.0
30.0
25.0
20.0
15.0
10.0
5.0
0.0
17.8
15.2
6.2
18.7
5.0
10.3
26.8
強く反対
反対
やや反対
どちらでもない
やや賛成
賛成
強く賛成

アは44・7％であり、ほぼ半分に達する。つまり、2割の人がほぼ半分弱の書き込みを行っている。ネット上にある憲法9条についての書き込みのほぼ半分は、人口の2割を占める急進派の書き込みということになる。

同じ傾向は話題を変えても同じように見出《みいだ》せる。図41は、原発の是非についてと現政権の評価について、意見の人数分布と書き込み数分布を描いたものである。いずれも人数ベースの分布はほぼ右下がりであるが、書き込み数の分布では強く賛成あるいは反対する人の書き込みが突出して多くて4割強になる。ネット上にある書き込み数で見る限り、政治的に強い意見がずっと多くなるのである。

なお、ここで示したのは総書き込み数の分布であって、一人当たり書き込み数の分布ではないことを強調しておきたい。いつの世も強い意見の持ち主の方がより活発に意見を述べるものであり、一人当たり書き込み数で見れば右上がりになるのは当たり前である。しかし、総書き込み数が右上がりになるとは限らない。強い意見の持ち主が数多くの書き込みをしたとしても、強い意見の持ち主ほど、人数自体が少なくなるから、総書き込み数が多くなるとは決まっていないからである。総書き込み数は、一人当たり書き込み数×人数である。強い意見の持ち主が人数の少なさを打ち消すくらいたくさん書き込んで初めて総

図40(a)　憲法9条改正に賛成か反対か
(分極度別、人数ベース)

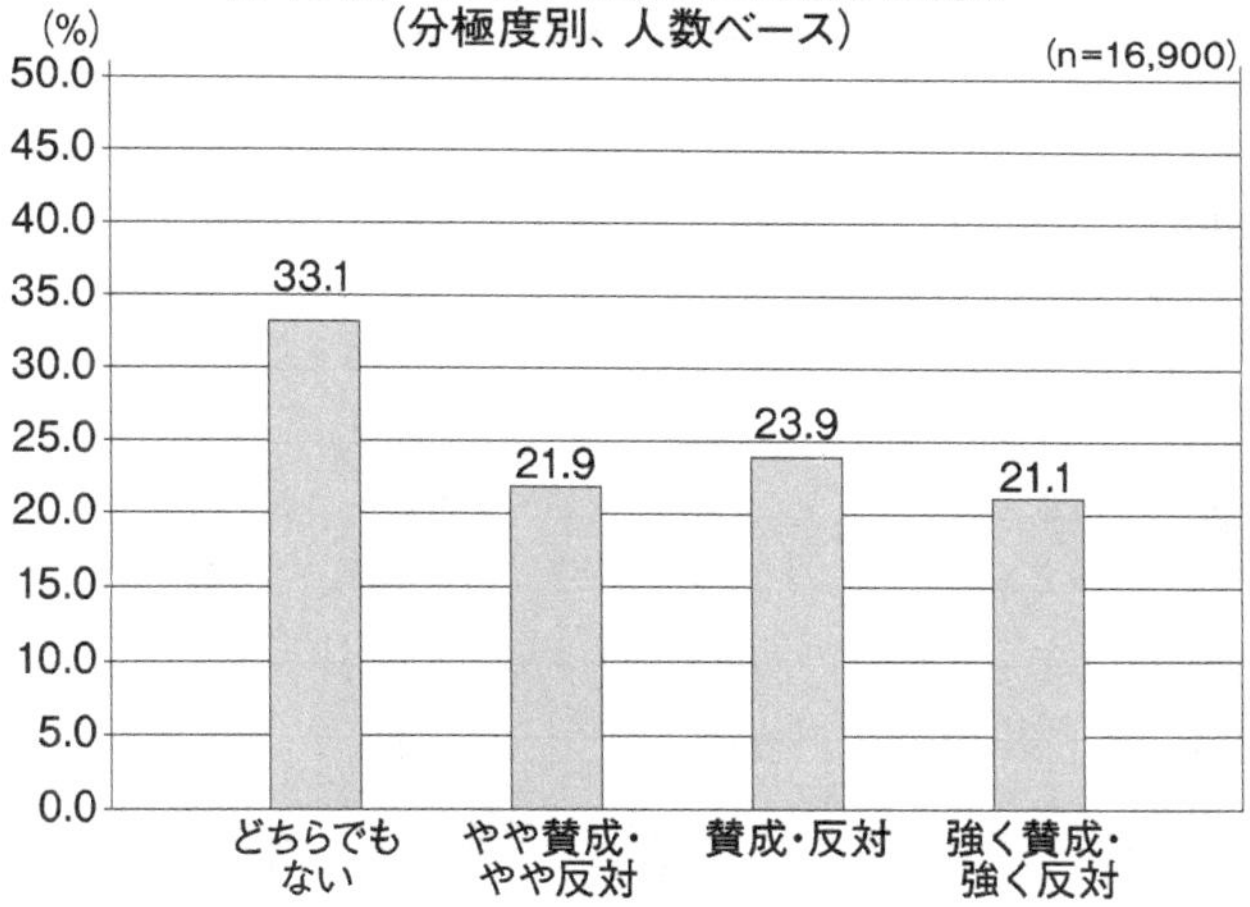

図40(b)　憲法9条改正に賛成か反対か
(分極度別、書き込み数ベース)

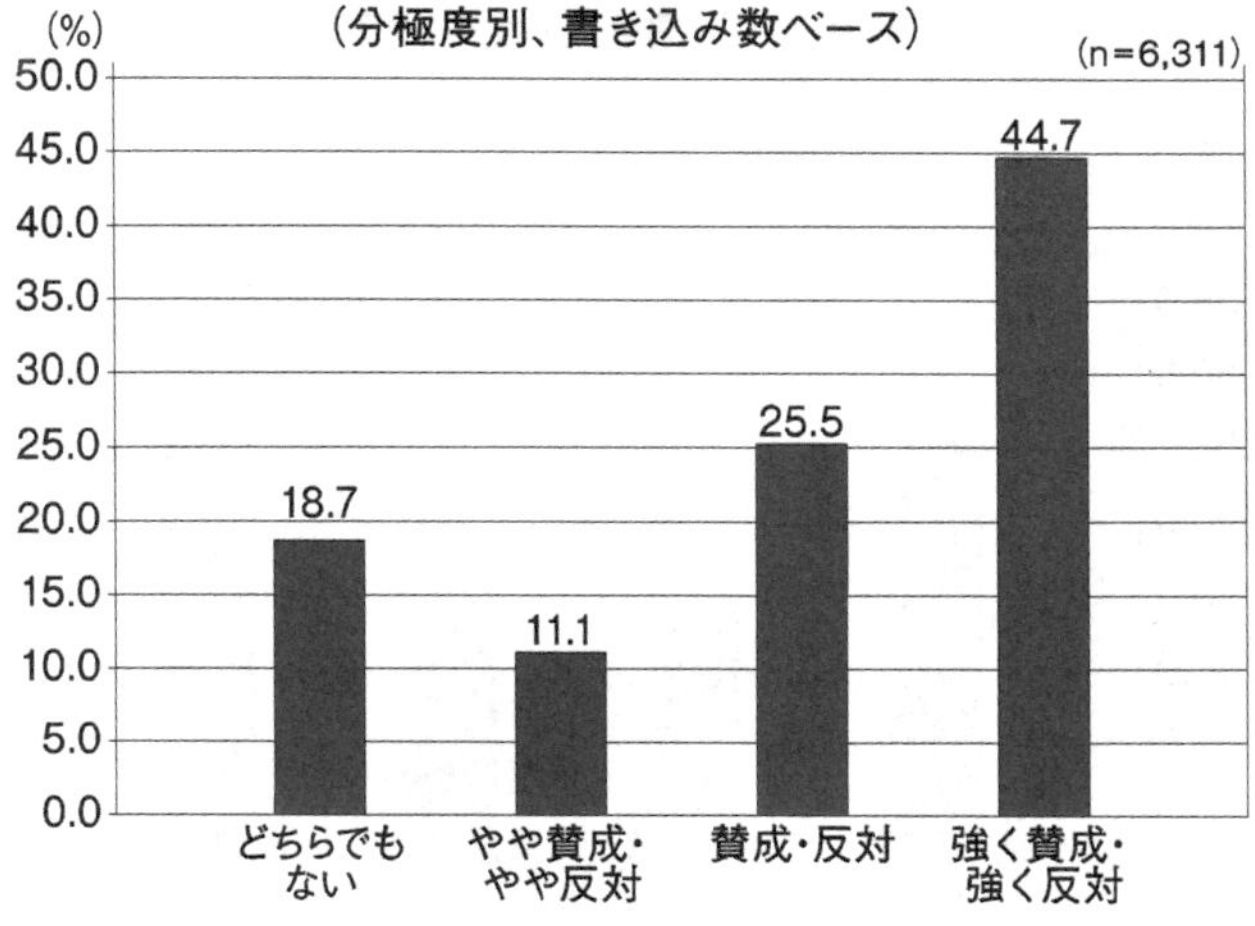

図41(a)　原発廃止に賛成か反対か
（分極度別、人数ベース）

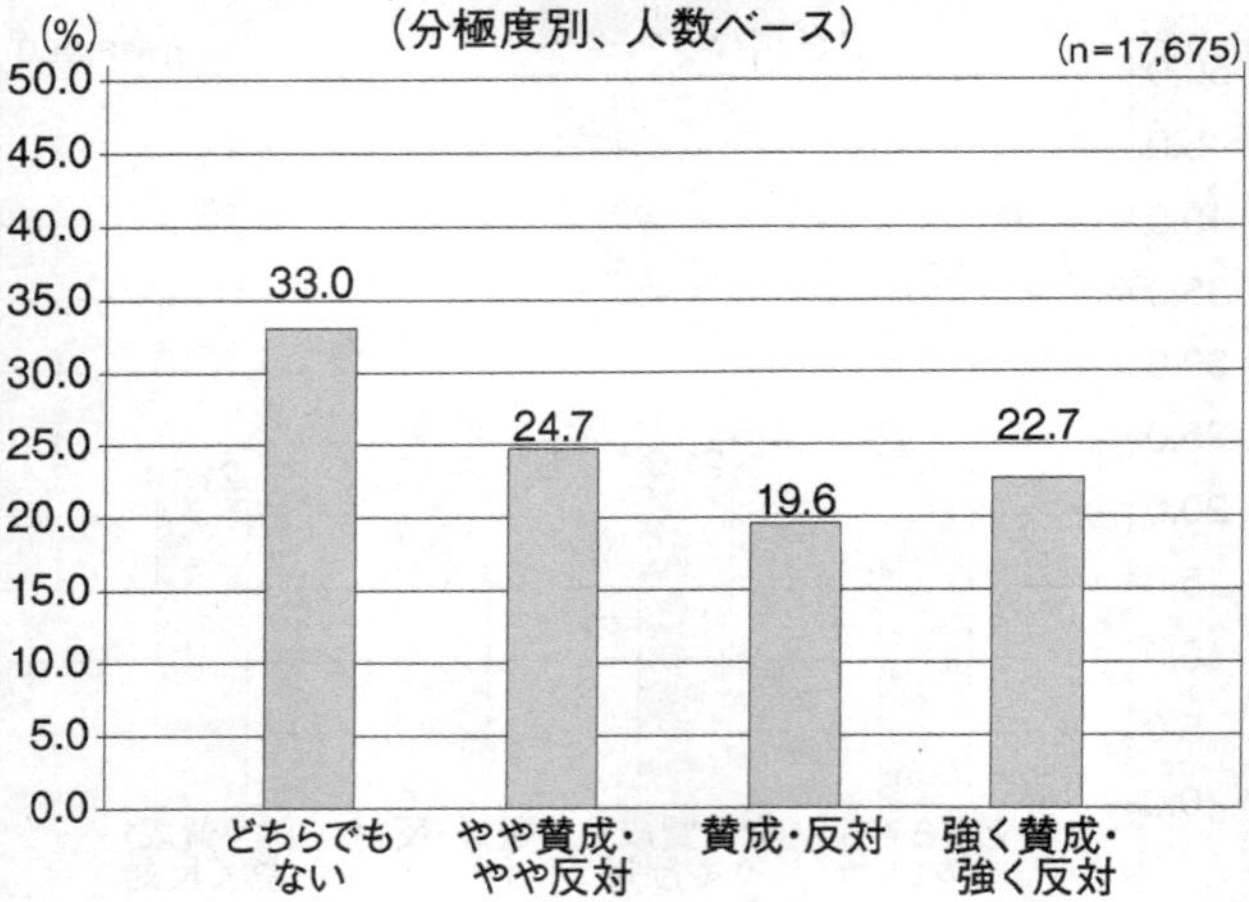

図41(b)　原発廃止に賛成か反対か
（分極度別、書き込み数ベース）

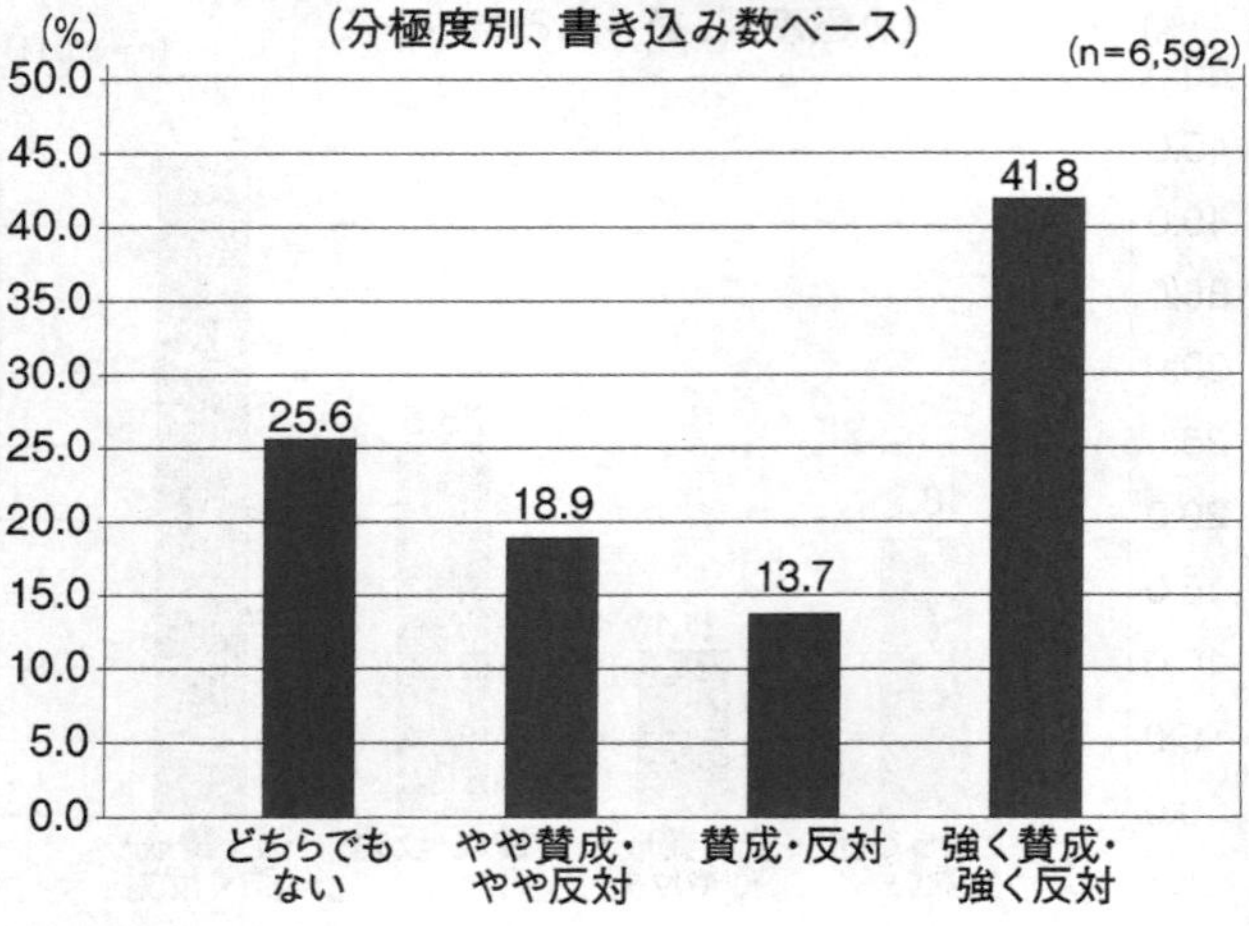

図41(c)　現政権は日本を戦前の暗い時代に戻そうとしていると思うか(分極度別、人数ベース)

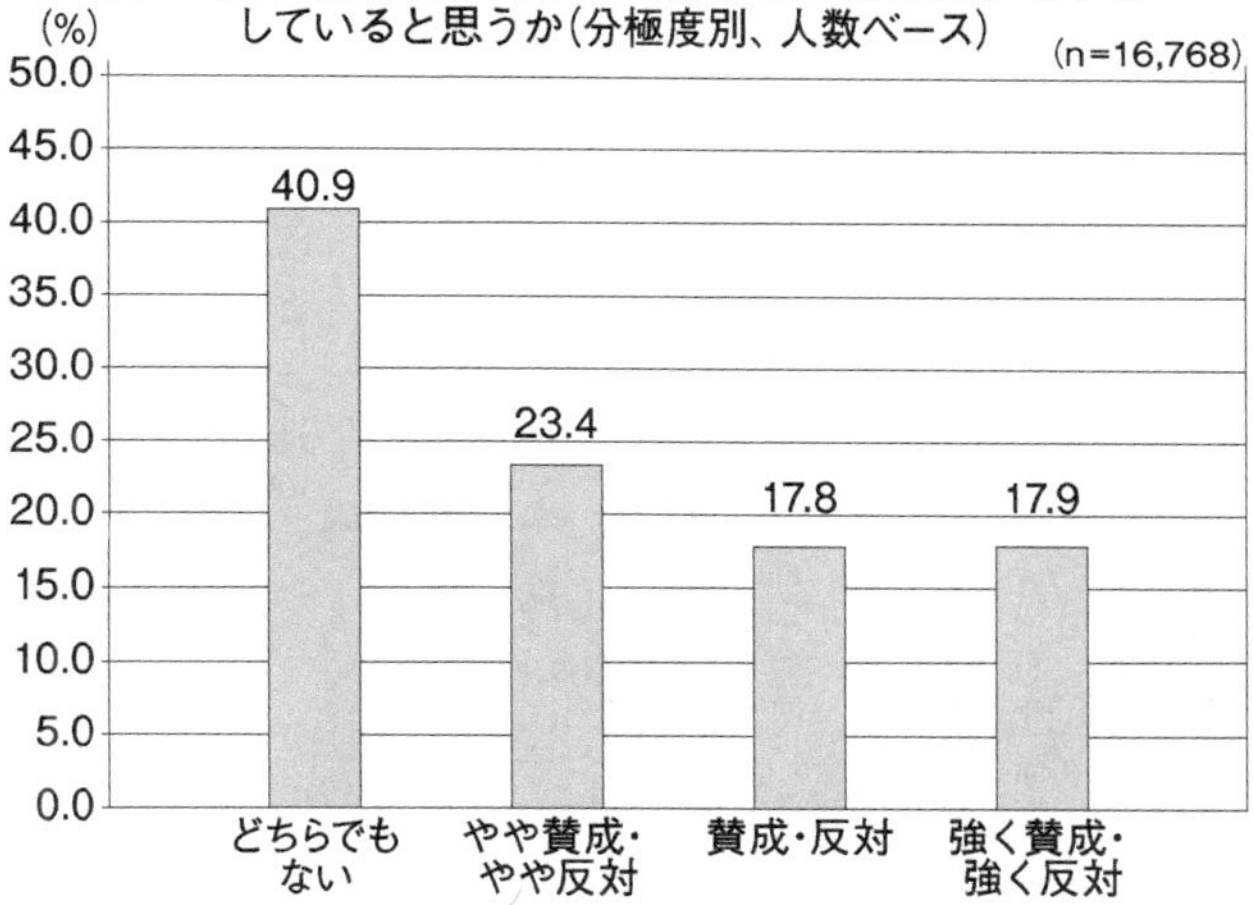

図41(d)　現政権は日本を戦前の暗い時代に戻そうとしていると思うか(分極度別、書き込み数ベース)

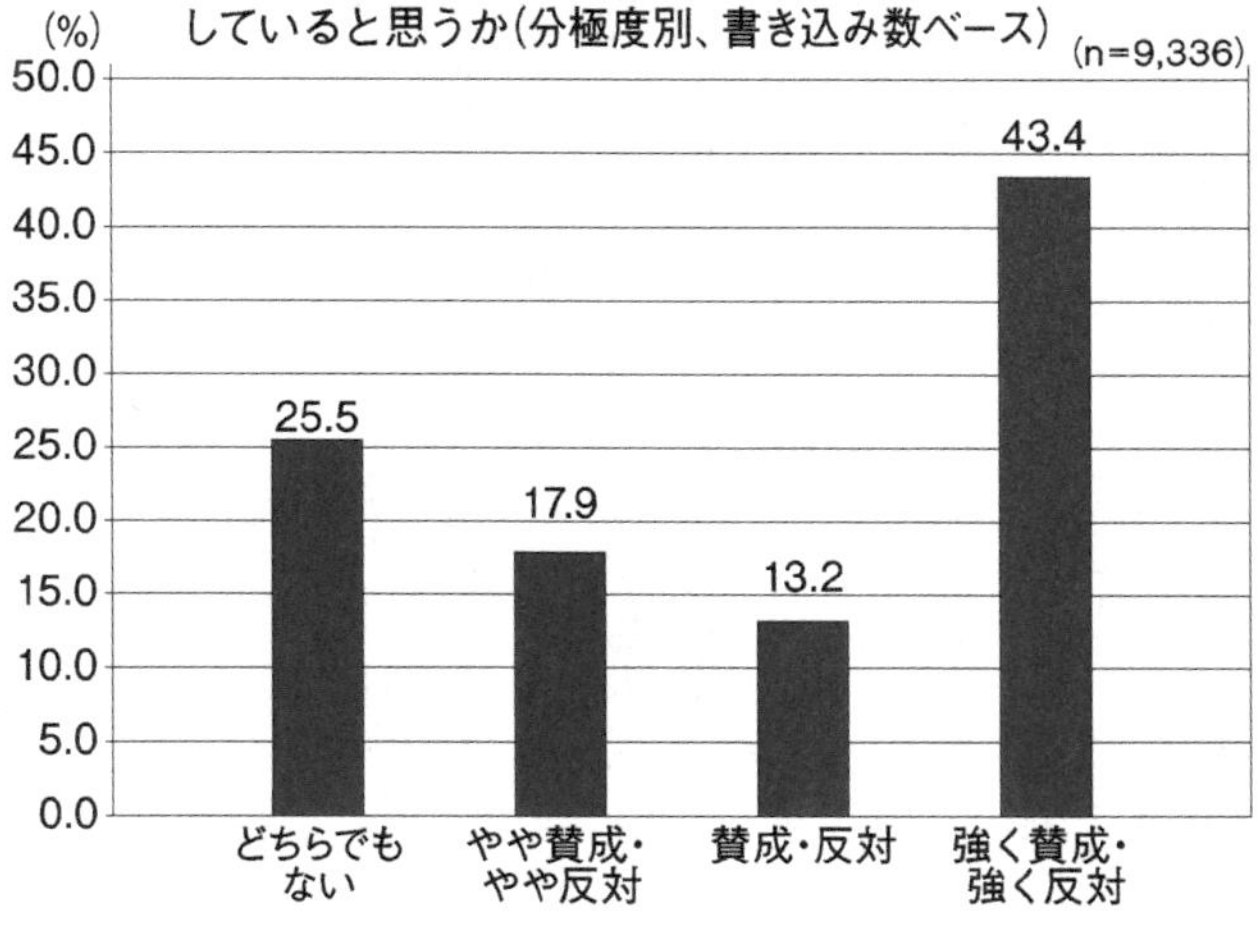

書き込み数が増えてくる。ゆえに急進派の総書き込み数の方が多いということは当たり前ではなく、ひとつの特筆すべき事実である。

「目に触れる」という違い

ここで、それは昔からあることだったのではないかという疑問が出るかもしれない。発言の総数（＝書き込み総数）で見ても政治的に強い意見の人の方が多いというのも昔からあったことなのではないか。確かにその可能性はありうる。たとえば新聞には投書魔と呼ばれる人たちがいた。新聞の投書欄に繰り返し繰り返し自分の意見を投稿する人で、その中には政治的に極端な意見の持ち主も多くいたはずである。あるいはいわゆる政治運動でデモに参加する人の中には強い意見の持ち主がおり、かなり激しい言葉で繰り返し攻撃的な主張をすることもあっただろう。いつの世も政治的に強い意見の持ち主はおり、彼らは繰り返し繰り返し発言する。その発言数の多さゆえ総数で見ても彼らの発言数は昔から多かった可能性はある。今となっては測りようがないが、昔も今も同じではないかと言われれば、論理的にはその可能性はある。

しかし仮に発言総数で同じだとしても、昔とは決定的に異なる点がある。それは、ネットの場合、その書き込みが直接我々の目に触れる点である。新聞の投書魔の投書の中で極端な主張は採用されない。新聞に載るのは大勢の読者に共感可能な意見であり、穏健な意見だけが選ばれる。デモ隊の中に「死ね」「くたばれ」など過激な表現をする人がいても、それを聞くのはデモ隊の近くにたまたまいた数十人であり、テレビでデモを報道する時は過激な言動は省略され、「○○への反対デモがあり、△△せよと要求を述べました」というように穏やかに描写される。テレビの報道討論番組で、保守・リベラルの論者が呼ばれる時は、相手と対話することができる比較的穏健な人が選ばれる。対話をせずに相手を攻撃することにかかりきりになるような極端な人はめったに呼ばれない。これはマスコミが多くの平均的な国民を相手にする以上、当然の対応である。

したがって、政治的に極端な意見の人の言動に我々がじかに接することは、これまでほとんどなかったのである。投書魔や過激なデモ参加者の中には、相手を罵倒したり中傷したりする言動もあったであろう。なかには目を覆いたくなるようなあるいは耳をふさぎたくなるような言葉があってもおかしくない。が、我々がそれに接することはほとんどなかった。それがネットの登場で突然目の前に現れた。かくしてこれまでほとんど見たこともない激しい意見と罵倒の応酬を眼前にし、我々は茫然《ぼうぜん》とすることになったと考えられる。

炎上事件から見えてくる「閲覧頻度」という要因

ここまでは総書き込み数のことを見てきた。次に閲覧頻度を見よう。すでに述べたように閲覧数は、総書き込み数×閲覧頻度で決まる。閲覧頻度とはその書き込みがどれだけ多数の人に読まれたかである。著名掲示板や大手ニュースサイトのコメント欄に書けばたくさんの人に読まれるが、マイナーなブログに書き込んでもあまり読まれない。数万人のフォロワーのいるツイッターアカウントにリプライして相手が反応すればそのフォロワーの目に触れるので数万人に読まれるが、フォロワーが数十人しかいない人が自分でつぶやいても読むのはその数十人だけである。どこに書き込んだかで閲覧頻度は大きく変わってくる。

残念ながら、書き込む場所はあまりに多様なのでアンケートで閲覧頻度を調べることは難しい。そこで、似たケースとして炎上事件を取り上げよう。炎上は政治的問題だけとは限らないが、罵倒と中傷が飛び交う点でよく似ており、政治的話題での荒れた議論にもある程度援用が可能と考えられるからである。そして炎上事件は書き込み対象がひとつに絞られるので分析が容易であり、すでにある程度研究の実績があって実情がわかっている。

以下、筆者のうちの一人が行った調査をもとに実情を描いてみよう。(2)

まず炎上事件で書き込む人は実は極めて少ないことがわかっている。炎上事件に書き込み経験のある人を調査すると、過去一年間に炎上事件に書き込んだことのある人は、0・5%しかいない。炎上に書き込み経験のある人はそもそも非常に少ない。

さらに、一つの炎上事件に限ると、書き込み者はもっと少ない。まず、炎上事件は年に百件単位で発生し、どれか一つにでも書き込んでいれば参加したことになる。一人の人がすべての炎上事件に書き込むわけではないので、一つの炎上事件について書き込む人の数はこの0・5%の人の数十分の一となり、0・00X%のオーダーとなる。また、大半の人は、自分のツイッターアカウントで一言、「これは問題では？」「ひどいな」とつぶやくくらいであり、罵倒と中傷に値するほど強い書き込みを何度もする人はごく一部である。激しい攻撃的な言葉を発する人はたいてい複数回書き込みをするので、複数回書き込みをする人を調べると数%程度しかいないことがわかっている。これらをすべてかけあわせていくと、炎上事件で罵倒と中傷を繰り返す人は数十人から数百人にまで減少する。炎上事件が起こるとネット上が批判一色になり、特に当人は世界中から激しく叩《たた》かれているように感じるが、実際に罵倒と中傷を書き込んでいる人はごく一部である。

しかし、それにもかかわらず炎上事件が起こると、当事者だけでなく我々の目にもこの罵倒と中傷が目につく。目にするのは激しい攻撃の言葉であり、穏健な意見はほとんど見られない。これはなぜだろうか。

その理由は書き込みの閲覧頻度に大きな差があるからである。大半の人はツイッターで一言つぶやくだけなので、その人のフォロワーしかその書き込みを読まない。普通フォロワー数は数十人からせいぜい数百人程度なので、読む人の数もその程度にとどまる。ひと言ふた言の穏健な書き込みはそこまでで止まる。しかし、激しい攻撃的コメントを繰り返す人は正義の怒りにかられているので、炎上事件の当事者のツイッターアカウントやそのブログに向かって直接コメントを送ることもいとわない。当事者が有名人の場合、フォロワーやブログ読者は十万単位のことも多いので、その強い攻撃口調の書き込みを十万単位の人が読むことになる。あるいは、閲覧者の多い大きな掲示板（2ちゃんねるなど）に書き込みを行うこともあり、これも多くの人の目に触れる。

さらに、ツイッターはリツイートによる拡散機能があり、この時攻撃的な書き込みほどリツイートされやすい。感情に訴える強い文言ほどリツイートに載って拡散されていく。最後にまとめサイトによる拡散が大きく働く。まとめサイトはなにか事件が起こると、それに関する書き込みのリンクを張ってまとめ、読みやすく伝えるサイトで、まとめサイトができると炎上事件は多くの人に知られて広がることがわかっている。そして、まとめサイトは広告収入が目的なので、ビューカウントを増やすため過激な書き込みを好んで集めようとする。炎上事件での実際の書き込みをリアルタイムで見る人は稀《まれ》であり、たいていはまとめサイトで見るので、炎上事件で人の目に触れるのはごく一部の人の書いた非常に攻撃的な書き込みばかりになってしまう。

かくして、ネット中の人が罵倒と中傷を行っているような印象が生まれる。実際には炎上事件で書き込む人はごく一部であり、さらに穏健な意見の人もいはするのだが、目にするのは極端に攻撃的な言葉ばかりになってしまう。ネットにはこのように、強い攻撃的な書き込みほど閲覧頻度が高まる構造がある。

一般の政治的な議論についても似たようなことが起きている可能性が高い。政治的に強い意見の持ち主は、相手に直接モノを言うことも辞さないし、より閲覧者の多い場所で発言することに臆することはないだろうからである。そうすると彼らの書き込みが閲覧される頻度は穏健な意見よりも高くなり、閲覧数も増えることになる。

たとえば、福島の放射能問題で、ある政治家が「福島で放射能で死んだ人はいない」と述べたことがある。これは事故後の避難が迅速にできたからで放射能による死者がいないのは事実ではあるが、避難で生活が壊され早死にした関連死もあるので、被害全体の記述としてはバランスを欠いている。あるいは、ジャーナリストが「事故後の集団健診で子供に甲状腺《せん》がんが多数見つかりました！」という趣旨の発言をしたことがある。これも甲状腺がんが見つかったのは事実であるが、福島以外でも集団健診をすれば甲状腺がんは見つかるので、放射能の影響かどうかは比較調査をしなければわからず、その前に放射能被害が出たかのような印象を与えるのはミスリードである。この二つの事例はいずれも、原発事故関連死を入れるべきだ、あるいは比較調査を待つべきだということでバランスを回復し、ミスリードを正していけばよいだろう。冷静で落ち着いた議論としてはそのような展開が予想される。

しかしながら、ネットではそのような議論にはならない。ネットで見かける言葉は、はるかに攻撃的な言辞であり、断罪であり、罵倒である。むろん、上記の発言に怒る人はいるだろう。怒る人がいるのはよく理解できる。ただし、ネット上で見る言葉が攻撃的な言葉のみに染め上げられても、それがそのまま全体の世論というわけではない。実際、上記事件の最中に個人のツイートを収集・検索してみると穏健で落ち着いた意見もそれなりに見つけることができる。しかし、それらが我々の目に触れることはない。なぜなら穏健な意見はひとりつぶやくだけなのに対し、攻撃的な言葉が書き込まれる場所は閲覧頻度がはるかに高い場所だからである。たとえば、発言者・関係者自身のツイッターアカウントあるいはブログ、所属組織のホームページ、ヤフーニュース等の大手ニュースのコメント欄、2ちゃんねるなどの掲示板には、強い口調での攻撃が書き込まれる。それらがツイッターのリツイート機能とまとめサイトによってさらに拡散され、多くの人に閲覧されることになる。ネットでは強い意見の方が閲覧頻度がずっと高くなる傾向は否定しがたい。結果としてネットでは両極端の意見が目立つことになる。

萎縮効果

そして、両極端の強い意見が目立つようになると、次の現象として中間に位置する穏健派が発言をためらうようになる。いわば一種の萎縮効果である。政治的に強い意見の持ち主同士が出会うと激しい議論になり、文字通りの罵倒と中傷の嵐が起こる。そのような荒れた状況を見る時、中庸に属する穏健派はついていけないと感じ発言を控える傾向が出てくるのである。

萎縮効果を示唆する調査結果を示してみよう。図42(a)は、「ネットは自由にモノが言えるところだと思うか」と尋ねた時の答えである。「はい」と答えた人が39%、「いいえ」と答えた人が15%であり、はいと答えた人が多い。4割の人はネットは何の制約もなく自由にモノが言えるところだと考えている。

ところが、では自分が制約なしに自由にモノを言っているかを尋ねると、答えは一変する。図42(b)がその結果で、自分自身は何の制約もなく自由にモノを言っていると答えた人は9%に過ぎない。ネットは何の制約もなく自由にモノが言えるところだと考えている人が39%もいるのに、いざ自分が自由にモノを言っているかと問われると、9%しか自由に発言していないのである。いいえと否定する人が54%にも達しており、人々は自由に発言していない。

この39%と9%の差は大きい。一般にこの種の問いでは自分について問われると低めの値を答えやすい。いまの日本で働く人の権利は守られていると思いますかと問い、その次にあなたの職場ではどうかと聞いた場合、多少は低下してもおかしくない。誰しも隣の花は赤く見えがちであるし、自らを常に謙遜《けんそん》あるいは卑下する人も一定数いるからである。しかし、39%と9%では30%ポイントもの差があり、このような一般的傾向で片付けるに

図42(a)　ネットは自由にモノが言えるところだと思うか

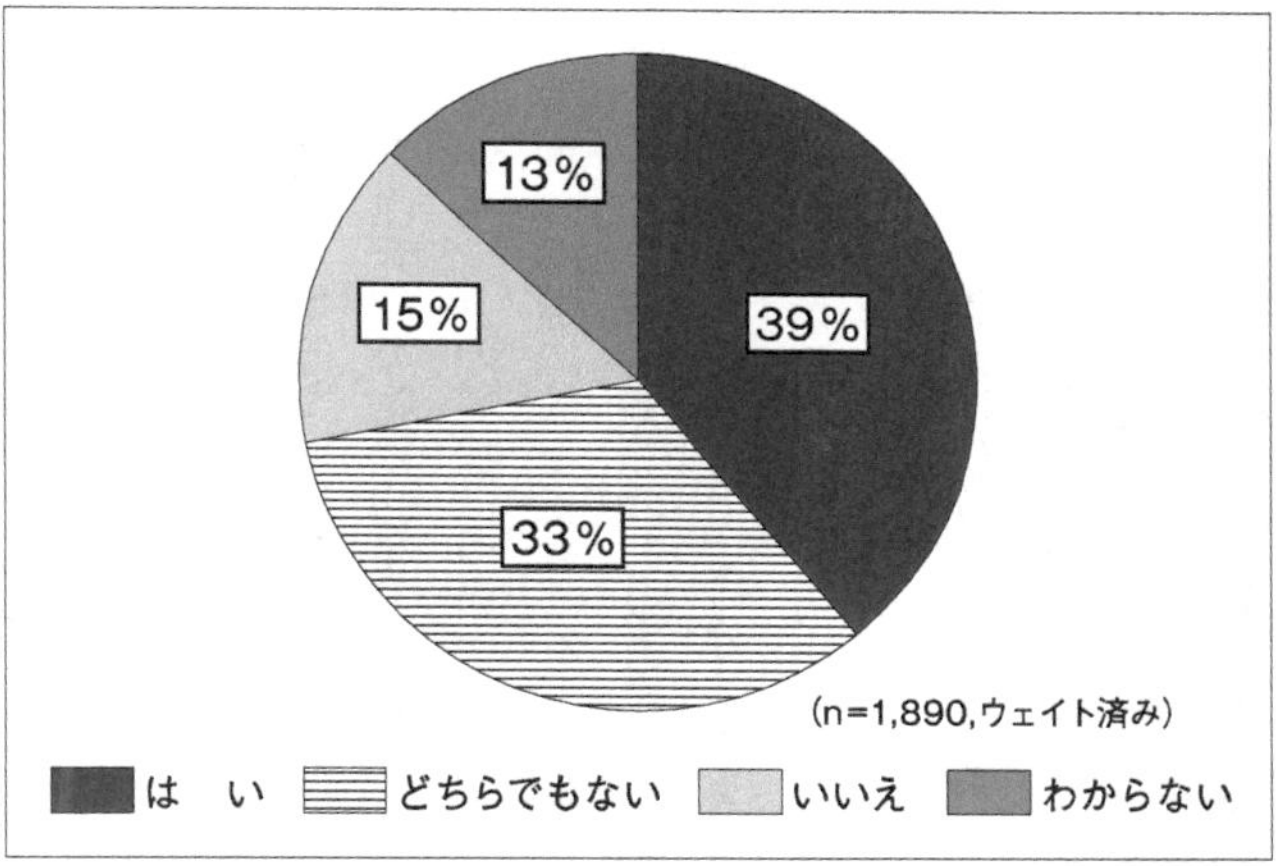

図42(b)　自分はネットで自由にモノを言っていると思うか

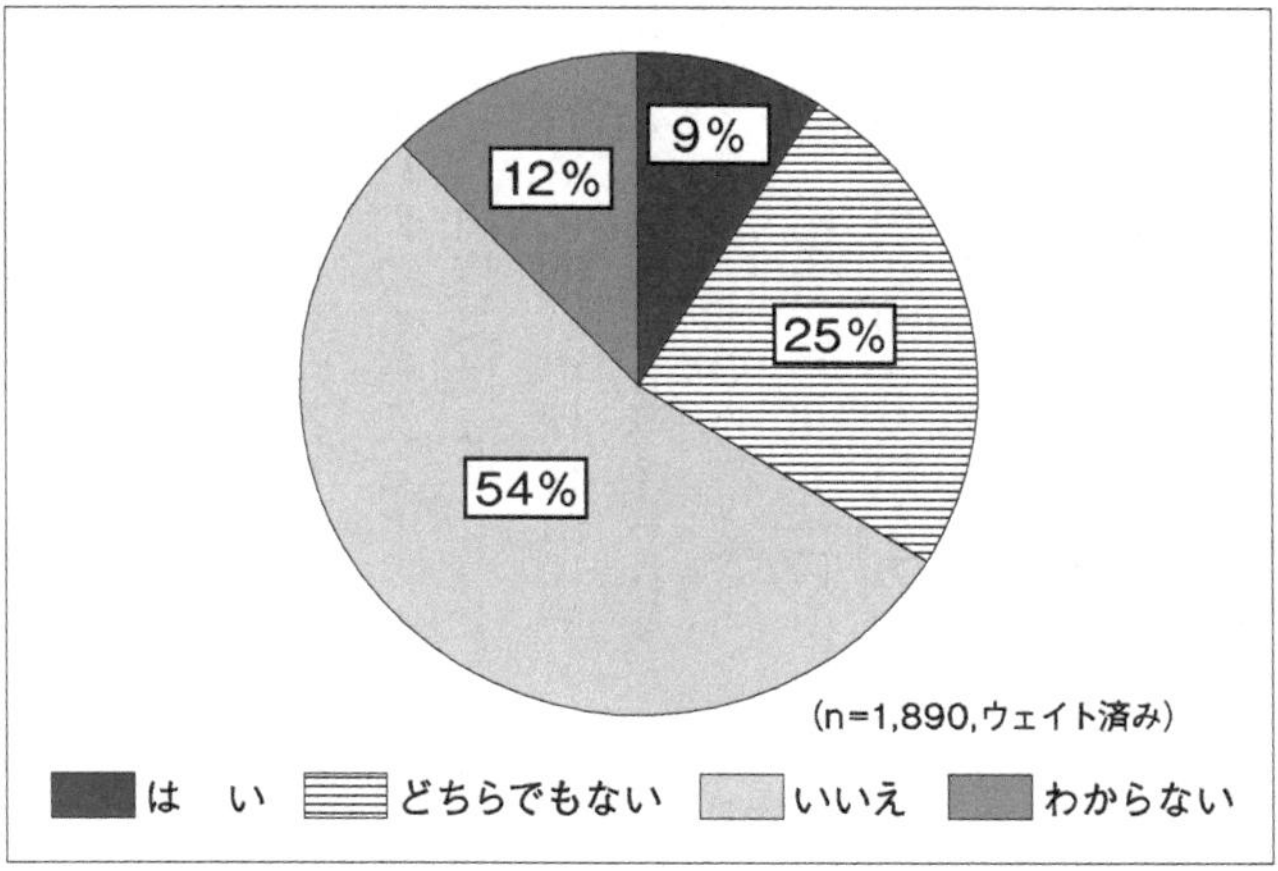

は大き過ぎる。何か説明が必要である。

この差は、一部の急進的な意見の人に気圧《けお》されて大多数の穏健な人が萎縮していると考えれば説明がつく。すなわち、強い意見を持った急進的な人は思うままに発言しているが、大多数を占める穏健な人はそこまではできず、黙りがちになっているという状況である。急進派の自由奔放な攻撃的発言を聞いていると、ネットは何でも言えるところなのだと思う。これがネットの現状についての評価となる。しかし、同時に自分はこのような強い攻撃的な言葉の応酬にはとても口をはさめないと思い、自分に関しては自由にモノは言えないと答える。その結果この二つのグラフのような状況が生まれたと考えられる。

この説明が正しいなら、「自分はネットで自由にモノを言っている」と答えた人は穏健な人ほど少なくなるだろう。つまり分極度と相関する。一方、「ネットは自由にモノが言えるところだと思う」というのは、ネットについての全般的な現状認識なので、その人の分極度とは特に関係しないと思われる。そこで分極度との関係をグラフ化し、この予想通りになっているかを確かめた。

図43がその結果で、いずれも横軸は分極度である。下の図(b)が、自分はネットで自由にモノを言っていると答えた人の割合である。一見してわかるようにグラフは右上がりで、

図43(a)　「ネットは自由にモノが言えるところである」と答えた人の割合(分極度別)

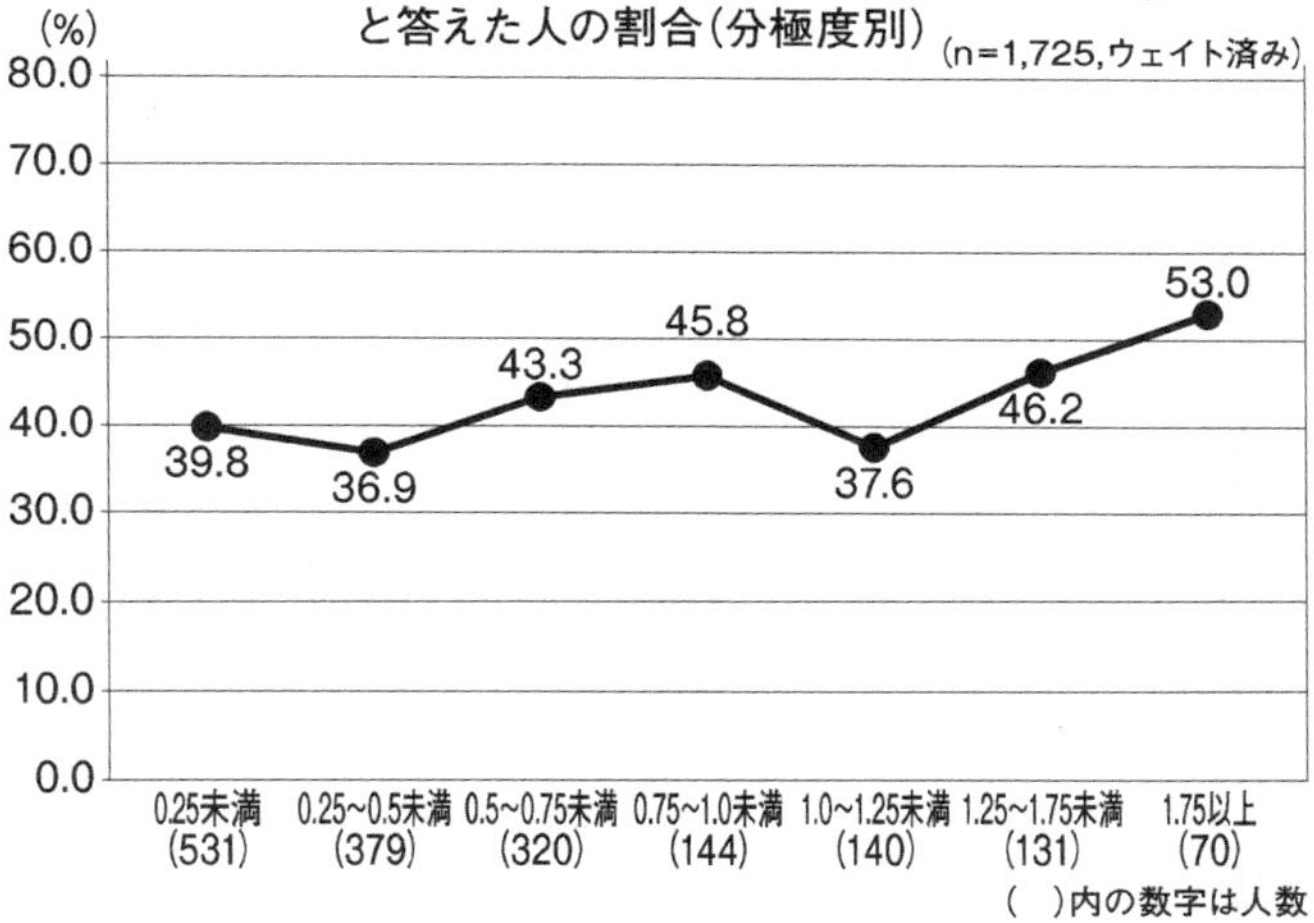

図43(b)　「自分はネットで自由にモノを言っている」と答えた人の割合(分極度別)

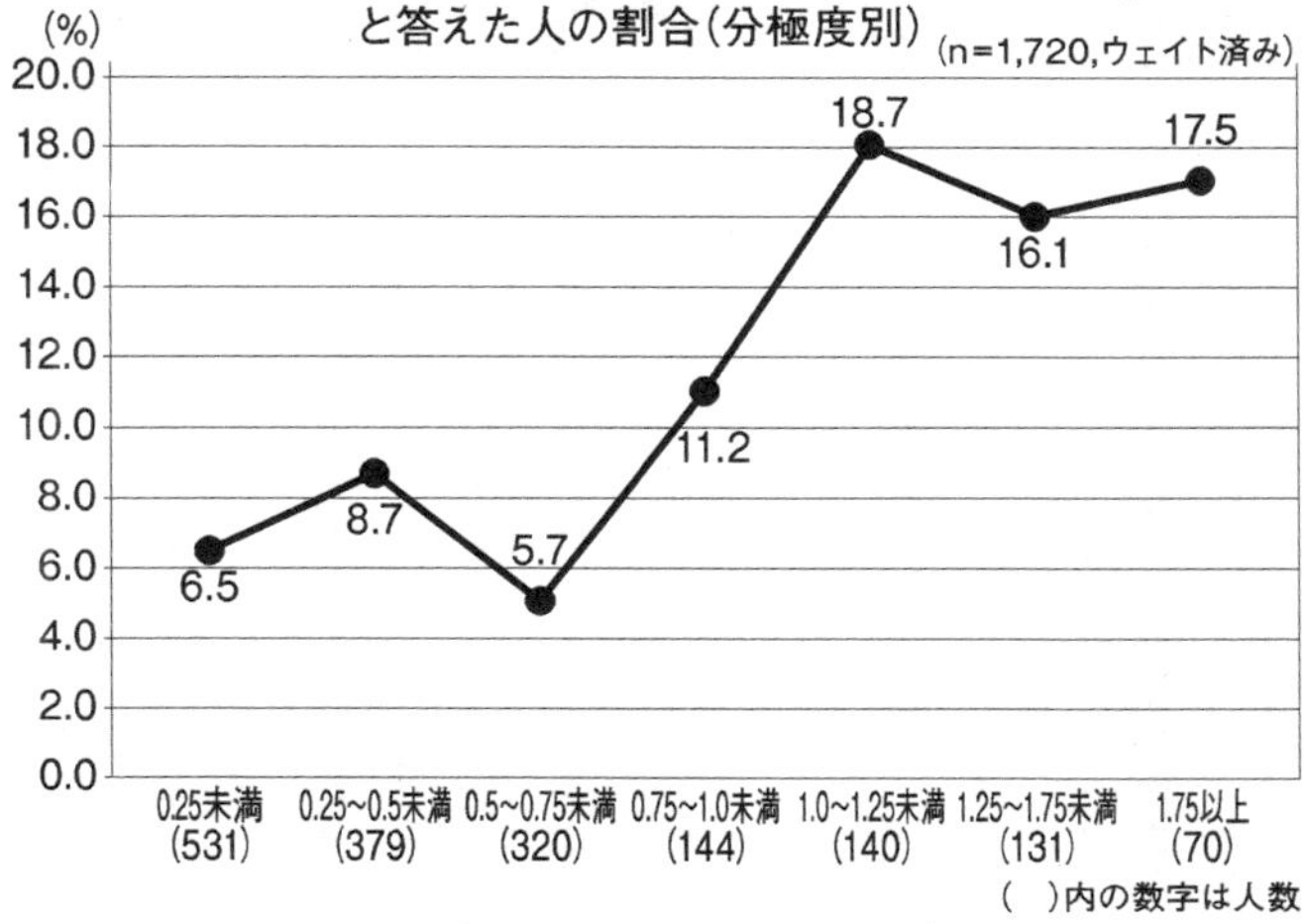

分極度が高まるにつれて自由にモノを言っていると答える人が増えている。政治的に強い意見の持ち主ほどネット上で制約なしに自由に書き込めているということであり、逆に言えば政治的に強い意見を持たない穏健派は自由にモノを言えていない。これは予想通りの結果である。一方、上の(a)の図は、ネットが自由にモノを言えるところかどうかを答えてもらった場合で、ほぼ横ばいであり分極度と関係しない（グラフではやや右上がりに見えるが統計的に意味のある上がり方ではないことを示せる）。ネットについての現状認識はその人の分極度とは関係しないというのも予想通りの結果である。この二つのグラフは、萎縮効果が働いているという仮説と整合的な結果である。

ネットで見える世論の特性

本章の議論をまとめてみる。前章までの分析から考えて、人々の政治傾向すなわち意見の分布がネット利用の結果分極化したという証拠はない。しかしながら、ネットで表明され、我々の目に入る意見分布は保守・リベラルともに両極端に偏る傾向がある。理由は、総書き込み数、閲覧頻度、萎縮効果の3つに整理できる。まず分極化した急進派の書き込み数が（一人当たり書き込み数ではなく）総数でも多い。第二に、急進派の激しい書き込み

図37(a)　政治傾向の真の分布とネットに表れる分布

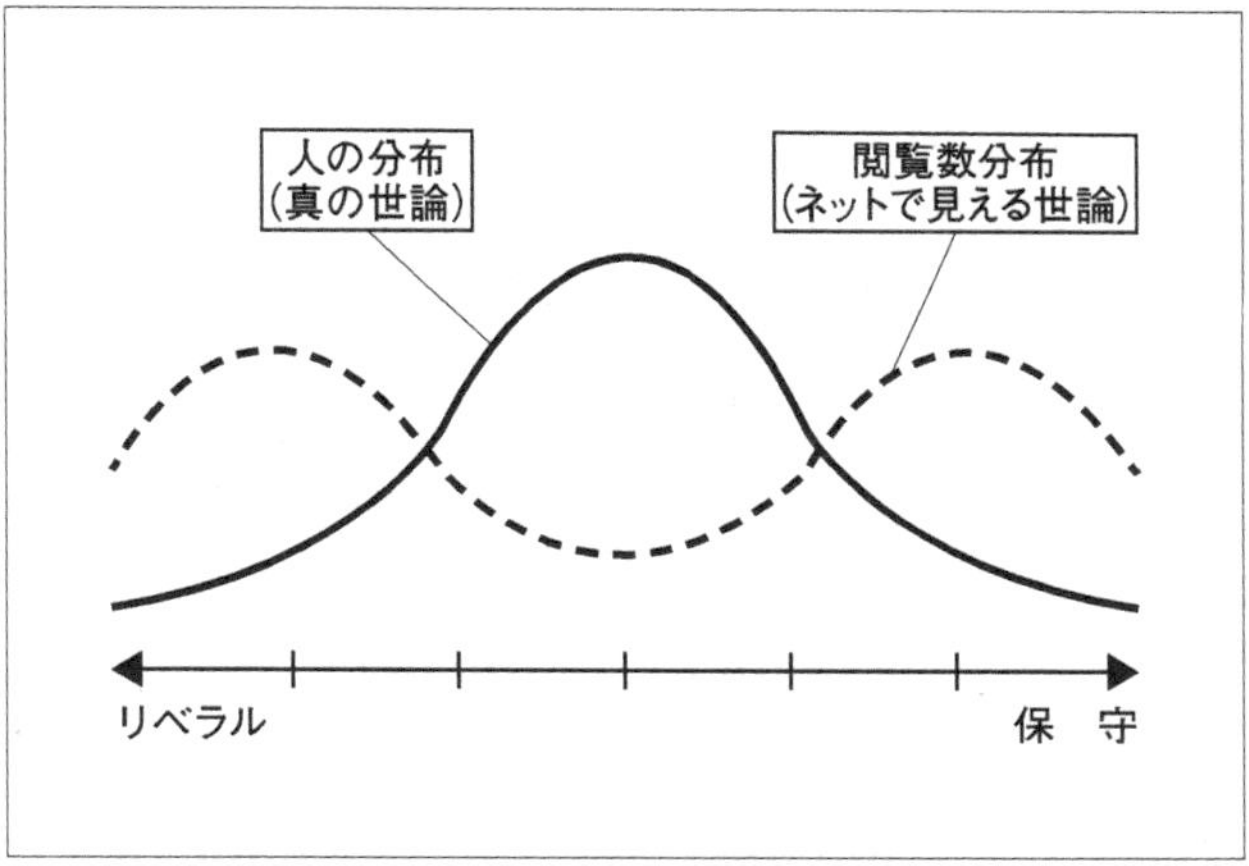

ほど閲覧頻度が高いところに好んで書き込まれ、リツイートやまとめサイトで拡散する。第三に、激しい攻撃的言葉の応酬に嫌気がさして穏健派が萎縮し、書き込みをひかえてしまう可能性がある。これらの3つの力が働くと、人々の意見分布は変わらなくても、人の目に触れる意見分布は左右に分かれた二山になる。図37(a)はこれを図示したものであり、前に掲げた図の再掲である。ネットが人々を分断していないのに、ネット上で罵倒と中傷の極端な言葉が飛び交っているのは、このように表明され、閲覧される意見が偏っているためと考えられる。

ここから得られる重要な含意は、ネット

で見える世論を真の世論と見てはならないということである。ネットで見える世論は保守・リベラルどちらかに偏った意見が過剰に代表されており、真ん中のサイレントマジョリティーの声を代表していない。ネットを見ていると人々は激しく対立し、世の中が分断されているように感じる。しかし、それは一部の極端な人の意見しか表れないというネットの特性のためであり、実際には分断は起きていない。人々は多様な意見に触れてむしろ穏健化しているのであり、民主主義にとって良い方向に動いている。ネットで見える世論を真の世論と思ってはならない。

(1) 本書は政治的議論を話題にしているのですべての人の耳に政治的議論が届いているかのような印象を与えているかもしれないが、実際にはスポーツ・芸能・趣味娯楽等の話題だけに関心があり、政治議論に全く関心のない人も多い。スポーツ・芸能・趣味娯楽等に関するニュース、ブログ、友人だけを情報源に選んでいる人は、ネット上での政治に関する「議論」そのものを全く見たことがないことになる。

(2) 以下の記述は、田中辰雄・山口真一『ネット炎上の研究』(勁草書房) に基づく。

あとがき――ネットの議論を良くするために

最後に本書のメッセージをまとめておこう。

現在のネットを見ていると民主主義に資するような生産的な議論はほとんど不可能のように思える。ネットで見かける議論は罵倒《ばとう》と中傷だけであり、相互理解を進める生産的な議論などめったに見かけない。両極端の意見の果てしない攻撃の応酬を見ていると社会は分断されてしまったように見える。

しかしながら、仔細《しさい》に事実を見ていくとそうではない。ネットの利用で人々が極端な意見に走り、社会が分断されているという事実はない。むしろ大半の人々はネットの利用でどちらかといえば穏健化している。これはネットを通じて多様な意見に接するようになったからと考えられる。ネットで接する相手の4割は自分と反対の意見の人であり、人々は自分と異なる意見にも耳を傾けている。その結果、ネットを使う若年層ほど穏健化しており、分極化していない。これは民主主義にとって良い変化である。自分の意見と異なる意見に触れ、それへの理解が進むことは安定した民主主義にとって大事なことだからである。

振り返ってみると、異なる人への理解はネット草創期の人が抱いた期待であった。その期待は消えたかに思えたが、若年層を中心に実は実現しつつある。ネットには極端な意見を拡大して見せる特徴があるので分断が進行しているように見えるが、それは見かけのことであり、実際には良い方向への変化が起きつつある。本書の最大のメッセージはこの良い方向への変化を指摘することであり、いわば本書はネットへの新たな楽観論と受け取っていただいて結構である。

ただし、このように述べたが、ネットに課題が無いわけではない。最大の課題は、最後に述べた極端な議論だけを拡大して見せるネットの特性である。これがためにネットでは相互理解を進めるような生産的な議論ができなくなっている。言い換えると人間自体については分断は進んでいないが、閲覧される意見のレベルでは分断が生じており、相互理解の議論は不可能になっている。この問題を解決する必要がある。

そしてこの解決は可能であろう。なぜならこれはネットの仕組み、もっと特定化するとソーシャルメディアの設計の問題だからである。現在のソーシャルメディアの仕組みでは極端な議論の閲覧ばかりが増えることを防げない。これはメディア設計の問題なので新しいソーシャルメディアを工夫することで解決が可能なはずである。

もし、ネットが人々の意見を実際に分極化させているなら解決は簡単ではない。解決は人々の意見分布を元に戻すしかなく、これは巨大で困難な作業になるからである。人々の意見を変えるのは、悪くは独裁国家が権力の力で試み、良くは民主国家が教育と啓蒙《けいもう》で試みるが、いずれにせよ困難な作業である。しかし、人々の意見自体は分極化していないのであるから、それを変えようなどという大それたことを考える必要はない。たかだかネット上での意見の表れ方の問題なのであるから、表れ方を変えるだけでよい。両端の意見だけでなく、中間の穏健派の意見を代表するソーシャルメディアが現れれば問題はかなり解決する。すなわち、分布の中間の人々の言論空間をつくることが最大の対策になる。

そのようなソーシャルメディアをつくるアイデアはいろいろありえて、筆者の一人はかつて、サロン型SNSとしてそのアイデアのひとつを提案したことがある。(1) サロン型SNSとは元々は炎上対策として考えたものであるが、政治的議論を罵倒と中傷から救い出すことにも役立つ。サロン型SNSについては多くの言うべきことがあるが、すでに本書のページ数も尽きた。解決編を別の本に託すのは心苦しいが、別の機会に譲らせていただくこととし、ここで筆をおく。

（1）田中辰雄・山口真一『ネット炎上の研究』（勁草書房）、２０１６年、第７章。

田中辰雄（たなか・たつお）
1957年、東京生まれ。東京大学大学院経済学研究科単位取得退学。現在、慶應義塾大学経済学部教授。専門は計量経済学。著書に『ゲーム産業の経済分析』（共編著、東洋経済新報社）、『ネット炎上の研究』（共著、勁草書房）など。
浜屋　敏（はまや・さとし）
1963年、石川生まれ。富士通総研・経済研究所、研究主幹。1986年京都大学法学部卒業後、同年富士通（株）入社。現在、早稲田大学大学院商学研究科や立教大学理学部の非常勤講師も務める。専門は経営情報システム。著書に『プラットフォームビジネス最前線』（共編著、翔泳社）、『IoT時代の競争分析フレームワーク』（共編著、中央経済社）など。

ネットは社会《しやかい》を分断《ぶんだん》しない

田中辰雄《たなかたつお》　浜屋《はまや》　敏《さとし》

2019年10月10日　初版発行
2025年 3 月10日　3版発行

発行者　山下直久
発　行　株式会社KADOKAWA
〒102-8177　東京都千代田区富士見2-13-3
電話　0570-002-301（ナビダイヤル）

装 丁 者　緒方修一（ラーフイン・ワークショップ）
ロゴデザイン　good design company
オビデザイン　Zapp!　白金正之
印 刷 所　株式会社KADOKAWA
製 本 所　株式会社KADOKAWA

角川新書

ISBN978-4-04-082303-4 C0236

KADOKAWAの新書 ❦ 好評既刊

ラグビー 知的観戦のすすめ
廣瀬俊朗

「ルールが複雑」というイメージの根強いラグビー。試合観戦の際、勝負のポイントを見極めるにはどうすればよいのか。ポジションの特徴や、競技に通底する道徳や歴史とは？　ラグビーのゲームをとことん楽しむために元日本代表主将が説く、観戦術の決定版！

4行でわかる世界の文明
橋爪大三郎

なぜ米中は衝突するのか？　なぜテロは終わらないのか？　国際情勢の裏側に横たわるキリスト教文明、中国儒教文明など四大文明について、当代随一の社会学者が4行にモデル化。その違いを知るだけで、世界の歴史問題から最新ニュースまでが読み解ける！

環境再興史
よみがえる日本の自然

石　弘之

経済成長が最も優先された戦後の日本。豊かさと引きかえに、水や大気は汚染され、動物たちは絶滅の危機に瀕した。それから30年余りで、目を見張るほどの再生を見せたのはなぜか。日本の環境を見続けてきた著者による唯一無二の書。

織田家臣団の系図
菊地浩之

父・信秀時代、家督相続から本能寺の変まで、激動の戦国を駆け抜けた織田家臣団を出身地域別に徹底分析。羽柴秀吉・柴田勝家・明智光秀・荒木村重……天下統一を目指した組織の実態に迫る！　家系図多数掲載。

「豊臣政権の貴公子」宇喜多秀家
大西泰正

〝表裏第一ノ邪将〟と呼ばれた父・直家の後を継ぎ、秀家は若くして豊臣政権の「大老」にまで上りつめる。しかしその運命は関ヶ原敗北を境にして一変。ついには八丈島に流罪となる。その数奇な生涯と激動の時代を読み解く決定的評伝！

KADOKAWAの新書 好評既刊

伝説となった日本兵捕虜
ソ連四大劇場を建てた男たち

嶌 信彦

敗戦後、ウズベキスタンに抑留された工兵たちがいた。彼らに課されたのは「ソ連を代表する劇場を建てること」。その仕事はソ連四大劇場の一つと称賛されたオペラハウス、ナボイ劇場に結実した。シルクロードに刻まれた日本人伝説！

親子ゼニ問答

森永卓郎
森永康平

「老後2000万円不足」が話題となる中、金融教育の必要性を訴える声が高まっている。が、日本人はいまだにお金との正しい付き合い方を知らない。W経済アナリストの森永親子が生きるためのお金の知恵を伝授する。

済ませておきたい死後の手続き
認知症時代の安心相続術

岡 信太郎

40年ぶりに改正された相続法。その解説に加え、「相続の基本知識・手続き」「認知症対策」についてもプロの視点からアドバイス。終活ブームの最前線で活躍する司法書士が、面倒な「死後の手続き」をスッキリ解説します。

売り渡される食の安全

山田正彦

私たちの生活や健康の礎である食の安心・安全が脅かされている。日本の農業政策を見続けてきた著者が、種子法廃止の裏側にある政府、巨大企業の思惑を暴く。さらに、政権のやり方に黙っていられない、と立ち上がった地方のうねりも紹介する。

ビッグデータベースボール

トラヴィス・ソーチック
桑田 健 訳

弱小球団を変革したのは「数学」だった――データから選手の隠れた価値を導き出し、またデータを視覚的に提示し現場で活用することで、21年ぶりのプレーオフ進出を成し遂げたピッツバーグ・パイレーツ奇跡の実話。